FINANCE

Conseiller éditorial : Xavier Durand

Création graphique de la couverture : Hokus Pokus Créations
Création graphique de la maquette intérieure : SG Création
Crédits photographiques :
couverture : MasterLu – Fotolia.com ; p. XIV : viperagp – Fotolia.com ; p. 24 : Carrefour, DR ;
p. 92 : Desjoyaux ; p. 158 : Tijana ; p. 184 : Joël BEHR – Fotolia.com ; p. 212 : emevil – Fotolia.com

5 rue Laromiguière, 75005 Paris
www.dunod.com

ISBN 978-2-10-071003-4

OPENBOOK

LICENCE / BACHELOR

FINANCE

ÉTIENNE G. HARB, IRYNA VERYZHENKO, ASTRID MASSET, PHILIPPE MURAT

DUNOD

Sommaire

Avant-propos

La finance constitue sans aucun doute l'une des fonctions incontournables de l'entreprise. Certes, la pérennité d'une organisation repose d'abord sur sa capacité à vendre, mais elle ne peut réaliser de chiffre d'affaires sans investir dans des actifs qu'il faut financer. Or, un tel financement n'est possible que si l'entreprise est en bonne santé.

De la santé financière de l'entreprise dépend la satisfaction des intérêts de l'ensemble des parties prenantes : les actionnaires, qui souhaitent obtenir un retour sur investissement à la hauteur du risque qu'ils supportent ; les dirigeants, qui sollicitent des ressources pour permettre à la société de réaliser ses investissements ; les prêteurs qui veulent récupérer les fonds (l'intérêt en plus) qu'ils ont octroyés à l'entreprise ; les salariés qui sont payés en contrepartie du travail fourni ; les fournisseurs qui attendent d'être réglés de leurs prestations ; les clients qui veulent être assurés de la pérennité de leurs approvisionnements ; l'État ou les collectivités locales qui perçoivent les impôts et qui doivent rendre des comptes sur la situation économique et sociale du pays.

C'est à partir de données comptables et extra-comptables que ces différents partenaires établissent leur diagnostic et que les dirigeants prennent leurs décisions d'investissement et de financement. Ces trois actes de gestion (analyse financière, choix d'investissement et choix de financement) relèvent de la **finance d'entreprise**, qui fait l'objet de la première partie de ce manuel.

L'entreprise interagit dans un environnement financier complexe, appelé « système financier ». Pour réaliser ses projets d'investissement ou ses placements, elle fait appel aux acteurs des marchés financiers tels que les établissements de crédit, les institutions financières, les fonds d'investissement, les investisseurs particuliers ou encore les ménages. Les instruments financiers qu'elle émet deviennent alors, pour ceux qui les acquièrent, des outils de placement ou d'investissement négociables. Leur évaluation est une préoccupation majeure de l'entreprise ainsi que de leurs détenteurs qui cherchent à en optimiser la rentabilité.

L'entreprise doit également se prémunir contre les risques auxquels elle est exposée : elle prend des positions dans des produits de couverture, dits « produits dérivés ». Ces produits constituent un autre type d'actifs financiers négociables ou échangeables sur le marché. Tout acteur sur le marché peut investir dans un ou plusieurs des actifs financiers en constituant un portefeuille. La gestion de ce portefeuille doit assurer la réduction, voire l'élimination, du risque, tout en garantissant la rentabilité la plus élevée. Tous ces thèmes relèvent de la **finance de marché**, qui fait l'objet de la seconde partie de ce manuel.

Structure de l'ouvrage

Après une présentation générale de l'environnement financier de l'entreprise (**chapitre 1**), sont présentés dans la première partie les méthodes et les outils de l'analyse financière du compte de résultat (**chapitre 2**) et du bilan (**chapitre 3**). L'étudiant doit ainsi être capable d'interpréter correctement les états de synthèse d'une société et d'en identifier les forces et les faiblesses. La partie consacrée à l'analyse financière se clôt par une présentation du tableau des flux de trésorerie (**chapitre 4**), la trésorerie étant déterminante pour la pérennité de l'entreprise. Enfin, le **chapitre 5** est dédié aux principaux outils de mathématiques financières qu'il convient de maîtriser pour appréhender correctement la problématique des dirigeants en matière de choix d'investissement (**chapitre 6**) et de choix de financement (**chapitre 7**).

Dans la seconde partie, le lecteur découvrira les principaux instruments financiers disponibles sur les marchés financiers : les obligations (**chapitre 8**), les actions (**chapitre 9**) et les produits de couverture mobilisés pour faire face aux risques financiers : les produits dérivés (**chapitre 10**). Ces chapitres s'intéressent à l'évaluation de ces produits et à leur utilité en termes de financement et de couverture pour l'entreprise, mais aussi d'investissement pour les acquéreurs. Le **chapitre 11** présente la possibilité d'investir dans ces différents instruments en composant un portefeuille d'actifs dont on cherche à optimiser la rentabilité tout en réduisant le risque.

À l'issue de cette seconde partie, le lecteur comprend que la finance de marché doit être au service du financement de l'économie réelle, qui est sa finalité première, sous peine d'induire des dysfonctionnements.

Pédagogie

Ce manuel introduit de façon claire, simple et structurée les fondamentaux de la finance sous ses deux composantes : la *finance d'entreprise* et la *finance de marché.* Tout au long des chapitres, la présentation du cadre théorique se veut didactique et accessible, en fournissant les concepts à utiliser, des illustrations pratiques, des exemples chiffrés et des cas réels. Chaque chapitre commence par une situation introduisant concrètement les problèmes de gestion à résoudre.

Au fil du texte, l'étudiant bénéficie de conseils pour appliquer la méthodologie exigée aux examens, notamment dans la rubrique « Point méthode ». Les rubriques « Focus » et « En pratique » doivent l'aider à maîtriser les concepts théoriques principaux et à connaître leur application sur le terrain. La rubrique « Controverse » permet de nourrir le sens critique de l'étudiant en abordant les questions qui font débat.

À la fin de chaque chapitre, des QCM sont proposés pour tester rapidement ses connaissances ; des exercices corrigés et des mises en situation permettent d'acquérir la pratique des sujets abordés et d'analyser des situations réelles.
Pour se familiariser avec le vocabulaire anglo-saxon utilisé dans le monde des affaires et exigé en licence et en master, les termes techniques sont traduits tout au long des chapitres et rassemblés dans un lexique en fin d'ouvrage. Des applications en anglais sont proposées pour s'exercer à utiliser ce vocabulaire.
Cet ouvrage s'adresse à tous les étudiants d'école de commerce et d'université en sciences de gestion en cursus Licence ou Bachelor, qu'ils se destinent à des fonctions financières ou non. Les seuls pré-requis sont des bases en comptabilité générale, ainsi qu'en mathématiques (niveau bac ES). Ce manuel guide l'étudiant pas à pas dans l'apprentissage et le mène de manière souple et agréable aux compétences attendues par tous les référentiels académiques.

Table des matières

Chapitre 1

« L'heure est grave. La France est [actuellement] confrontée à un risque de fragilisation de son économie compte tenu d'une mutation sans précédent de son système de financement. » Ces propos sont ceux de Gérard Mestrallet, président de Paris Europlace, lors d'un point presse, le 8 février 2013, divulguant les conclusions d'un rapport sur le financement des entreprises et de l'économie françaises adressé au ministre de l'Économie et des Finances. Le crédit bancaire constituerait en effet le principal mode de financement des sociétés françaises, à hauteur de 76 % pour l'ensemble des entreprises et de 90 % pour les PME. Or, en raison notamment de nouvelles réglementations auxquelles elles sont soumises, les banques pourraient réduire les prêts consentis et le coût du crédit pourrait augmenter de 2 % à 3 %. Le recours au financement bancaire serait donc susceptible de diminuer et le financement de marché à progresser.

Pour rester compétitives et poursuivre leurs efforts en matière de recherche et développement, les entreprises ont besoin de financements : pour les PME et les entreprises de taille intermédiaire (ETI), les besoins se monteraient à 20 milliards d'euros par an jusqu'en 2020. Où et comment trouver ces sommes ? Quels sont les acteurs de l'environnement financier et comment l'entreprise interagit-elle avec eux ? Quelles solutions les marchés financiers offrent-ils ?

L'environnement financier

Plan

Pré-requis

→ **Avoir des connaissances** fondamentales en économie internationale.

→ **Appréhender** la structure des états comptables de l'entreprise (bilan et compte de résultat).

Compétences attendues

→ **Connaître** les principales composantes du système financier et son fonctionnement.

→ **Comprendre** les interactions entre l'entreprise et ses partenaires financiers.

→ **Appréhender** le vocabulaire technique financier fondamental.

1 L'entreprise et son environnement financier

Les relations qu'une organisation (entreprise, collectivité, association…) entretient avec les agents qui lui apportent les moyens de se financer (investisseurs et prêteurs) dépendent en partie de la nature même de cette organisation et de la forme qu'elle revêt.

1.1 Les conditions du financement de l'entreprise

Dans un système capitaliste, une entreprise investit dans des actifs (une machine, un brevet, un stock de marchandises…) pour créer de la richesse, laquelle doit permettre ensuite de rémunérer ceux qui l'ont aidée à financer ces actifs, à savoir les actionnaires et les banquiers. Or, pour attirer les financeurs, elle doit respecter trois conditions :

- **être profitable,** c'est-à-dire vendre des biens et/ou des services à une valeur supérieure aux coûts supportés pour les produire et les distribuer ; c'est à partir du compte de résultat (▶ chapitre 2) que la profitabilité est mesurée ;
- **être solvable**, c'est-à-dire détenir des actifs (immobilisations, actif circulant…) dont la valeur totale permet de couvrir les dettes contractées pour les acquérir ; c'est à partir du bilan (▶ chapitre 3) que la solvabilité est appréciée ;
- **être liquide**, c'est-à-dire disposer en permanence d'une trésorerie suffisante pour pouvoir payer ses dettes à leur échéance ; c'est à partir du tableau des flux de trésorerie (▶ chapitre 4) qu'est évaluée la capacité de l'entreprise à bien gérer sa trésorerie.

Si le niveau de financement de l'entreprise est conditionné par des critères de profitabilité, de solvabilité et de liquidité, le mode de financement est lié à sa forme juridique.

Plus exactement, les formes de sociétés diffèrent selon un critère essentiel : le degré de responsabilité des propriétaires vis-à-vis des dettes de l'entreprise. Deux cas se présentent : dans le premier, les propriétaires sont responsables des dettes de l'entreprise sur leurs biens propres ; dans le second, la responsabilité des dirigeants est limitée à la part qu'ils détiennent dans le capital social de l'entreprise. On retrouve, dans le premier cas, l'entreprise individuelle (EI) et la société en nom collectif (SNC) et, dans le second, la société à responsabilité limitée (SARL) et la société anonyme (SA).

Dans l'**entreprise individuelle**, l'entrepreneur est seul détenteur du capital et il ne fait qu'un avec son entreprise. Si celle-ci fait faillite, les créanciers sont en droit de réclamer non seulement les biens utilisés pour l'exploitation de l'entreprise mais également certains biens personnels appartenant à l'entrepreneur lui-même. Ce statut confère une totale indépendance au chef d'entreprise, mais empêche le recours à des associés pour accompagner financièrement la croissance.

La **société en nom collectif**, elle, est un regroupement de personnes (appelées « associés ») exerçant une activité commune ; chaque associé est responsable de ses actes et de ceux de ses associés ; en d'autres termes, chacun est solidaire des dettes de la SNC, même s'il n'en est pas personnellement responsable.

La **société à responsabilité limitée** renvoie plutôt à des sociétés de taille modeste et dont les associés, peu nombreux, s'impliquent généralement dans la gestion de l'entreprise mais ne sont responsables qu'à concurrence de leur apport.

Enfin, la **société anonyme**, dans laquelle les actionnaires (*shareholders*) peuvent être très nombreux, permet de mobiliser des capitaux pour des montants illimités et convient notamment à des entreprises qui peuvent avoir des ambitions de développement à l'international ; une grande partie de leurs actionnaires (dits petits porteurs) ne souhaite ni n'a la possibilité de véritablement participer aux décisions de l'entreprise.

Les sociétés (SA, SARL) sont plus adaptées que l'entreprise individuelle à des activités de croissance rapide : leur capital est ouvert à de nouveaux partenaires financiers.

1.2 Les partenaires de l'entreprise

L'entreprise évolue dans un environnement constitué d'agents ou d'institutions avec lesquels elle réalise des échanges financiers (▶ figure 1.1).

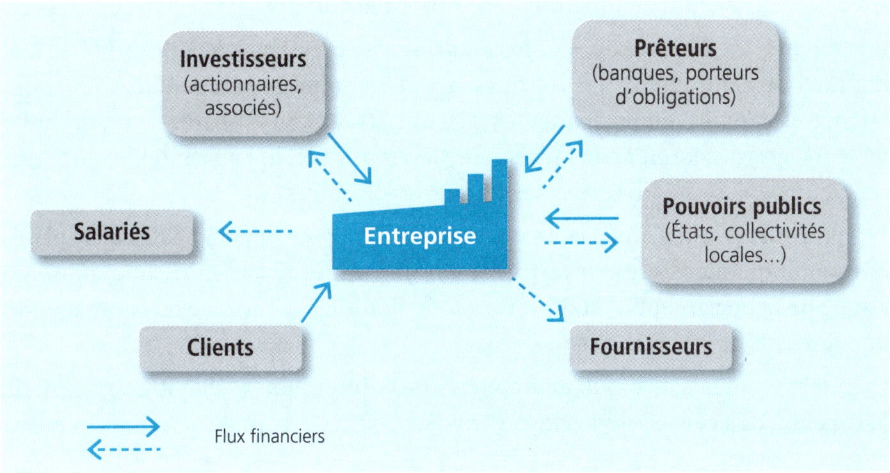

▲ Figure 1.1 **Les échanges financiers de l'entreprise**

- Les **investisseurs** ou apporteurs de fonds propres[1] (associés, actionnaires…) fournissent à l'entreprise les capitaux nécessaires à la réalisation de son activité ; en contrepartie du risque supporté, elle leur garantit une rémunération (augmentation de la valeur des capitaux propres et versement de dividendes).
- Les **prêteurs** (établissements de crédit, porteurs d'obligations…) mettent à sa disposition les liquidités dont elle a besoin ; en contrepartie, elle leur verse des intérêts en *sus* du capital qu'elle doit rembourser.
- Les **clients** versent à l'entreprise la contrepartie monétaire des biens et/ou des services qu'elle leur vend.
- L'entreprise verse à ses **fournisseurs** et à ses **salariés** la rémunération de leurs prestations.
- L'entreprise peut solliciter et obtenir des subventions publiques. De plus, en contrepartie des infrastructures dont elle profite, l'entreprise verse aux **pouvoirs publics** des impôts et des taxes.

1.3 La communication financière, un enjeu stratégique

Compte tenu des échanges monétaires qu'elle effectue avec ses partenaires, l'entreprise doit produire et mettre à leur disposition une information financière les renseignant sur son niveau de profitabilité et sa situation financière. De sa capacité à être transparente dépend en effet la relation de confiance qu'elle instaure avec eux. C'est pourquoi, il lui faut notamment « rendre des comptes » en publiant tous les ans ses états financiers (bilan, compte de résultat et annexes). Mais, si l'information financière d'une entreprise est en principe la même pour tous les agents susceptibles de s'y intéresser, l'exploitation qui en est faite est spécifique à chacun, en fonction de ses propres attentes.

Les **clients**, les **fournisseurs** et les **salariés** s'intéressent à la solvabilité et à la liquidité de l'entreprise ; les fournisseurs et les salariés parce qu'ils souhaitent être payés dans les temps ; les clients parce qu'ils veulent s'assurer de la pérennité de leurs approvisionnements (exemple : les constructeurs automobiles sont très soucieux de la santé financière de leurs sous-traitants).

Les **pouvoirs publics** sont également attentifs à la santé financière des entreprises qui sont implantées sur leur territoire car une entreprise en difficulté induit un risque de licenciements – et donc une contribution à la montée du chômage – et une diminution des recettes fiscales.

Les établissements de crédit et les **porteurs d'obligation** (▶ chapitre 8) jugent de la capacité de l'entreprise à assurer le paiement de leur rémunération (intérêts)

1 On entend par fonds propres les apports en capital des actionnaires et les bénéfices non distribués. Ils constituent les capitaux propres figurant au passif du bilan.

et du remboursement aux échéances convenues des sommes prêtées (remboursement du « principal »). Ils se focalisent donc sur l'évaluation du risque financier pouvant conduire au défaut de paiement. Ils privilégieront certains indicateurs comme les ratios de solvabilité et/ou les ratios de liquidité (▶ chapitre 3).

Enfin, les attentes financières des **investisseurs** divergent en fonction de la catégorie de laquelle ils relèvent : celle des actionnaires-entrepreneurs, celle des apporteurs de fonds providentiels (*business angels*), celle des fonds d'investissement (*investment funds*) ou celle des intermédiaires qui interviennent directement sur les marchés.

1.4 Les attentes des investisseurs en matière d'information financière

Les actionnaires/entrepreneurs. Sont concernés ici l'entrepreneur individuel, les associés (SARL) et les actionnaires (SA) de très petites entreprises (TPE) et d'entreprises de taille intermédiaire (ETI), les entreprises familiales détentrices de la majorité du capital, qui participent directement à la gestion et au développement. Ils privilégient la croissance et la pérennité de l'entreprise en réinvestissant l'essentiel des bénéfices réalisés et s'endettent peu. Ils veillent à conserver le contrôle de l'entreprise en maîtrisant son développement. Ils exploitent principalement des indicateurs tirés du compte de résultat (par exemple, le poids des charges de personnel ou des charges financières, ▶ chapitre 2) et la mesure de la rentabilité des capitaux investis dans l'entreprise (en d'autres termes, la « richesse » que permettent de créer les actifs dans lesquels la société a investi, ▶ chapitre 3).

Les investisseurs providentiels ou *business angels*. Il s'agit le plus souvent d'entrepreneurs ayant réussi et qui choisissent d'investir de l'argent et du temps dans des entreprises en création (*start-up*), lesquelles ne peuvent pas toujours compter sur les banques traditionnelles, le risque étant trop important (l'entreprise dispose en effet de peu d'actifs sur lesquels la banque peut se garantir). Dans cette catégorie, les investisseurs providentiels ne recherchent pas le versement de dividendes : ils ont comme objectif principal de revendre leurs titres dans les 5 à 7 ans qui suivent pour réaliser une plus-value. Ce qu'ils cherchent à estimer est donc la capacité de la jeune entreprise à s'imposer sur un marché en devenir et à dégager une profitabilité dans un futur plus ou moins proche. Ils s'assurent que l'entreprise dispose de la trésorerie dont elle a besoin pour y parvenir et qu'elle l'utilise à bon escient. Ces financeurs, auxquels est fait un état régulier des résultats, n'exercent pas une pression démesurée sur l'entreprise ; ils privilégient plutôt la mise en place d'un dispositif d'accompagnement des créateurs (conseils, etc.). Dans ce contexte, l'aspect humain est considéré comme essentiel.

S'inscrivent dans cette logique des financeurs privés mais aussi publics comme Bpifrance (Banque publique d'investissement).

Il arrive que de grands groupes, comme Apple, annoncent subitement des versements de dividendes afin d'attirer des fonds d'investissements dans leur capital.

Les fonds d'investissement (*investment funds*). La plupart de ces fonds cherchent à percevoir des dividendes. Mais, parmi eux, certains visent aussi le dégagement de plus-values *via* la cession des titres dans lesquels ils avaient investi : ils s'intéressent alors de près à la valorisation des capitaux propres.

Ces fonds interviennent généralement assez peu dans la gestion de l'entreprise au quotidien, mais ils exigent un *reporting* (par exemple sur l'état de la trésorerie) à une fréquence régulière (mensuelle ou trimestrielle).

Les investisseurs sur les marchés financiers (*investors in financial markets*). Les investisseurs sur les marchés financiers (entreprises, banques, sociétés financières...) cherchent essentiellement à rentabiliser leurs placements. L'entreprise constitue principalement un objet spéculatif dont l'utilité pour eux cesse dès lors que celle-ci n'offre plus vraiment de perspectives de revenus dans le futur. Dans ce contexte, le métier et le fonctionnement de l'entreprise – perçue comme une boîte noire – importent assez peu. Il ne s'agit pas tant d'accompagner un projet industriel et de miser sur un homme clé ou sur la croissance que de « faire des coups » pour obtenir du cash. Pour évaluer les perspectives de rentabilité, les intervenants directs utilisent des modèles mathématiques. Les particuliers, eux, qui ne peuvent intervenir directement, peuvent néanmoins investir sur les marchés en passant par des intermédiaires financiers (*financial intermediaries*), leur banque, par exemple. La finalité poursuivie est la même : il s'agit de faire fructifier ses placements, de spéculer en profitant des opportunités des marchés.

2 Le système financier

2.1 Les composantes et les fonctions du système financier

Pour comprendre l'organisation des échanges entre les agents économiques qui éprouvent un besoin global de financement (les entreprises ou les administrations publiques, par exemple) et les agents qui dégagent une capacité globale de financement (les ménages, par exemple), il convient de comprendre ce qu'est le **système financier** qui régit et réglemente ces interactions. Que regroupe donc ce système et à quoi sert-il ?

Définition

Le **système financier** englobe les intermédiaires financiers, les marchés et l'ensemble des institutions et des mécanismes institutionnels (réglementations, systèmes de compensation, régime de change, etc.) qui rendent possibles l'existence et le bon déroulement des échanges financiers à travers le monde.

On attribue généralement au système financier une finalité première – celle de l'allocation efficace des ressources – finalité assurée par 6 grandes fonctions jugées stables dans le temps et dans l'espace (Bodie et Merton, 2011) :

1. **Fournir et gérer un système de paiement et de compensation** : le système financier fournit un dispositif de paiement efficace pour faciliter l'échange des biens, des services et des actifs *via* la mise en circulation d'instruments de paiement, la convertibilité des monnaies, la gestion des moyens de paiements (c'est le rôle clé des banques) et les systèmes de compensation interbancaires.
2. **Collecter de l'épargne pour financer des investissements de grande taille** : le système financier offre des mécanismes permettant de collecter l'épargne des ménages pour en faire des ressources en capital utilisables par les entreprises pour se développer. Ce sont les banques, les intermédiaires financiers et les marchés qui remplissent cette fonction de mise en commun des fonds des investisseurs.
3. **Transférer les ressources économiques à travers l'espace et le temps** : le système financier permet le transfert des ressources économiques à travers le monde (mobilité internationale des capitaux), entre les agents économiques et dans le temps.
4. **Offrir des instruments de gestion des risques financiers** : outre des fonds, le système financier transfère aussi des risques (exemples : un contrat d'assurance transfère le risque sur la compagnie d'assurance ; les actionnaires et les créanciers supportent le risque de faillite de l'entreprise dans laquelle ils ont investi ; tous les produits dérivés sont des instruments de transfert des risques d'un agent à un autre).
5. **Produire des informations qui facilitent la prise de décision économique et financière** : le système financier produit de l'information dont les agents ont besoin pour prendre leurs décisions : prix des actifs financiers, taux d'intérêt, taux de change, informations livrées par les banques et les agences de notation, etc.
6. **Proposer des solutions pour réduire l'asymétrie d'information et les conflits d'agence** : le système financier donne les moyens de réduire l'**asymétrie d'information** relative, par exemple, à la solvabilité de l'emprunteur et à l'usage qu'il fait des fonds prêtés *via* différents outils tels que les prises de participation, les contrats de prêt incitatifs, le cautionnement, etc. ; il cherche

aussi à limiter les **conflits d'agence**[1] entre les actionnaires et les dirigeants au travers de dispositifs comme les rémunérations indexées sur la performance de l'entreprise (stocks options).

FOCUS

L'asymétrie d'information

On parle d'**asymétrie de l'information** lorsqu'au cours d'un échange ou d'un contrat, l'une des parties prenantes dispose d'informations pertinentes que l'autre n'a pas. Elle renvoie à l'idée selon laquelle une même information ne peut être accessible à tous les acteurs et, de surcroît, perçue de la même manière par tous les agents. Par exemple, et selon la **théorie du signal**, du fait de leur position privilégiée dans l'entreprise, les dirigeants d'une société ont accès à des informations que n'ont pas les propriétaires, ce qui conduit les dirigeants à envoyer des signaux à ces mêmes actionnaires et au marché.

Aujourd'hui, le système financier dans son ensemble est éminemment complexe : en effet, la mondialisation des échanges économiques nécessite en continu la création de structures, d'outils et de règles adaptés à la gestion de flux de capitaux toujours plus importants. Pour pouvoir l'appréhender correctement, il convient par conséquent d'en étudier les trois principales composantes : les **marchés financiers** (lieux d'échanges), ses **acteurs** (intermédiaires et différentes institutions) et ses **mécanismes de régulation**.

2.2 Les marchés financiers

Mais qu'entend-on exactement par marché financier ? À quoi sert un marché financier ? Quelles en sont les principales caractéristiques ?

Définition

Le **marché financier** (*financial market*) est un lieu virtuel (la Bourse) sur lequel sont émis et échangés des titres ou des produits financiers (actions, obligations ou encore produits dérivés). C'est sur le marché financier que sont déterminés les cours, (autrement dit, les prix) des produits financiers. On retrouve ici le fonctionnement « normal » de tout marché, lieu d'échange où sont confrontées une offre et une demande en fonction d'un prix : si la demande du produit financier augmente, son prix augmente ; si la demande du produit financier baisse, son prix baisse.

1 Mis en évidence par la théorie de l'agence, les conflits d'agence correspondent à des divergences potentielles d'intérêts entre le principal représenté par le propriétaire de l'entreprise (l'actionnaire) et l'agent mandaté par le principal pour agir au sein d'une unité économique (le dirigeant). Cf. Jensen M.C. et Meckling W.H., 1976.

2.2.1 Le rôle du marché financier

Le marché financier est géographiquement localisé sur des places financières (Bourse de Paris, Bourse de New York, Bourse de Tokyo, etc.). Dans le langage courant, le marché financier est utilisé pour désigner l'ensemble des marchés de capitaux, c'est-à-dire le marché financier au sens strict, ainsi que le marché monétaire[1] et le marché des changes[2].

Par principe, le marché financier est ouvert à tous les acteurs économiques. Les agents qui ont une **capacité de financement** – les ménages, par exemple – cherchent à acheter des titres afin de faire fructifier leur épargne. À l'inverse, les agents qui ont un **besoin de financement** – les entreprises ou l'État, par exemple – cherchent à vendre des titres pour obtenir des financements.

La « rencontre » entre les apporteurs de fonds et les emprunteurs de fonds peut se faire de **gré à gré** (entre deux agents), de manière **intermédiée** (financement indirect par le système bancaire) ou directement **sur les marchés** (émission de titres dits primaires, c'est-à-dire offerts et souscrits directement sur des marchés primaires par les agents à capacité de financement, en contrepartie d'apports de monnaie).

Les principaux intervenants sur les marchés financiers sont les **investisseurs institutionnels** – c'est-à-dire les banques, les compagnies d'assurance, les fonds de pension (qui gèrent les retraites des particuliers) ou encore les fonds d'investissement (*hedge funds*) sans oublier les entreprises de marché, sociétés qui organisent le fonctionnement des marchés financiers (système de cotation, sécurité, gestion et paiements).

> L'entreprise qui gère le marché financier français est Euronext Paris SA qui fait partie du groupe NYSE-Euronext.

Le rôle principal des marchés financiers consiste donc à :
- faire coïncider l'offre et la demande de capitaux ;
- promouvoir la liquidité (capacité et rapidité avec lesquelles il est possible d'acheter ou de vendre un actif sur un marché) ;
- augmenter la transparence de l'information (▶ Focus : L'efficience des marchés financiers (*market efficiency*)) ;
- réduire les coûts de transaction[3] tout en permettant une négociation des titres au plus près de leur « juste valeur ».

1 Marché sur lequel s'échangent des titres à court ou à très court terme contre des liquidités. Il s'oppose au marché financier qui concerne les titres à moyen ou à long terme comme les actions et les obligations.
2 Marché sur lequel s'échangent des devises.
3 Un coût de transaction est un coût occasionné par un échange économique, une transaction sur le marché (en théorie, ce coût n'existe pas selon le modèle de la concurrence pure et parfaite). Il peut être direct (commission de Bourse) ou indirect (coût de prospection, temps et effort passés à la négociation et à la vérification de la transaction, etc.).

FOCUS

L'efficience des marchés financiers (*market efficiency*)

Selon Fama (1970), le marché financier est efficient si les prix des instruments intègrent très vite toute information parvenant au marché. Les acteurs qui achètent et vendent les titres assimilent tout de suite les informations susceptibles d'affecter la détermination des prix. Il n'y a donc pas d'opportunité de réaliser un rendement supplémentaire sur un actif pour la simple raison qu'il est plus risqué parce que l'information a déjà été intégrée. Les évolutions ultérieures des prix ne seront liées qu'aux arrivées d'informations radicalement nouvelles et inattendues.

Il existe plusieurs degrés d'efficience :

- l'efficience est faible si seule l'information contenue dans les prix historiques est complètement reflétée par les prix des actifs ;
- l'efficience est semi-forte si toutes les informations publiques sont complètement reflétées par les prix des actifs sur le marché ;
- l'efficience est forte si toutes les informations disponibles, publiques mais aussi privées (donc confidentielles) sont prises en compte par les prix des instruments financiers sur le marché.

EN PRATIQUE

La transformation du marché financier

En 1986, le marché financier se modernise considérablement. Les transformations opérées sont marquées par :

- la **dérèglementation** (les barrières qui entravent la liberté des opérations financières internationales sont supprimées) ;
- la **dématérialisation** (les titres abandonnent leur forme papier et la cotation informatique est mise en place) ;
- le **décloisonnement** (est créé un seul marché unique des capitaux qui regroupe alors le marché financier, le marché des changes et le marché monétaire).

Une telle modernisation s'est traduite par un fort développement des marchés : les entreprises ont recours de manière plus systématique aux marchés financiers pour obtenir des capitaux ; les ménages sont incités par les banquiers à placer leur épargne sur les marchés financiers ; les banques elles-mêmes se restructurent et développent leurs activités de marché en qualité d'investisseurs et non plus seulement en qualité de simples intermédiaires ; d'où l'émergence de nouveaux produits financiers toujours plus complexes.

2.2.2 Les instruments financiers

Si les principes de base de fonctionnement des marchés financiers sont relativement simples, l'ingéniosité des experts financiers a donc permis au fil des années de créer toute une panoplie d'instruments financiers de plus en plus variés et parfois extrêmement complexes.

Concrètement, sur les marchés, sont négociés, au côté des actifs financiers « classiques » – actions (*shares or stocks*), obligations (*bonds*) – des produits dérivés (*derivatives*), des matières premières, agricoles, minérales ou commodités (*commodities*), des devises (*currencies*) ou encore des marchés de contrats d'échanges ou *swaps* (considérés comme des instruments financiers même si leur nature n'en fait pas des instruments en soi)[1].

Définition

Un **actif financier**, que l'on peut aussi appeler instrument, titre ou produit financier (*financial instrument*), est un contrat, généralement négociable sur les marchés financiers et doté d'une valeur économique puisqu'il est supposé générer des flux futurs de trésorerie à son porteur ou détenteur (la valeur d'un bien correspond en effet à la somme des revenus futurs actualisés que ce bien est censé produire, ▶ chapitre 5).

Assimilés à des actifs incorporels (*intangible assets*), les instruments financiers sont de plusieurs types : titres de créance ou titres de dettes (*debt instrument*), titres de propriété (*equity instrument*) et titres hybrides (*hybrid instruments*).

Les **titres de créance** tels que les obligations (▶ chapitre 8) donnent à leur porteur le droit à des versements d'intérêts et au remboursement du montant principal investi (ou prêté). Les **titres de propriété** tels que les actions (▶ chapitre 9) confèrent à leur détenteur un droit de participation dans la vie de la société émettrice du titre à travers le droit de vote (proportionnel à la part détenue en capital) et le droit financier (sous la forme de dividendes représentant une participation aux bénéfices de l'entreprise, si cette dernière décide d'en distribuer une partie). Enfin, les **titres hybrides** sont des titres qui empruntent à la fois des caractéristiques appartenant aux deux premiers types de titres (plus particulièrement, les actions et les obligations) tels que les obligations convertibles, les obligations remboursables, etc.

Enfin, notons qu'il existe autant de marchés que d'instruments financiers. Dans un souci de clarification, il est néanmoins possible de les catégoriser en opérant trois grandes distinctions : une distinction marchés sous-jacents/marchés dérivés ; une distinction marchés de gré à gré/marchés organisés ; une distinction marchés primaires/marchés secondaires.

1 Les chapitres 8, 9, 10 et 11 sont respectivement consacrés aux obligations, aux actions, aux produits dérivés et à la gestion de portefeuille.

2.2.3 Une typologie des marchés financiers

Marchés sous-jacents *versus* marchés dérivés. Les actifs peuvent être classés en **actifs sous-jacents** (*underlying*) d'une part (qui sont négociés comme tels sur le marché ou servent de sous-jacents à des produits plus complexes appelés produits dérivés) et les **produits dérivés** (dont la valeur dérive d'actifs sous-jacents). Les dérivés peuvent également être les sous-jacents d'autres produits dérivés plus complexes comme les produits structurés, d'où la possibilité de créer une multitude de produits financiers. Les marchés financiers eux-mêmes répondent à cette même distinction. Nous repérons donc :

- les **marchés sous-jacents** ; il s'agit de marchés de matières premières et autres commodités, marchés d'actions (la Bourse), marchés obligataires, monétaires et enfin marchés des changes ;
- les **marchés dérivés** qui comportent deux catégories principales : les marchés à terme (*forward*) et les marchés d'options (*options markets*).

Marchés organisés *versus* marchés de gré à gré. Les marchés financiers, outre leur distinction par types de produits, peuvent être classés en fonction de leur mode d'organisation :

- un marché est dit **organisé, standardisé ou réglementé** lorsqu'il est régi par des règles et encadré par une autorité organisatrice. En général, on retrouve les chambres de compensation (*clearing houses*) comme principales autorités organisatrices ; par exemple, le New York Stock Exchange ou Wall Street, Eurolist (marché organisé européen), etc. ;
- un marché est dit **marché de gré à gré** (*over the counter*, OTC) en l'absence d'autorité organisatrice. Toutefois, bien que ces marchés soient considérés comme le lieu d'échanges non réglementés, ils sont cependant fortement encadrés d'un point de vue juridique.

Marchés primaires *versus* marchés secondaires. Les **marchés primaires** (*primary markets*) sont appelés également les **marchés du neuf** où a lieu l'émission de nouveaux titres comme les actions ou les obligations. Le premier échange de titre a lieu sur ce marché entre l'émetteur et l'investisseur, premier détenteur du titre émis.

- Par opposition aux marchés primaires, les **marchés secondaires** (*secondary markets*) sont appelés **marchés d'occasion** en ce sens qu'ils constituent le lieu de négociation et d'échange de titres déjà créés sur les marchés primaires. En effet, ils permettent aux acteurs n'ayant pas pris part aux marchés primaires d'acheter des titres dont les détenteurs veulent s'en désengager ou céder.

D'autres distinctions importantes sont à opérer entre les marchés de capitaux et les marchés monétaires, et entre les marchés externes et les marchés internes, etc.

FOCUS

Les comportements sur les marchés financiers

On observe sur les marchés financiers quatre grands types de comportement : l'investissement, l'arbitrage, la couverture et la spéculation.

L'**investissement** consiste à placer des fonds sur le long terme. C'est le cas, par exemple, d'un particulier qui achète les actions d'une entreprise pour percevoir des dividendes tous les ans et faire fructifier un portefeuille.

L'**arbitrage** consiste, lui, à profiter d'un décalage de prix entre deux marchés financiers. Par exemple, si le prix de l'or est moins élevé à Paris qu'à Tokyo, un investisseur est tenté d'acheter une quantité d'or à Paris et de la revendre à Tokyo pour réaliser un gain. L'arbitrage permet ainsi de corriger les anomalies du marché : si le volume des achats à Paris est important, le prix de l'or va augmenter et s'aligner sur le prix de Tokyo.

La **couverture** consiste à se protéger contre un risque. Elle est assurée par différents produits complexes. Les *credit default swaps* (CDS) sur obligation sont des produits dérivés permettant de se couvrir contre le risque de non-remboursement d'une obligation de la part de l'émetteur.

La **spéculation** consiste à prendre un risque délibéré pour obtenir un gain important dans le cadre d'une stratégie de court terme. Un agent, par exemple, achète une action pour la revendre immédiatement afin de réaliser une plus-value. La spéculation est utile car elle permet de rendre les marchés financiers plus liquides puisque les échanges ne sont pas bloqués par un manque d'acheteurs ou de vendeurs.

2.3 Les intermédiaires financiers

Pour rappel, les acteurs du marché financier sont les particuliers (les ménages), les investisseurs institutionnels, les entreprises, les banques, les compagnies d'assurance, les fonds de pension, etc. Les **intermédiaires financiers** sont les banques de dépôt, les compagnies d'assurance, les fonds d'investissements réglementés et les banques d'investissement.

Leur rôle consiste à créer des conditions d'échanges plus favorables que celles des échanges directs entre les prêteurs et les emprunteurs de fonds. En effet, les intermédiaires empruntent des fonds d'investisseurs dotés de surplus de fonds afin de les prêter à ceux qui en ont besoin tout en permettant des économies de coûts de transactions.

De surcroît, les épargnants n'ont pas toujours les moyens d'obtenir directement des informations suffisantes sur les emprunteurs et sur leurs projets. Les intermédiaires leur assurent donc l'accès à ces informations. Ils transforment également des actifs non désirables par les investisseurs en actifs plus attractifs (Fabozzi and Peterson, 2011).

De plus, les intermédiaires ont l'avantage majeur de mener une activité garante de plus de sécurité, de liquidité et de crédibilité ; car être prêteur d'un intermédiaire financier ayant plusieurs débiteurs est plus sûr que d'être directement créancier d'un nombre important de débiteurs. Ainsi, ils contribuent à accroître le volume d'épargne dans l'économie.

Enfin, ils rapprochent et rendent cohérents les risques individuels des emprunteurs acceptables par les prêteurs. Toutefois, ils prennent à leur charge les autres risques financiers issus de la transformation qu'ils assurent tels que :

- le **risque de défaut** se produit lorsque bon nombre de créanciers ne parviennent pas à honorer leurs obligations, et lorsque les garanties éventuelles, contre lesquelles ces crédits ont été accordés, ont perdu de leur valeur à la suite d'événements imprévus comme, par exemple, l'effondrement de leur marché ;
- le **risque d'illiquidité** correspond au risque que les épargnants qui ont procédé à des placements à court terme souhaitent récupérer leurs fonds plus tôt que prévu alors que ceux-ci sont immobilisés pour une longue période, destinés à financer des crédits à long terme. Normalement, les intermédiaires financiers initient leurs transactions en anticipant que tous les épargnants ne souhaiteront pas retirer leurs fonds au même moment. Toutefois, c'est exactement ce qui se passe en période de crise et d'incertitude, ce qui provoque l'insolvabilité de l'intermédiaire financier ;
- le **risque de gestion** : le rendement des investissements (des prêts) est aléatoire comme il dépend des résultats effectifs des emprunteurs. En revanche, la rémunération de l'épargne est certaine comme elle est fixée par l'intermédiaire financier ;
- le **risque de taux d'intérêt** : les crédits sont le plus souvent octroyés à taux fixe, alors que l'épargne collectée a une rémunération qui varie plus ou moins souvent. Logiquement, les placements courts rapportent moins que les placements longs et les emprunts courts sont moins coûteux que les emprunts longs. Par conséquent, les intermédiaires financiers peuvent gagner la différence entre les intérêts perçus sur les emprunts longs et les intérêts versés sur les placements courts. Cependant, il peut arriver que les taux courts dépassent les taux longs comme c'était le cas en France en 1987-1988 et en 1992-1993. Dans de tels cas, les intermédiaires financiers se trouvent en situation délicate en termes de marges.

Ainsi, dans la mesure où les intermédiaires financiers s'interposent entre les agents à capacité de financement et les agents à besoin de financement, ils créent ce que l'on appelle la **finance indirecte** ou **finance intermédiée**. À l'opposé, la **finance directe** représente la situation dans laquelle les marchés financiers relient directement entre eux les prêteurs et emprunteurs.

FOCUS

Un exemple d'intermédiaires financiers : la chambre de compensation (*clearing house*)

La chambre de compensation est une institution indispensable au fonctionnement des marchés standardisés. Sa mission principale est d'éviter le **risque de contrepartie**, en d'autres termes, le risque de ne pas être payé pour le vendeur et celui de ne pas être livré pour l'acheteur.

En pratique, la chambre de compensation intervient entre l'acheteur et le vendeur. Formellement, en cas de livraison physique ou cession de titres, elle achète les titres au vendeur et les revend à l'acheteur. En cas de défaillance du vendeur, elle se chargera de se procurer les titres et de les livrer à l'acheteur, au prix convenu à l'initiation de la transaction. En cas de non-paiement de l'acheteur, la chambre de compensation se chargera de régler le prix des titres au vendeur. Pour prévenir ces risques, la chambre de compensation exige de fortes garanties de la part des prestataires de services d'investissement, membres du marché.

Il faut noter qu'une chambre de compensation est, avant tout, une société privée qui doit répondre à des exigences de rentabilité et faire face à une concurrence assez vive. Exemple : la chambre de compensation associée à Euronext s'appelle LCH Clearnet, née de la fusion en 2003 de London Clearing House et de Clearnet SA. Clearstream est une autre chambre de compensation internationale, située au Luxembourg.

CONTROVERSE

Les marchés financiers sont-ils assez solides pour jouer leur rôle ?

Les marchés financiers et les spéculateurs sont souvent désignés comme étant à l'origine de la crise économique.

La crise désigne le retournement brutal à la baisse de la conjoncture économique. Les crises financières peuvent prendre différentes formes : crise de change, crise de la dette souveraine, crise boursière, crise bancaire. Les **innovations financières** visaient à réduire la fréquence et la puissance des crises mais depuis les années 1990 le système financier international n'a pas échappé à l'apparition de bulles spéculatives (évolution des prix sans rapport avec la valeur réelle intrinsèque des entreprises) et à l'excès de titrisation. Ce mécanisme consiste à transformer un actif non négociable sur un marché en un titre financier ; il contribue à opacifier les instruments et, par conséquent, les marchés financiers.

L'année 2007 avec la crise des *subprimes*[1] aux États-Unis et l'année 2008 marquée par la faillite de la banque Lehman Brothers ont démontré la fragilité du système financier.

Deux phénomènes ont contribué à la propagation de cette crise à l'économie réelle et à l'échelle mondiale :

– systémique, la crise s'est diffusée à l'ensemble du système financier international. Ce **risque systémique** s'est traduit par une dégradation brutale de la stabilité

financière compromettant le fonctionnement du système financier surtout en ce qui concerne la collecte et la redistribution de fonds ;
– l'assèchement des crédits octroyés par les établissements bancaires (ou ***credit crunch***). Selon Jean-Michel Naulot, ancien membre de l'Autorité des marchés financiers (AMF), des mesures sont nécessaires pour circonscrire les activités spéculatives et ainsi éviter une nouvelle crise. Dans une interview accordée au *Nouvel Économiste* en novembre 2013, il décrit le système financier comme « une centrale nucléaire mal contrôlée » menaçant le monde d'une réplique de la crise de 2007-2008 en plus grave. ■

1 Le *subprime* est un crédit hypothécaire à risque puisqu'il est accordé à des ménages américains peu solvables n'offrant pas les garanties suffisantes pour bénéficier d'un emprunt au taux variable de marché. Ces crédits ont été titrisés et incorporés dans des instruments structurés négociables pour dynamiser leur rentabilité.

2.4 Les régulateurs financiers

Une des caractéristiques du système financier est qu'il est en constante évolution avec des innovations en matière de produits financiers, d'investissement, de financement. Compte tenu de la diversité des intervenants et des produits proposés, il est indispensable de proposer des règles du jeu pour contrôler les échanges financiers et veiller au respect des bonnes pratiques en vue de garantir la stabilité financière. C'est le rôle des régulateurs (*regulators*) des marchés financiers.

Les principaux objectifs des régulateurs sont :
- d'améliorer la nature et la qualité des informations fournies au marché ;
- de veiller au respect des règles de concurrence entre les intermédiaires financiers ;
- de protéger l'épargne des agents économiques acteurs du marché.

En matière de réglementation, il existe différentes sources :
- les États promulguent et font appliquer des lois et règlements ;
- la profession financière édicte et fait appliquer des règles de bonne conduite ;
- les autorités de contrôle comme l'AMF en France qui réglementent le marché financier et sanctionnent les contrevenants. En Europe, l'autorité est assurée par le Committee of European Securities Regulators (CESR) ; aux États-Unis ce sont le Congrès et la Securities and Exchange Commission (SEC) qui assurent cette mission ;
- les travaux issus de la coopération internationale en matière de règles à respecter sur les échanges internationaux au travers, par exemple, du Comité de Bâle, de l'Organisation internationale des commissions de valeurs mobilières (OICV, créée en 1974)[1] ou encore du Forum de stabilité financière (créé en 1999)[2].

1 L'OICV (en anglais International Organization of Securities Commissions [IOSCO], créée en 1983) réunit la plupart des autorités de surveillance des bourses. L'idée est de développer les échanges d'information, afin notamment de lutter contre les délits d'initiés et les tentatives de manipulations des cours.
2 Le Forum de stabilité financière est notamment chargé de coordonner les travaux que mènent les différentes organisations et instances internationales telles que le Fonds monétaire international (FMI), le Comité de Bâle ou l'OICV.

EN PRATIQUE

Les accords de Bâle

Depuis les années 1980, de nombreux accords ont été mis en place pour garantir la sécurité bancaire et financière (Bâle pour le secteur bancaire, Solvency pour le secteur de l'assurance). En 1988, les accords de Bâle I, par exemple, débouchent sur un ensemble de recommandations dont la plus importante est l'application, dans le secteur bancaire, d'un ratio minimal de fonds propres par rapport à l'ensemble des crédits accordés, le **ratio Cooke**.

En 2004, le Comité de Bâle propose de nouvelles recommandations dont celle de mesurer de façon plus pertinente le risque de crédit, autrement dit de prendre en considération la qualité de l'emprunteur, ce que négligeait le ratio Cooke. Celui-ci est donc remplacé, dans le cadre des accords de Bâle II, par le ratio de solvabilité **McDonough**, plus exigeant et plus complexe puisqu'il intègre le risque de défaut de l'emprunteur.

Depuis la crise financière de 2007 (crise des subprimes), les experts, sous l'égide du Financial Stability Board (FSB) et du G20, cherchent à renforcer la solidité financière des banques avec les accords de Bâle III : l'une des mesures les plus fortes est alors l'introduction d'un ratio de liquidité, le ***liquidity coverage ratio*** (LCR) devant permettre aux banques de mieux résister aux crises de liquidité ; plus précisément, leurs réserves de liquidités doivent être supérieures aux pertes potentielles de liquidités (exemple : la fuite des dépôts).

2.5 Les prestataires de services

Il convient de souligner aussi le rôle crucial d'un autre type d'intervenants sur les marchés financiers : les **prestataires de services d'investissement**. Ce sont des établissements de crédit ou entreprises d'investissement ayant obtenu un agrément (en France, donné par l'Autorité des marchés français) de fournir des services d'investissement (réception, transmission et exécution d'ordres, gestion de portefeuille et négociation pour compte propre…). Parmi les prestataires de service d'investissement figurent les agences de presse et les fournisseurs de données financières comme Bloomberg et Reuters, et les agences de notation (*credit rating agencies*).

Les **agences de notation** fournissent des informations sur les émetteurs de titres, et évaluent la capacité d'un emprunteur à honorer ses dettes. Elles donnent une note aux organisations (entreprises, États, collectivités) selon des critères quantitatifs et qualitatifs (financiers, écologiques, sociaux ou moraux…) définis par une réglementation ou par les acteurs de marché (► tableau 1.1).

Ces agences opèrent à la demande des entreprises désirant être notées. Elles ont pour fonction principale d'améliorer la transparence sur les marchés financiers en fournissant des informations sur les émetteurs de titres, et évaluer la capacité d'un emprunteur à honorer ses dettes.

Les principales agences de notation sont : Standard and Poor's, Moody's et Fitch (▶ tableau 1.1).

Agences			Signification des notes
Standard & Poor's	Moody's	Fitch Ratings	
Catégorie «investissement»			
AAA	Aaa	AAA	Valeurs de premier ordre
AA+ AA AA–	Aa1 Aa2 Aa3	AA+ AA AA–	Qualité haute
A+ A A–	A1 A2 A3	A+ A A–	Qualité moyenne
BBB+ BBB BBB–	Baa1 Baa2 Baa3	BBB+ BBB BBB–	Qualité moyenne inférieure
Catégorie spéculative			
BB+ BB BB–	Ba1 Ba2 Ba3	BB+ BB BB–	Éléments spéculatifs
B+ B B–	B1 B2 B3	B+ B B–	Hautement spéculatif
CCC+ CCC CCC–	Caa1 Caa2 Caa3	CCC+ CCC CCC–	Risques élevés
CC	Ca	CC	Ultra-spéculatif
C	C	C	Faibles perspectives
SD et D	/	RD et D	En défaut

▲ Tableau 1.1 **La grille des notations des agences**

Exemple

Le 10 décembre 2013, l'agence de notation Standard and Poor's (S&P) a relevé la note de LVMH (MC.FR) de A à A+, avec une perspective stable, estimant que le groupe de luxe français devait maintenir une croissance de sa rentabilité et afficher de solides ratios financiers au cours des prochaines années. L'agence indique dans un communiqué : « Selon nos nouveaux critères, nous évaluons le profil de risque de l'activité de LVMH comme "excellent", en raison de la solide position concurrentielle du groupe et de sa très bonne rentabilité ». En effet, S&P estimait que LVMH devrait réaliser en 2013 une croissance de ses ventes d'environ 6 %. S&P anticipe également que les dépenses d'investissements atteignent 2 milliards d'euros pour l'année en question et s'attend à ce que LVMH reverse pour 2 milliards d'euros de dividendes à ses actionnaires.

CONTROVERSE

Conflits d'intérêts et agences de notation

Trois agences de notations (Standard & Poor's, Moody's et Fitch Ratings) dominent le marché mondial et européen : elles détiennent ensemble 95 % des parts de marché mondiales. Elles sont rémunérées par les émetteurs de titres qu'elles notent, ce qui jette un voile sur la fiabilité et la transparence de la note octroyée. En dépit de l'importance donnée aux services fournis par les agences de notations (un titre non noté risque parfois de ne pas trouver emprunteur), l'existence possible de conflits d'intérêts risque de nuire à la qualité des informations parvenues aux investisseurs concernant les titres financiers et peut menacer la stabilité de la sphère financière et économique comme ce fut le cas pendant la crise des *subprimes* en 2007. ■

3 questions à

Philippe d'Arvisenet

Conseiller auprès de la direction générale de BNP Paribas, professeur d'économie et de finance

Pourriez-vous nous décrire votre mission au sein de la direction des Études économiques de BNP Paribas ?

Cette direction a un triple objectif :

– éclairer la direction sur les développements et perspectives économiques notamment en matière de politique économique, de variables de marché (taux, changes), de risque pays ou sur les effets de l'évolution du contexte prudentiel ;

– accompagner les exploitants dans leur relation clients ;

– contribuer à l'image de la banque et à sa réputation en termes d'expertise économique *via* les publications…

Que pensez-vous de la déréglementation des marchés financiers ces dernières années ?

La déréglementation financière est favorable au développement et au bon fonctionnement des marchés, elle contribue à leur complétude. Elle doit cependant être menée de façon prudente afin de maîtriser les effets induits et externalités indésirables liés aux phénomènes d'asymétrie d'information, de panique, de contagion. Introduite de manière trop brutale, elle soulève des problèmes d'adaptation pour les agents économiques. La phase de déréglementation des années 1980-1990 a dû faire place à un mouvement inverse avec un renforcement de la supervision et des règles prudentielles en matière de solvabilité et de liquidité, en matière d'utilisation des produits dérivés (chambres de compensation), de cantonnement des activités risquées, de contrôle du *shadow banking*…

Quel rôle ont les marchés dérivés dans l'économie ?

Un rôle essentiel. Ils permettent par exemple aux producteurs de matières premières comme aux utilisateurs de s'assurer une stabilité des cours, de réduire ainsi leur incertitude et de faciliter leur prise de décision. Idem pour tous ceux qui sont confrontés à des mouvements de prix (taux, change, valeurs boursières...). Les CDS permettent de se couvrir contre les risques de crédit. Ils véhiculent par ailleurs une information sur les anticipations de marché. Cela étant, les dérivés comportent des risques de contrepartie, lesquels s'ils se matérialisent, peuvent déboucher sur des réactions en chaîne sur les plans de la liquidité de la solvabilité. ■

Les points **clés**

→ Pour se financer, l'entreprise peut faire appel aux prêts octroyés par les établissements de crédit et s'adresser aux marchés financiers en émettant des titres de propriété et des titres de créance. Pour placer ses surplus de fonds, elle peut investir sur le marché, soit en opérant directement avec les autres acteurs financiers (finance directe) soit en passant par des intermédiaires financiers (finance indirecte).

→ L'entreprise est tenue de communiquer sur sa santé financière à ses partenaires en fonction de leurs attentes, elle doit essentiellement diffuser son bilan, son compte de résultat et ses annexes. Les partenaires de l'entreprise analysent ces informations en fonction de leurs objectifs (solidité du partenariat, rentabilité de l'investissement, perception de dividendes, réalisation de plus-value, etc.).

→ Le système financier est la structure qui englobe les marchés financiers et les institutions financières, essentiellement, les intermédiaires financiers (banques de dépôt, banques d'investissement, fonds d'investissement et compagnies d'assurance), les régulateurs et les prestataires de services d'investissement (agences de presse, fournisseurs de données financières et agences de notation).

→ Le marché financier fait coïncider l'offre de capitaux des investisseurs qui ont des capacités de financement avec la demande de capitaux de ceux qui sont en besoin de financement.

→ La complexité du système financier et la diversité des opérations et d'instruments échangés sur les marchés financiers nécessitent une régulation susceptible de garantir la stabilité financière et éviter les abus.

APPLICATIONS

► Corrigés p. 278

Quiz

Vrai ou faux ?

1 **L'entreprise ne peut prendre des crédits qu'auprès des établissements de crédit.**

a. Vrai.
b. Faux.

2 **L'émission de titres a lieu sur le marché primaire.**

a. Vrai.
b. Faux.

3 **Les échanges sur les marchés secondaires concernent une deuxième émission de titres.**

a. Vrai.
b. Faux.

4 **L'entreprise demande à être notée par l'Autorité des marchés financiers (AMF).**

a. Vrai.
b. Faux.

5 **Les marchés des dérivés concernent les produits qui dérivent leur valeur de celle d'actifs sous-jacents comme les actions et les obligations.**

a. Vrai.
b. Faux.

6 **L'entreprise n'est tenue de diffuser des informations sur sa santé financière que si elle est en situation de faillite.**

a. Vrai.
b. Faux.

7 **Les *business angels* sont en quête des dividendes de l'entreprise.**

a. Vrai.
b. Faux.

8 **Les États peuvent être notés par les agences de notation.**

a. Vrai.
b. Faux.

9 **Les notes de crédits sont établies selon des critères quantitatifs (financiers) et qualitatifs (sociaux, écologiques...)**

a. Vrai.
b. Faux.

10 **Les produits hybrides empruntent à la fois des caractéristiques aux titres de dettes et aux titres de propriété.**

a. Vrai.
b. Faux.

11 **The shares or stocks are equity instruments giving their holder the right for fixed dividends.**

a. Correct.
b. False.

12 **The bonds are debt instruments, giving their holder the right for periodical interest payments and the reimbursement of the principal.**

a. Correct.
b. False.

13 **Financial intermediaries have a very important function of putting together the economic agents with surplus of funds and those with needs of funds.**

a. Correct.
b. False.

14 **Financial intermediaries cannot help reducing the transactions' costs but promote liquidity in the financial markets.**

a. Correct.
b. False.

15 **The clearing house is the central counterparty of all operators in organized markets and guarantees that all contracts will be honoured.**

a. Correct.
b. False.

Partie 1

Finance d'entreprise

Cette première partie présente la manière dont on analyse la santé financière des sociétés et dont une entreprise, point d'attention des marchés financiers, choisit un investissement et le finance.

Les **chapitres 2 et 3** exposent les principaux outils utilisés dans le cadre du diagnostic financier qu'effectuent investisseurs et prêteurs. Le **chapitre 4** se focalise sur la manière dont se forme la trésorerie.

Pour prendre des décisions financières et évaluer des instruments financiers, il faut s'appuyer sur le concept de valeur temps de l'argent et recourir à différents outils de mathématiques financières (**chapitre 5**). Pour être pérenne, l'entreprise doit investir dans des actifs dont elle évalue *a priori* la rentabilité (**chapitre 6**). Mais la prise de décision ne s'arrête pas aux choix d'investissement : elle consiste aussi à retenir le mode de financement optimal (**chapitre 7**).

Chapitre 2

Carrefour Bairro Santo Amaro de Sao Paulo, Brésil.

L'action du géant français de la grande distribution Carrefour (dont la part de marché est de 20,6 % du secteur) a bondi de plus de 4 % le mercredi 5 mars 2014, à l'annonce d'un bénéfice opérationnel légèrement supérieur aux attentes et d'un dividende en hausse. En 2013, Carrefour a dégagé un résultat opérationnel de 2,2 milliards d'euros (+ 5,3 %) alors que la prévision s'établissait à 2,1 milliards. Malgré la crise économique, le groupe a trouvé des relais de croissance en Amérique latine et dans le développement des Carrefour Market. Ce résultat opérationnel élevé s'explique aussi par une maîtrise des coûts et une amélioration de la marge opérationnelle pour atteindre 3,4 % du chiffre d'affaires.

Comment interpréter ces données ? Pourquoi l'annonce d'un bénéfice en hausse provoque-t-elle une envolée du cours de Bourse ? Comment se forme le résultat d'une entreprise ? En quoi l'analyse du compte de résultat renseigne-t-elle sur sa capacité à maintenir sa croissance et assurer sa pérennité ?

L'analyse du compte de résultat

Plan

Pré-requis

→ **Maîtriser** la construction du compte de résultat de la comptabilité générale et être capable d'interpréter ses différentes rubriques.

→ **Savoir calculer** un résultat comptable.

→ **Maîtriser** les notions de produits et de charges calculés.

→ **Maîtriser** l'enregistrement des opérations de cession des éléments d'actif.

Compétences attendues

→ **Comprendre** la formation du résultat de l'entreprise par le calcul des soldes intermédiaires de gestion.

→ **Analyser** la croissance et la formation du résultat de l'entreprise.

→ **Identifier** les leviers susceptibles d'assurer la croissance de l'entreprise.

1 Les enjeux de l'analyse de l'activité

Si le bilan (*balance sheet*) est une « photographie » (à un instant donné) du patrimoine de l'entreprise (▶ chapitre 3), le compte de résultat, lui, aide à comprendre la manière dont une société crée par elle-même de la richesse. Il est scruté de près par les analystes financiers et les investisseurs potentiels pour évaluer le potentiel de développement d'une société en matière de business ou encore son aptitude à maîtriser ses charges compte tenu du chiffre d'affaires qu'elle réalise.

Le compte de résultat (*net income statement*) recense, pour une période donnée et en fonction de trois rubriques (« exploitation », « financier », « exceptionnel »), toutes les ressources produites par l'activité de l'entreprise et les charges consommées ou occasionnées par les moyens mis en œuvre. La différence entre ces produits et ces charges donne le résultat de l'exercice (bénéfice ou perte) qui traduit l'enrichissement ou l'appauvrissement de l'entreprise.

Charges	Exercice		Produits	Exercice	
	N	N–1		N	N–1
Charges d'exploitation **Charges financières** **Charges exceptionnelles** Participation des salariés Impôts sur les bénéfices			**Produits d'exploitation** **Produits financiers** **Produits exceptionnels**		
Résultat de l'exercice ***Solde créditeur = bénéfice***			Résultat de l'exercice ***Solde débiteur = perte***		
Total général			**Total général**		

▲ Tableau 2.1 **Présentation simplifiée du compte de résultat**

La lecture du compte de résultat permet à l'analyste de se faire une idée de la performance d'une entreprise. Pour compléter le diagnostic, il peut rapprocher le compte de résultat de ceux d'entreprises comparables, c'est-à-dire situées dans un secteur d'activité proche ou qui ont une structure relativement équivalente (sur la base du total des actifs du bilan, par exemple). Cette démarche de *benchmarking* permet de positionner l'entreprise par rapport à son environnement concurrentiel et de détecter, le cas échéant, les zones de faiblesse.

FOCUS

La structure du compte de résultat

L'**exploitation** regroupe les opérations liées à l'activité de l'entreprise ; par exemple, l'achat de marchandises ou les ventes constituant le chiffre d'affaires.

Le volet **financier** correspond aux opérations financières de l'entreprise : les charges induites par les intérêts d'un emprunt (charges financières – *financial expenses*), les placements ou l'encaissement d'un dividende versé par une filiale (produits financiers – *financial incomes*).

Les charges et produits **exceptionnels** (*non-recurring expenses and incomes*) correspondent à des opérations qui ne sont pas liées à l'activité récurrente de l'entreprise comme, par exemple, des dépenses liées à un licenciement, une plus-value réalisée lors d'une cession d'immobilisations.

Exemple

Prenons le cas de trois sociétés commerciales (A, B, C) spécialisées dans la vente de mobilier de bureau. Elles réalisent le même résultat mais avec une répartition différente.

	Entreprise A	Entreprise B	Entreprise C
Résultat d'exploitation	400	(100)	200
Résultat financier	(100)	400	400
Résultat exceptionnel	200	200	(100)
Résultat total	**500**	**500**	**500**

Dans ces trois hypothèses, le résultat est identique mais l'analyse de la décomposition de ce résultat conduit à des conclusions différentes sur la situation de ces trois sociétés. Dans l'entreprise A, le résultat est positif grâce à l'exploitation, qui est le cœur de métier de l'entreprise. C'est un « bon » résultat. L'entreprise B perd de l'argent sur son exploitation et est bénéficiaire grâce aux produits financiers et exceptionnels. C'est un bénéfice qui masque les difficultés de l'entreprise sur son métier. L'entreprise C dégage un résultat positif sur son exploitation mais ce résultat est inférieur au résultat financier. C'est un résultat « médian ».

Pour étudier en détail le compte de résultat et structurer la démarche de diagnostic, le plan comptable général (PCG) propose un outil plus formalisé : le tableau des soldes intermédiaires de gestion (SIG). Outil d'analyse de l'activité et de la rentabilité de l'entreprise, les SIG permettent, éventuellement sur plusieurs années, d'apprécier la création de richesse par l'entreprise, de décrire la répartition de cette richesse générée pour l'entreprise, de comprendre la formation du résultat de l'exercice en le décomposant.

2 L'analyse de l'activité à travers les soldes intermédiaires de gestion

L'analyse de l'activité d'une société s'apprécie généralement au travers du compte de résultat et suppose le calcul et l'étude des soldes intermédiaires de gestion (SIG).

2.1 Le tableau des soldes intermédiaires de gestion

Le tableau des soldes intermédiaires de gestion (*statement of intermediate balances*) consiste en un reclassement des comptes de produits (comptes de classe 7) et de charges (comptes de classe 6) de l'entreprise de manière à faire apparaître des résultats intermédiaires constitutifs de son résultat final (résultat de l'exercice). Certains soldes figurent déjà dans le compte de résultat, d'autres non.

Ces résultats partiels calculés en cascade (▶ figure 2.1) sont au nombre de 9 :

Soldes intermédiaires de gestion	*Intermediate balances*
La marge commerciale	*Business margin*
La production de l'exercice	*Current period production*
La valeur ajoutée (VA)	*Value-added*
L'excédent brut d'exploitation (EBE)	*Gross operating income*
Le résultat d'exploitation (REX)	*Operating income*
Le résultat courant avant impôts (RCAI)	*Operating net income before taxes*
Le résultat exceptionnel	*Unusual income*
Le résultat de l'exercice	*Net income*
Le résultat sur cessions d'actifs immobilisés	*Net income on disposal of fixed assets*

Les SIG permettent de mesurer l'évolution des postes du compte de résultat dans le temps et de situer l'entreprise par rapport à ses concurrents.

Ventes de marchandises
− Coût d'achat des marchandises vendues
= **MARGE COMMERCIALE**

Production vendue
± Production stockée
± Production immobilisée
= **PRODUCTION DE L'EXERCICE**

Marge commerciale
+ Production de l'exercice
− Consommations de l'exercice en provenance des tiers
= **VALEUR AJOUTÉE**

Valeur ajoutée
+ Subventions d'exploitation
− Impôts, taxes et versements assimilés
− Charges de personnel
= **EXCÉDENT BRUT D'EXPLOITATION**

Excédent brut d'exploitation
+ Reprises sur charges d'exploitation
+ Transferts de charges
+ Autres produits de gestion
− Dotations aux amortissements et provisions d'exploitation
− Autres charges de gestion
= **EXCÉDENT BRUT D'EXPLOITATION**

Résultat d'exploitation
± Quotes-parts résultats en commun
± Produits financiers
− Charges financières
= **RÉSULTAT COURANT AVANT IMPÔT**

Produits exceptionnels
− Charges exceptionnelles
= **RÉSULTAT EXCEPTIONNEL**

Résultat courant avant impôt
± Résultat exceptionnel
± Participation des salariés
− Impôts sur les bénéfices
= **RÉSULTAT DE L'EXERCICE**

Produits des cessions d'éléments d'actif immobilisés
− Valeurs comptables des éléments d'actif cédés
= **RÉSULTAT SUR CESSIONS D'ÉLÉMENTS D'ACTIF IMMOBILISÉS**
(plus ou moins-value)

▲ Figure 2.1 **Les soldes intermédiaires de gestion**

2.2 La marge commerciale

Définition

La **marge commerciale** (*business margin*) désigne le supplément de valeur apporté par l'entreprise au coût des marchandises vendues dans l'exercice. La marge commerciale est la différence entre le chiffre d'affaires et le coût d'achat des marchandises vendues.

Pour rappel, le coût des marchandises vendues est la somme des achats de marchandises et de la variation des stocks de marchandises.

Marge commerciale (MC) =
Ventes des marchandises
– Coût d'achat des marchandises vendues

Coût des marchandises vendues =
Achats de marchandises
+/– Variation de stocks de marchandises

Le calcul s'applique principalement aux sociétés de négoce et de distribution. Le montant de la marge commerciale donne à l'entreprise la possibilité de financer notamment les coûts de fonctionnement de l'activité de vente (salaires, frais de distribution, etc.).

Il est inutile de chercher à calculer une marge commerciale dans le cas d'une entreprise qui ne fait pas de négoce (une activité purement industrielle, par exemple). Dans son compte de résultat n'apparaissent ni ventes de marchandises, ni achats de marchandises, ni variation de stocks de marchandises.

On peut ensuite calculer le taux de marge :

$$\textbf{Taux de marge} = \frac{\text{Marge commerciale}}{\text{Coût d'achat des marchandises vendues}}$$

Ce taux est variable selon les secteurs d'activité, de quelques points en grande distribution à 50 % dans la vente de produits textiles. Il est sensible aux variations conjoncturelles.

Exemple

En 2013, la baisse du pouvoir d'achat en France s'est traduite par une baisse de la consommation alimentaire de 0,5 % ; résultat : le taux de marge brute (terme utilisé dans la pratique) des entreprises dans le secteur agroalimentaire s'est dégradé pour atteindre un plancher historique à 22,4 % (soit 14 points de moins qu'en 2008).

2.3 La production de l'exercice

Dans une activité industrielle ou chez un prestataire de services, c'est la richesse produite par l'entreprise pour ses clients (production vendue et production stockée) ou pour elle-même (production immobilisée).

Production de l'exercice =
Production vendue + Production stockée + Production immobilisée

Notons que cet indicateur n'est pas totalement homogène car la méthode d'évaluation diverge selon le type de production : par exemple, la production vendue est exprimée en fonction du prix de vente hors taxes quand la production immobilisée est évaluée au coût de production.

2.4 La valeur ajoutée

La valeur ajoutée (*added value*) est la somme de la marge commerciale et de la production de l'exercice, de laquelle sont retirées les consommations en provenance des tiers (fournisseurs, transport, énergie, prestataires, etc.). C'est la richesse générée par l'activité de l'entreprise.

Valeur ajoutée (VA) =
Marge commerciale
+ Production de l'exercice
– Consommations en provenance des tiers

Consommations en provenance des tiers =
Achats de matières premières
+/– Variation de stocks de matières premières
+ Autres achats et charges externes
(sous-traitance, personnel intérimaire, redevances de crédit-bail,
frais de publicité, eau, énergie…)

Cet indicateur représente l'effet métier ou le savoir-faire de l'entreprise. La création de valeur ajoutée est une nécessité pour l'entreprise si elle veut être compétitive et gagner des parts de marché. Et c'est en mobilisant des moyens techniques, des ressources naturelles et des compétences humaines que l'entreprise crée de la valeur.

Exemple

Dans le cas d'une entreprise d'horticulture, la valeur ajoutée correspond à la différence entre le prix de vente des fleurs et le coût d'achat des graines (autrement dit la marge commerciale) diminuée des consommations d'eau pour l'arrosage, des engrais, des emballages, etc.

EN PRATIQUE

La valeur ajoutée, priorité pour l'entreprise

La création de valeur ajoutée est une priorité pour les entreprises. À titre d'exemple, en lutte contre la banalisation de la marque, Louis Vuitton cherche, depuis 2011, à booster sa valeur ajoutée, en privilégiant la qualité (sophistication des articles vendus) par rapport à la quantité (nombre d'ouvertures de magasins). Et Bernard Arnault, président-directeur général de LVMH, de préciser : Vuitton « est la marque de maroquinerie qui, de loin, offre la meilleure qualité » (*Le Monde*, 1er février 2013). Si un bon positionnement aide à renforcer l'attractivité commerciale et, par voie de conséquence, la valeur ajoutée, il existe d'autres facteurs susceptibles d'augmenter la valeur ajoutée : le lancement de nouveaux produits ou de services pour mieux répondre à la demande du marché, la réduction des coûts, la productivité de la main-d'œuvre, etc.

Précisons que la valeur ajoutée est obtenue grâce à la contribution de plusieurs acteurs : les salariés (*via* leur travail et leurs compétences), les actionnaires et les prêteurs (au travers des capitaux et/ou des fonds qui permettent d'acquérir les actifs indispensables à la production) ou encore l'État puisqu'il met à disposition des entreprises des infrastructures (routes, réseaux de communication…) nécessaires à la réalisation de leur activité. C'est pourquoi la valeur ajoutée, richesse créée, est ensuite répartie entre ces différentes parties prenantes sous des formes diverses :

- rémunérations versées aux salariés,
- intérêts versés aux banques,
- dividendes perçus par les détenteurs du capital (actionnaires),
- impôts prélevés par l'État.

2.5 L'excédent brut d'exploitation

Définition

L'**excédent brut d'exploitation** (*gross operating profit*) mesure le résultat réalisé sur l'exploitation indépendamment de la réglementation fiscale (amortissement…) et du mode de financement de l'entreprise.

Il s'agit d'un indicateur incontournable de la performance, très prisé par les analystes financiers, actionnaires ou banquiers : il est en effet pratique pour comparer la capacité de plusieurs sociétés à créer de la richesse à partir du seul exercice de leur métier, affecté ni par les choix de la société en matière d'amortissement et de financement, ni par des opérations de nature exceptionnelle.

Excédent brut d'exploitation (EBE) =
Valeur ajoutée + Subventions d'exploitation – Impôts et taxes – Charges de personnel

L'EBE correspond à l'EBITDA (*earnings before interest, taxes, depreciation and amortization*) utilisé dans les pays anglo-saxons.

L'EBE doit permettre de renouveler l'outil de production, de couvrir les risques (provisions), de rémunérer les financeurs de l'entreprise et de dégager un résultat disponible pour les actionnaires. Il doit impérativement être positif, ce qui signifie alors que l'entreprise est en capacité de gagner de l'argent sur son métier. C'est donc sur la base de cet indicateur que sont prises les décisions financières (investissement, financement, distribution de dividendes).

L'EBE est calculé à partir de produits d'exploitation encaissables (se traduisant par des flux de trésorerie positifs) et des charges décaissables (se traduisant par des flux de trésorerie négatifs). C'est la raison pour laquelle l'EBE sert de point de départ au calcul de la capacité d'autofinancement (CAF) (cf. plus loin) et de l'Excédent de trésorerie d'exploitation (se reporter au chapitre 4).

FOCUS

L'EBE, un indicateur particulièrement sollicité

On utilise aussi l'EBE pour le calcul de certains ratios :

- Le ratio « Charges financières / EBE » permet de mesurer le poids de l'endettement sur l'activité de l'entreprise.
- Le ratio « EBE / Chiffre d'affaires » permet d'apprécier le partage de la valeur ajoutée entre les actionnaires (qui sont rémunérés à partir de l'EBE) et les salariés.

Enfin, on a recours à l'EBE en matière d'évaluation d'entreprise : la méthode des multiples part du principe que la valeur de l'entreprise est un multiple de son EBE. À titre d'exemple, SMCP, la holding qui contrôle les marques de prêt-à-porter Sandro, Maje et Claudie Pierlot, a été valorisée 11 fois son EBE lors de sa cession en 2013.

2.6 Le résultat d'exploitation

Si l'EBE se concentre sur le cycle d'exploitation, le résultat d'exploitation (*operating profit*) tient compte du processus d'investissement en intégrant dans son calcul les charges non décaissées (dotations aux amortissements et provisions). Exprimant à la fois la rentabilité des activités de l'entreprise et permettant de valider les choix d'investissements qui ont été effectués, le REX peut être négatif ou positif. Négatif, il indique que la société est en période de difficulté. Sa survie peut être en jeu si la situation perdure.

Une entreprise peut avoir un résultat global négatif mais un résultat d'exploitation positif, ce qui signifie que l'activité est profitable mais insuffisante pour couvrir les charges financières ou exceptionnelles.

Le REX correspond à l'EBIT (*earnings before interest and taxes*) qui se calcule en retirant de l'EBITDA les dotations aux amortissements et aux provisions de la période et en y ajoutant les reprises d'amortissements ou de provisions.

Résultat d'exploitation (REX) = EBE + Reprises d'amortissements et provisions + Autres produits[1] – Dotations aux amortissements et provisions – Autres charges[2]

1 Selon le PCG, le compte 75 – Autres produits en gestion courante.
2 Selon le PCG, le compte 65 – Autres charges en gestion courante.

2.7 Le résultat courant avant impôt

Résultant des opérations ordinaires d'exploitation et de financement, le résultat courant avant impôt (*operating net income before taxes*) mesure la performance économique et financière de l'entreprise. Le comparer avec le REX met en exergue le rôle des éléments financiers dans la formation du résultat. Le RCAI permet de recenser les charges et les produits avant le calcul de l'impôt et sans tenir compte des événements exceptionnels.

Résultat courant avant impôt (RCAI) =
Résultat d'exploitation + Produits financiers – Charges financières

Le résultat financier ne figure pas en tant que tel dans la présentation classique du tableau des SIG (version du PCG). On peut cependant le calculer dans le cadre du diagnostic financier.

2.8 Le résultat exceptionnel

Le résultat exceptionnel d'une entreprise ne s'inscrit pas durablement dans ses résultats futurs. Il correspond en effet à la prise en compte d'éléments exceptionnels (c'est-à-dire des produits ou des charges non récurrents) au cours de l'exercice considéré. Entre dans cette catégorie, par exemple, la plus-value liée à la cession d'une immobilisation : la vente des actifs qui lui servent à produire ne relève pas, pour une entreprise, de son activité normale.

Résultat exceptionnel =
Produits exceptionnels – Charges exceptionnelles

Dans le tableau des SIG, le résultat exceptionnel se calcule à part. Il convient, quand on le calcule, de ne pas partir du RCAI.

2.9 Le résultat de l'exercice

Le résultat de l'exercice (*net income*) est la différence entre le total des produits et le total des charges ou la somme des résultats d'exploitation, financier et exceptionnel de laquelle sont retirés les impôts calculés sur le résultat fiscal. Il se calcule pour chaque exercice comptable.

Résultat de l'exercice =
Résultat courant avant impôt + Résultat exceptionnel
– Participation des salariés – Impôts sur les bénéfices

Tout comme l'EBE, le résultat de l'exercice sert de base de calcul à de nombreux indicateurs comme la capacité d'autofinancement (CAF), la participation des salariés aux résultats, etc. Il représente le revenu résiduel, propriété des actionnaires (ou associés) de l'entreprise.

L'analyste peut être amené à calculer le ratio de « rentabilité des capitaux propres » (*return on equity*, ROE), rapport entre le résultat de l'exercice et le montant des capitaux propres d'une entreprise. C'est un indicateur d'arbitrage pour les actionnaires et les investisseurs qui hésitent entre deux « placements » (soit investir dans l'entreprise compte tenu des risques que cela implique, soit placer sur un compte à terme par exemple).

À la clôture des comptes, le résultat, positif ou négatif, doit être affecté entre les réserves, la distribution de dividendes et éventuellement le report à nouveau.

2.10 Le résultat sur cessions d'actifs immobilisés

Le résultat sur cessions d'actifs immobilisés correspond à la plus ou moins-value dégagée par l'entreprise lors de la vente d'un ou de plusieurs éléments composant son actif immobilisé. Cette opération de nature exceptionnelle peut « gonfler » sur une année le résultat de l'entreprise. C'est pourquoi il est important de rappeler cette information en bas de tableau.

Résultat sur cessions d'actifs immobilisés =
Produits des cessions d'éléments d'actifs immobilisés (PCEA)
– Valeur nette comptable des éléments d'actifs cédés (VCEAC)

2.11 Signification des SIG et modèle de SIG

Chaque SIG a donc sa signification et son utilité propre (▶ tableau 2.2).

Soldes	Signification des soldes	Précisions
Marge commerciale	Indicateur de base des entreprises commerciales.	
Production de l'exercice	Concerne les entreprises industrielles ou prestataires de services. Expression de l'activité industrielle de l'entreprise.	Indicateur hétérogène : – production vendue évaluée au prix de marché ; – production stockée et immobilisée évaluée au coût de production.
Valeur ajoutée	Bon estimateur du poids économique de l'entreprise : la valeur ajoutée mesure la création de la richesse par l'entreprise et sa contribution à l'économie du pays.	Il s'agit du critère de taille le plus pertinent de l'entreprise. Permet de mesurer le degré d'intégration verticale[1] de l'entreprise.

1 L'intégration verticale renvoie à la capacité d'une entreprise à maîtriser en amont (approvisionnement) et/ou en aval (distribution) sa filière d'activité.

Soldes	Signification des soldes	Précisions
Excédent Brut d'Exploitation (EBE)	Ressource potentielle qu'obtient l'entreprise du seul fait de ses opérations d'exploitation. Il s'agit d'un indicateur de performance industrielle et commerciale de l'entreprise. L'EBE permet la comparaison entre entreprises au sein du même secteur.	Solde indépendant : – de la politique d'investissement (pas de dotations aux amortissements dans le calcul du solde) ; – de la politique de financement (pas de charges financières dans le calcul du solde) ; – de la forme juridique (pas d'incidences de la fiscalité).
Résultat d'exploitation (REX)	Résultat des opérations correspondant au métier de base de l'entreprise.	
Résultat courant avant impôt	Résultat des opérations normales et habituelles de l'entreprise. On parle du résultat « reproductible ».	Le rapprochement avec le solde précédent délivre une information sur l'importance du résultat financier de l'entreprise.
Résultat exceptionnel	Résultat des opérations à caractère non répétitif.	
Résultat de l'exercice	Base de calcul de la répartition des bénéfices entre les actionnaires.	
Plus ou moins-values de cession d'éléments d'actifs	Précise pour partie la formation du résultat exceptionnel.	Information complémentaire indépendante des autres soldes.

▲ Tableau 2.2 **Les soldes intermédiaires de gestion**

Pratiquement, le tableau des SIG se présente de la manière suivante (▶ tableau 2.3). Il est d'usage de prévoir une comparaison N/N–1 en % ainsi qu'une base de référence (le chiffre d'affaires, par exemple) à partir de laquelle il est possible de calculer un certain nombre de ratios (exemple, la part de la VA dans le CA).

	N–1		N		Évolution en % de N–1 à N
		%		%	
Vente de marchandises					
– Coût d'achat des marchandises vendues					
Achats de marchandises					
+/– Variation de stocks de marchandises					
= Marge commerciale					
Production vendue					
+ Production stockée					
+ Production immobilisée					
= Production de l'exercice		**100**		**100**	

	N–1	%	N	%	Évolution en % de N–1 à N
– Consommation de matières premières					
Achats de matières premières					
+/– Variation de stocks de matières premières					
– Autres achats et charges externes					
= Valeur ajoutée					
+ Subventions d'exploitation					
– Impôts et taxes					
– Charges de personnel					
= Excédent brut d'exploitation					
– Dotations aux amortissements et provisions d'exploitation					
+ Reprises sur amortissements et provisions, transferts de charges					
+ Autres produits d'exploitation					
– Autres charges d'exploitation					
= Résultat d'exploitation					
+ Produits financiers					
– Charges financières					
= Résultat courant avant impôts					
+ Produits exceptionnels					
– Charges exceptionnelles					
= Résultat exceptionnel					
– Participation des salariés					
– Impôts sur les bénéfices					
= Résultat de l'exercice					
Produits de cession d'éléments d'actif immobilisés					
– Valeur nette comptable des immobilisations cédées					
= Plus ou moins-values de cession d'actif					

Il s'agit d'une présentation en ligne. Le PCG propose une présentation en colonne (cf. www.plancomptable.com).

▲ Tableau 2.3 **Un modèle de tableau des SIG**

Exemple

Cas Fil rouge

Baptiste et Laura sont associés dans une entreprise de distribution de plateaux-repas depuis quelques années. La société Fil rouge nous fournit les éléments de son compte de résultat pour que nous puissions établir le tableau des soldes intermédiaires de gestion.

Charges	Exercice N	Exercice N–1	Produits	Exercice N	Exercice N–1
Charges d'exploitation			**Produits d'exploitation**		
Achats de matières premières			Production vendue		
Variation de stocks			Production stockée		
Achats de marchandises	240 000	253 000	Production immobilisée		
Variation de stocks	20 000	(10 000)	Ventes de marchandises	650 000	540 000
Autres achats et charges externes	110 000	98 000			
Impôts et taxes					
Charges de personnel	155 000	146 000			
Dotations aux amortissements et aux dépréciations	45 000	25 000			
Charges financières			**Produits financiers**		
Intérêts et charges assimilées	7 000	8 000	Intérêts et produits assimilés		
Charges exceptionnelles			**Produits exceptionnels**		
Sur opération de gestion			Sur opération de gestion		
Sur opérations en capital	20 000		Sur opérations en capital	25 000	
Participation des salariés					
Impôts sur les bénéfices	21 000	3 000			
Résultat de l'exercice *Solde créditeur = bénéfice*	57 000	17 000	*Résultat de l'exercice* *Solde débiteur = perte*		
Total général	**675 000**	**540 000**	**Total général**	**675 000**	**540 000**

	N		N–1		Évolution en % de N–1 à N
		%		%	
Vente de marchandises	650 000	100	540 000	100	20 %
– Coût d'achat des marchandises vendues					
Achats de marchandises	240 000		253 000		
+/– Variation de stocks de marchandises	20 000		(10 000)		
= Marge commerciale	**390 000**	**60 %**	**297 000**	**55 %**	**31 %**
Production vendue					
+ Production stockée					
+ Production immobilisée					
= Production de l'exercice					
– Consommation de matières premières					

	N		N–1		Évolution en % de N–1 à N
		%		%	
Achats de matières premières					
+/– Variation de stocks de matières premières					
– Autres achats et charges externes	110 000	17 %	98 000	18 %	12 %
= Valeur ajoutée	**280 000**	**43 %**	**199 000**	**37 %**	**41 %**
+ Subventions d'exploitation					
– Impôts et taxes					
– Charges de personnel	155 000		146 000		6 %
= Excédent brut d'exploitation	**125 000**	**19 %**	**53 000**	**10 %**	**136 %**
– Dotations aux amortissements et provisions d'exploitation	45 000		25 000		
+ Reprises sur amortissements et provisions, transferts de charges					
+ Autres produits d'exploitation					
– Autres charges d'exploitation					
= Résultat d'exploitation	**80 000**	**12 %**	**28 000**	**5 %**	
+ Produits financiers					
– Charges financières	7 000		8 000		– 13%
= Résultat courant avant impôts	**73 000**	**11 %**	**20 000**	**4 %**	
+ Produits exceptionnels	25 000				
– Charges exceptionnelles	20 000				
= Résultat exceptionnel	**5 000**		**0**		
– Participation des salariés					
– Impôts sur les bénéfices	21 000		3 000		
= Résultat de l'exercice	**57 000**	**8 %**	**17 000**	**3 %**	**205 %**
Produits de cession d'éléments d'actif immobilisés	25 000				
– Valeur nette comptable des immobilisations cédées	20 000				
= Plus ou moins-values de cession d'actif	**5 000**		**0**		

La société Fil rouge réalise un bénéfice de 57 000 €, ce qui est positif. Sa profitabilité est de 8 %. L'activité se porte bien : le chiffre d'affaires a bondi de 20 % entre les deux années. On note que si l'entreprise a stocké en N–1, elle a déstocké en N, ce qui est bon signe. Cette hausse des ventes s'est traduite par une augmentation significative du résultat (+ 3 %) en raison d'une progression plus faible des charges. L'EBE reste positif (125 000 € contre 53 000 €), ce qui signifie que l'entreprise gagne de l'argent sur son propre métier. Enfin, l'entreprise a réalisé une cession d'actif à hauteur de 25 000, ce qui lui a permis de dégager une plus-value de 5 000 € impactant d'autant son bénéfice.

3 La capacité d'autofinancement

3.1 La distinction entre résultat et trésorerie

Le résultat de l'exercice correspond à la différence entre les revenus générés au cours de l'exercice par l'activité de l'entreprise et les coûts engendrés par cette même activité.

Mais le résultat ne se retrouve pas instantanément dans les caisses de l'entreprise. Il n'est pas égal au solde de trésorerie induit par l'ensemble des opérations qui conduisent du paiement des facteurs « entrés » à l'encaissement du produit vendu. Pourquoi ?

1. Le résultat tient compte de charges qui ne sont pas décaissables. Le montant de ces charges est obtenu par un calcul et non par l'observation d'une dépense. Les charges non décaissées (on parle également de charges calculées) comprennent les éléments suivants :

- Les dotations aux amortissements qui constatent la dépréciation d'un élément d'actif immobilisé mais non une dépense.
- Les dotations aux provisions. La dépense aura lieu ultérieurement si le risque se réalise.
- La valeur nette comptable des éléments d'actif cédés qui ne correspond à aucune dépense le jour de la cession.

2. Le résultat tient compte de produits qui ne sont pas encaissables. Le montant de ces produits est donné par un calcul et non par l'observation d'une recette. Les produits non encaissables (on parle de produits calculés) comprennent notamment les reprises sur amortissements et provisions.
3. Les opérations sont inscrites au compte de résultat à leur date d'engagement (facturation ou livraison) et non à leur date de règlement. Par exemple, si une vente n'a pas été réglée par le client alors que les coûts afférents ont déjà été décaissés, le flux de trésorerie induit par l'opération est négatif alors que le résultat de celle-ci est positif. Les délais entre engagement et règlement sont source d'écart entre le résultat et la variation de trésorerie.

3.2 Définition et modes de calcul de la CAF

Pour couvrir ses besoins de financement, l'entreprise dispose de ressources qui peuvent avoir une origine externe et une origine interne.

Les **ressources externes** peuvent provenir notamment des augmentations de capital par voie d'apport, des subventions d'investissement ou des emprunts.

Les **ressources internes** sont dues à l'activité de l'entreprise et sont constituées par les recettes (essentiellement les ventes et accessoirement les autres produits) diminuées des dépenses entraînées par les charges.

Définition

La **capacité d'autofinancement** (CAF) (*self financing capacity*) représente la trésorerie potentielle dégagée par l'activité de l'entreprise et susceptible d'être réinvestie. C'est l'ensemble des ressources internes constituées par l'encaissement des produits et diminuées du paiement des charges.

Deux méthodes sont possibles pour calculer la CAF :
- à partir des éléments encaissables et décaissables (ou de l'EBE) ;
- à partir du résultat de l'exercice et des éléments calculés.

La première méthode est appelée méthode « soustractive », la seconde méthode « additive ».

3.2.1 Calcul à partir de l'EBE (méthode soustractive)

L'EBE est entièrement constitué de produits encaissables et de charges décaissables. Il contribue donc dans sa totalité à la formation de la CAF. Le calcul de la CAF peut donc prendre l'EBE comme point de départ.

Excédent brut d'exploitation
+ Transferts de charges (d'exploitation)
+ Autres produits (d'exploitation)
– Autres charges (d'exploitation)
± Quotes-parts résultats en commun
+ Produits financiers[1]
– Charges financières[2]
+ Produits exceptionnels[3]
– Charges exceptionnelles[4]
– Participation des salariés
– Impôts sur les bénéfices
= Capacité d'autofinancement de l'exercice

1 Sauf reprises sur provisions.
2 Sauf dotations aux amortissements et aux provisions financiers.
3 Sauf : – produits des cessions d'immobilisations, opérations en capital,
– quote-part des subventions d'investissement virée au résultat de l'exercice,
– reprises sur provisions exceptionnelles.
4 Sauf : – valeur comptable des immobilisations cédées, opérations en capital,
– dotations aux amortissements et aux provisions exceptionnels.

3.2.2 Calcul à partir du résultat (méthode additive)

Résultat de l'exercice + Dotations aux amortissements et provisions – Reprises sur amortissements et provisions + Valeur comptable des éléments d'actif cédés – Produits des cessions d'éléments d'actif immobilisés – Quote-part de subventions d'investissement virée au résultat de l'exercice
= Capacité d'autofinancement de l'exercice

Les produits de cession d'éléments d'actif contribuent aux recettes. Cependant, le PCG les distingue de la CAF. En effet, les cessions d'éléments immobilisés, comme les acquisitions, relèvent de la fonction d'investissement. Pour une analyse plus précise, ces produits seront individualisés afin de les rapprocher des acquisitions en vue du calcul de l'investissement net. Ces produits de cessions d'actif sont donc assimilés, pour le calcul de la CAF, à des produits non encaissables.

Lorsqu'une entreprise souhaite verser des dividendes, ceux-ci sont prélevés sur sa capacité d'autofinancement. Ainsi seule la partie non distribuée assure l'autofinancement.

Autofinancement = CAF – Dividendes versés

3.3 Les fonctions de la CAF

Indicateur de l'indépendance financière de l'entreprise, la CAF joue trois rôles principaux :

– couvrir les risques (par les provisions) ;
– maintenir l'outil de production (par les amortissements) ;
– enrichir l'entreprise et ses actionnaires (par le bénéfice).

Le niveau de la CAF se compare au chiffre d'affaires HT (CA HT) : si elle stagne alors que le CA augmente rapidement, il faut s'interroger sur le bien-fondé de la stratégie poursuivie.

Dettes financières
= Emprunts obligataires convertibles
+ Autres emprunts obligataires
+ Emprunts et dettes auprès des établissements de crédit
+ Emprunts et dettes financières divers
– Concours bancaires courants et soldes créditeurs de banque

Enfin, pour le prêteur à moyen ou long terme, la CAF est un élément primordial car c'est elle qui assure le remboursement des crédits d'investissement. La capacité de remboursement de l'entreprise est un ratio fondamental lors de l'analyse des éléments financiers d'une entreprise.

$$\text{Capacité de remboursement} = \frac{\text{Dettes financières}}{\text{CAF}}$$

Il est généralement admis que ce ratio n'excède pas 4. Cela signifie que quatre années de CAF sont nécessaires au maximum pour rembourser les dettes financières.

La capacité d'autofinancement est une ressource interne susceptible de financer les investissements. Elle est censée assurer une certaine indépendance, en particulier vis-à-vis des prêteurs, renforcer la structure financière de l'entreprise et ainsi accroître son autonomie ; elle peut servir à alléger les charges financières, contribuer au financement de nouveaux projets d'investissement, rembourser les emprunts en cours et ainsi dégager de nouvelles capacités d'endettement et, bien sûr, rémunérer les actionnaires.

4 Le seuil de rentabilité

Le seuil de rentabilité est une information qui complète l'analyse des soldes intermédiaires de gestion, il sert également à faire des prévisions.

Dans un premier temps, la notion de seuil de rentabilité implique de faire la distinction entre les charges variables et les charges fixes.

4.1 Définition

Le **seuil de rentabilité** (SR) (*break-even point*) correspond au chiffre d'affaires minimal qu'une entreprise doit réaliser sur une année pour pouvoir au moins faire face à toutes les charges de son exercice. Il correspond au niveau d'activité qui permet, compte tenu de la marge réalisée (chiffres d'affaires – charges variables ou charges implicitement dépendantes de ce chiffre d'affaires), de couvrir les autres charges de l'exercice, à savoir, les charges considérées comme « fixes ». En d'autres termes, le seuil de rentabilité correspond *in fine* au chiffre d'affaires pour lequel une société ne réalise ni bénéfice, ni perte. On emploie aussi l'expression « chiffre d'affaires critique ».

On évalue le seuil de rentabilité en valeur (€) et/ou en quantités (produites et vendues). Il est judicieux de compléter le calcul par l'estimation du **point mort**, c'est-à-dire le nombre de jours à partir duquel le seuil de rentabilité est réalisé. Bien sûr, ce point mort doit être atteint le plus rapidement possible pour laisser une marge de sécurité à l'entreprise.

La détermination du seuil de rentabilité suppose de distinguer les charges variables (notées CV) des charges fixes[1] (notées CF). Comme le montre la figure 2.2, les charges variables varient en fonction de l'activité de l'entreprise (en fonction du chiffre d'affaires ou du budget, le plus souvent) : plus la société produit et vend, plus elle consomme de ressources variables.

1 Se reporter à Djerbi Z., Durand X., Kuszla C., *Contrôle de gestion*, Dunod, 2014.

Exemple

Plus un horticulteur vend de fleurs, plus il achète de graines.

Les charges fixes ou incompressibles ne fluctuent pas de cette manière. Quelles que soient la production et la vente, l'entreprise supporte les mêmes charges (loyer, prime d'assurance, etc.). L'entreprise a tout intérêt à les contenir car plus elles sont élevées, plus l'entreprise a l'obligation de réaliser un chiffre d'affaires conséquent.

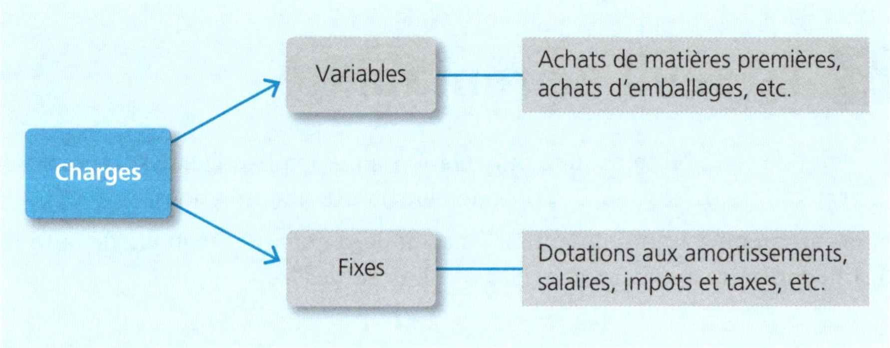

▲ Figure 2.2 **La distinction charges variables/charges fixes.**

4.2 Mode de calcul

Le seuil de rentabilité peut être exprimé de trois manières différentes : en valeur, en quantités et en durée.

$$\text{Seuil de rentabilité en valeur} = SR_V = \frac{\text{Charges fixes}}{\text{Taux de marge sur coût variable}}$$

$$\text{Seuil de rentabilité en quantité} = SR_Q = \frac{\text{Charges fixes}}{\text{Marge sur coût variable unitaire}}$$

$$\text{Point mort (en mois)} = \frac{SR_V}{\text{Chiffre d'affaires} \times 12}$$

$$\text{Point mort (en jours)} = \frac{SR_V}{\text{Chiffre d'affaires} \times 360}$$

Le ratio « Seuil de rentabilité / Chiffres d'affaires » s'appelle l'**indice de risque métier** (IRM). En effet, dans certains secteurs d'activité, le point mort sera atteint en juin quand il faudra attendre le mois de novembre pour d'autres ; ajoutons que certaines activités sont plus cycliques que d'autres (la restauration, par exemple). Aussi le risque de ne pas atteindre le CA critique n'est pas le même selon les cas : plus le point mort est éloigné dans le temps, plus le risque est élevé.

POINT MÉTHODE

Pour établir le seuil de rentabilité, il convient de respecter les étapes suivantes :

- Évaluer le montant des **charges variables** (par exemple, achats de marchandises ou charges de transport qui y sont liées) et des **charges fixes** (charges locatives, charges de personnel, etc.).
- Calculer la **marge sur coûts variables** (chiffre d'affaires prévisionnel – charges variables) et en déduire le **taux de marge** (traduction de cette marge en % du chiffre d'affaires).
- Diviser les charges fixes par ce taux de marge pour obtenir le **seuil de rentabilité en valeur** (SR_V).
- Diviser les charges fixes par la différence entre prix de vente unitaire et coût variable unitaire pour obtenir le **seuil de rentabilité en quantité** (SR_Q).
- Diviser le seuil de rentabilité en quantité (SR_Q) par le chiffre d'affaires et multiplier, par exemple, par 12 pour l'obtenir en mois ou par 360 pour l'obtenir en mois.

On pourra recourir à un tableur pour faciliter les calculs (▶ tableau 2.4).

	Montant
Chiffre d'affaires (CA)	
– Charges variables (CV)	
= Marge sur coûts variables (MCV)	= CA – CV
Taux de marge sur coûts variables (TM_{CV})	= MCV / CA (en %)
Charges fixes (CF)	
Seuil de rentabilité en valeur (SR_V)	= CF / TMCV
Seuil de rentabilité en quantité (SR_Q)	= CF / MCV_U*
Point mort en mois de CA	= (SR_V / CA) × 12

* Marge sur coût variable unitaire (notée MCV_U) = Prix de vente unitaire – Coût variable unitaire

▲ Tableau 2.4 **Le calcul du seuil de rentabilité**

Exemple

La société Salade fraîcheur est spécialisée dans la fabrication, le conditionnement et la distribution de salades préemballées sous cellophane.

Les renseignements suivants sont extraits de la comptabilité de l'entreprise :

Quantités vendues	5 000 unités
Prix de vente unitaire de la salade fraîcheur	2,50 €
Charges variables :	
Salade	0,20 €
Tomates	0,15 €
Lamelles de poulet	0,25 €
Emballage	0,05 €
Main-d'œuvre	0,50 €
Charges fixes totales	2 250 €

	Montant
Chiffre d'affaires (CA) (5 000 × 2,50)	12 500
– Total des charges variables (CV) (0,2 + 0,15 + 0,25 + 0,05 + 0,5) × 5 000	5 750
= Marge sur coûts variables (MCV) (= CA – CV)	6 750
Taux de marge sur coûts variables (TM_{CV}) (= MCV / CA en %)	54 %
Charges fixes (CF)	2 250
Seuil de rentabilité en valeur (SR_V) (= 2 250 / 54 %)	4 167
Seuil de rentabilité en quantité (SR_Q) (= 2 250 / 1,35)	1 667
Point mort en mois de CA (= 4 167 / 12 500) × 12	4

* Ici MCV_U = 6 750 / 5 000 = 1,35

Le seuil de rentabilité de la société Salade Fraîcheur est donc fixé à 4 167 €, ce qui correspond à 1 667 salades préparées et emballées. Il lui faut attendre 4 mois de chiffres d'affaires pour commencer à faire des bénéfices.

L'entreprise peut évaluer le risque de réaliser une perte en comparant le chiffre d'affaires avec le seuil de rentabilité. Deux indicateurs permettent d'estimer ce risque : la marge de sécurité et l'indice de sécurité.

La **marge de sécurité** est la différence entre le chiffre d'affaires et le seuil de rentabilité.

Elle correspond à la perte potentielle de chiffre d'affaires que peut subir l'entreprise avant d'être en perte. Plus la marge de sécurité est faible, plus l'entreprise prend des risques.

Marge de sécurité = Chiffre d'affaires – Seuil de rentabilité en valeur

L'**indice de sécurité** est la marge de sécurité rapportée au chiffre d'affaires.

Cet indice de sécurité est le pourcentage de perte de chiffre d'affaires que peut se permettre l'entreprise avant d'être en perte.

$$\text{Indice de sécurité} = \frac{\text{Marge de sécurité}}{\text{Chiffre d'affaires}} \times 100$$

Exemple

Dans le cas de la société Salade fraîcheur :
Marge de sécurité = 12 500 – 4 167 = 8 333 €.
Indice de sécurité = 8 333 / 12 500 = 67 %.
Ce dernier résultat signifie que l'entreprise pourrait voir son chiffre d'affaires prévisionnel diminuer de 67 % avant de faire des pertes.

EN PRATIQUE

Les limites du calcul du seuil de rentabilité

Les limites de la méthode sont de diverses natures :

- dans un exercice purement prévisionnel, tous les coûts ne sont pas forcément pris en compte ;
- le calcul du seuil de rentabilité suppose la régularité des ventes, ce qui, sur le terrain, n'est pas toujours vrai ;
- le seuil de rentabilité varie quand le prix de vente est modifié.

5 Les ratios

Il est intéressant de compléter l'analyse du compte de résultat par un calcul de ratios. Les ratios sont utilisés par de nombreux acteurs : les banquiers pour attribuer des prêts, les entreprises pour analyser leurs performances, les marchés financiers pour faire des comparaisons, les agences de notation pour fixer leurs notes, etc. Les ratios permettent de vérifier la cohérence, la pertinence et la formation du résultat.

Toutefois, le recours aux ratios ne doit pas être systématique ni constituer une mesure unique de la santé d'une entreprise. Ce ne sont que des indicateurs qui apportent un éclairage sur un point particulier de l'activité.

L'analyse des ratios dépend du secteur d'activité de l'entreprise : ce qui est valable pour le luxe ne l'est pas nécessairement pour l'agroalimentaire. Il est judicieux de comparer le ratio obtenu avec ceux du secteur concerné.

Dans une analyse, il est préférable d'utiliser moins de ratios mais de façon plus pertinente. On pourra comme le montre le tableau 2.5, recourir aux principaux indicateurs liés à l'activité : taux de croissance du chiffre d'affaires HT, taux de marge commerciale, taux de croissance de la valeur ajoutée, taux d'endettement et rotation des stocks de marchandises.

Indicateurs	Mode de calcul	Précisions
Taux de croissance du CA HT	$\frac{CA_N - CA_{N-1}}{CA_{N-1}}$	Mesure le taux de croissance et donc le potentiel d'activité
Taux de marge commerciale	$\frac{\text{Marge commerciale}}{\text{Vente de marchandises}}$	Mesure la performance commerciale

Indicateurs	Mode de calcul	Précisions
Taux de croissance de la VA	$\frac{VA_N - VA_{N-1}}{VA_{N-1}}$	À comparer avec le taux de croissance du CA
Taux d'endettement	$\frac{\text{Charges financières}}{\text{EBE}}$	Mesure le poids de l'endettement sur l'activité qui ne doit pas excéder 33 %
Rotation des stocks de marchandises	$\frac{\text{Stock moyen de marchandises}}{\text{Coût d'achat des marchandises vendues}} \times 360 \text{ jours}$	Un allongement de cette durée provoque une hausse du BFR
Taux de rentabilité financière	$\frac{\text{Résultat de l'exercice}}{\text{Capitaux propres}}$	Mesure la capacité de l'entreprise à rémunérer ses actionnaires
Taux de marge brute d'exploitation	$\frac{\text{EBE}}{\text{CA}}$	Mesure la capacité du CA à générer de la marge d'exploitation
Taux de marge nette	$\frac{\text{Résultat de l'exercice}}{\text{CA}}$	Mesure la capacité du CA à générer du résultat net

NB : Les postes CA et Ventes de marchandises sont entendus HT.

▲ Tableau 2.5 **Les indicateurs d'activité**

Le **taux de marge nette** permet de mesurer la rentabilité de l'exploitation. Elle représente la part du résultat de l'exercice pour chaque euro de chiffre d'affaires réalisé ou la capacité de l'entreprise à dégager du résultat compte tenu d'un CA donné. Un taux de marge au-dessus de la moyenne du secteur peut s'expliquer par une stratégie d'innovation, une maîtrise des coûts, une valeur ajoutée forte, une politique de prix attractive.

La productivité du personnel. Le ratio entre le montant des charges de personnel et le chiffre d'affaires ou la valeur ajoutée est une grandeur significative qui permet d'apprécier la productivité du personnel.

$$\text{Ratio de productivité} = \frac{\text{Chiffre d'affaires}}{\text{Nombre d'employés}}$$

ou

$$= \frac{\text{Charges de personnel}}{\text{Chiffre d'affaires}}$$

La **productivité du personnel** (ou du travail) est la capacité de l'entreprise à produire et/ou d'atteindre un niveau de production avec une force de travail donnée. Cette productivité dépend des innovations technologiques et de l'organisation du travail autour des moyens de production.

FOCUS

La répartition de la valeur ajoutée

Comme nous l'avons indiqué précédemment, la valeur ajoutée est répartie, les actionnaires de l'entreprise, le personnel qui y travaille, les prêteurs et l'entreprise elle-même (sans compter l'État). On peut l'approcher au travers des ratios suivants, ce qui doit permettre d'en analyser la répartition (en %) :

$$\text{Actionnaires} = \frac{\text{Dividendes}}{\text{Valeur ajoutée}} \qquad \text{Prêteurs} = \frac{\text{Charges financières}}{\text{Valeur ajoutée}}$$

$$\text{Salariés} = \frac{\text{Charges de personnel}}{\text{Valeur ajoutée}} \qquad \text{Entreprise} = \frac{\text{CAF}}{\text{Valeur ajoutée}}$$

Les points **clés**

→ L'analyse de l'activité d'une société s'apprécie au travers du compte de résultat et suppose le calcul et l'étude des SIG. Ils permettent, sur plusieurs années, de décrire la répartition de la richesse générée par l'entreprise, de comprendre la formation du résultat de l'exercice en le décomposant.

→ Les SIG sont au nombre de 9 : la marge commerciale ; la production de l'exercice ; la valeur ajoutée (VA) ; l'excédent brut d'exploitation (EBE) ; le résultat d'exploitation (REX) ; le résultat courant avant impôts (RCAI) ; le résultat exceptionnel ; le résultat de l'exercice ; le résultat sur cessions d'actifs immobilisés. Chaque SIG peut faire l'objet d'une interprétation.

→ La capacité d'autofinancement (notée CAF) représente la trésorerie potentielle dégagée par l'activité de l'entreprise et susceptible d'être réinvestie. Calculée de deux façons différentes (méthode soustractive et méthode additive), la CAF joue trois rôles principaux : couvrir les risques (par les provisions), maintenir l'outil de production (par les amortissements) et enrichir l'entreprise et ses actionnaires (par le bénéfice).

→ Le seuil de rentabilité correspond au chiffre d'affaires minimal qu'une entreprise doit réaliser sur une année pour pouvoir au moins faire face à toutes les charges de son exercice. Il peut être exprimé en valeur, en quantité ou en temps. Il complète l'analyse de l'activité. Son calcul nécessite la distinction entre charges variables et charges fixes.

→ Il est judicieux d'agrémenter l'analyse de ratios d'activité choisis selon les postes que l'on souhaite examiner de plus près (ex. : le CA, la VA, les charges de personnel, l'EBE ou encore les charges financières).

APPLICATIONS

▶ Corrigés p. 278

Quiz

Vrai ou faux ?

1 Dans une entreprise de négoce, la marge commerciale représente la différence entre les ventes réalisées et le coût d'achat des marchandises stockées.

a. Vrai.
b. Faux.

2 Dans le compte de résultat, une variation de stocks de marchandises négative traduit un déstockage.

a. Vrai.
b. Faux.

3 Une entreprise améliore son résultat à chaque fois qu'elle diminue son stock.

a. Vrai.
b. Faux.

4 Le résultat d'exploitation est d'autant plus faible que l'entreprise est très endettée.

a. Vrai.
b. Faux.

5 Le résultat d'exploitation se calcule avant l'excédent brut d'exploitation.

a. Vrai.
b. Faux.

6 Une entreprise qui réalise un bénéfice n'a pas nécessairement une trésorerie positive.

a. Vrai.
b. Faux.

7 Les dotations aux amortissements et aux provisions sont des charges qui n'engendrent aucun décaissement.

a. Vrai.
b. Faux.

8 Ne figurent dans le chiffre d'affaires que les ventes qui ont été entièrement réglées par les clients.

a. Vrai.
b. Faux.

9 Le taux d'endettement se calcule en divisant les charges d'intérêt par le chiffre d'affaires.

a. Vrai.
b. Faux.

10 Le seuil de rentabilité en valeur se calcule en divisant les charges fixes par la marge sur coût variable.

a. Vrai.
b. Faux.

Mises en situation

11 SA Metalor

La société anonyme Metalor est une entreprise industrielle appartenant au secteur de la métallurgie. Elle travaille notamment pour la construction automobile européenne et a connu un fort développement en quelques années. Après une progression régulière, le chiffre d'affaires avoisine les 200 millions d'euros en N. Ce développement doit se poursuivre. Dans cette perspective, l'entreprise vous demande d'étudier sa rentabilité.

■ Calculer les soldes intermédiaires de gestion en N–1 et N ainsi que quelques ratios pour établir votre diagnostic.

Charges	N	N–1	Produits	N	N–1
Charges d'exploitation	**170 099**	**157 370**	**Produits d'exploitation**	**182 670**	**174 950**
Achats de matières premières	56 960	52 145	Production vendue	182 870	170 350
Variation stocks matières premières	(4 100)	641	Production stockée	(1 650)	500
Autres achats et charges externes	48 200	44 108			
Impôts et taxes	7 062	5 914	Subventions d'exploitation	200	
Salaires et traitements	32 126	28 585	Reprises sur provisions	1 150	4 100
Charges sociales	14 102	12 940	Transferts de charges		
Dotations aux amortissements sur immobilisations	14 737	12 510	Autres produits	100	
Dotations aux provisions sur actif circ.	900	425			
Dotations aux provisions pour risques et charges	112	102			
Charges financières	**6 306**	**7 430**	**Produits financiers**	**1 923**	**1 389**
Intérêts et charges assimilés	6 306	7 430	Autres intérêts et produits assimilés	1 923	1 389
Charges exceptionnelles	**1 630**	**4 556**	**Produits exceptionnels**	**2 822**	**825**
Sur opérations de gestion	411	324	Sur opérations de gestion	290	
Sur opérations en capital	1 115	4 232	Sur opérations en capital	2 120	610
Dotations aux provisions exceptionnelles	104		Reprises sur provisions et transferts charges	412	215
Participation des salariés	**425**	**370**			
Impôts sur les bénéfices	**2 620**	**2 490**			
Solde créditeur = bénéfice	**6 335**	**4 948**			
TOTAL GÉNÉRAL	**187 415**	**177 164**	**TOTAL GÉNÉRAL**	**187 415**	**177 164**

▲ **Compte de résultat du 01/01/N au 31/12/N (en K€)**

12 SA Faster

La SA Faster est une entreprise de transports spécialisée dans l'acheminement des denrées alimentaires. Sous l'impulsion de son dynamique PDG, Gilles Faster, elle a connu ces dernières années une nette progression de son chiffre d'affaires grâce à une politique commerciale agressive. Pour faire face à une demande sans cesse croissante, Gilles Faster a réalisé d'importants investissements en matériel de transport et en entrepôts et a dû satisfaire certaines revendications salariales des chauffeurs routiers. Son chef comptable lui a signalé à plusieurs reprises d'importantes tensions de trésorerie. Aussi Gilles Faster s'adresse-t-il à vous pour obtenir un premier diagnostic de son entreprise. Il vous demande à partir de l'annexe de :

1. Calculer les SIG de N–1 et N.
2. Calculer la CAF de N.
3. Commenter.

	N	N–1	% Variation
Produits d'exploitation			
Production vendue	30 350	23 434	
Chiffre d'affaires	30 350	23 434	
Reprises sur amortissements, transferts de charges	1 730	76	29,51
Autres produits	303	194	
Total produits d'exploitation	**32 383**	**23 704**	**36,61**
Charges d'exploitation			
Achats matières premières	2 977	2 335	
Variation de stock	57	70	
Autres achats et charges externes	9 771	6 293	55,27
Impôts et taxes	1 207	895	
Salaires	7 758	5 853	32,55
Charges sociales	3 358	2 563	
Dotations aux amortissements sur immobilisations	2 988	2 317	
Dotations aux provisions sur immobilisations	41		
Dotations aux provisions sur actif circulant	446	18	
Dotations aux provisions sur risques et charges	254	374	
Autres charges	5	31	
Total charges d'exploitation	**28 862**	**20 749**	**39,10**
Résultat d'exploitation	**3 521**	**2 955**	**19,15**
Produits financiers			
Opérations en commun			
Bénéfice attribué	6	5	
Produits financiers			
Autres intérêts et produits assimilés	39	17	
Produits nets de cession des VMP	10		
Total produits financiers	**49**	**17**	
Charges financières			
Dotations financières	105	724	
Intérêts et charges assimilées	791	6	
Charges nettes sur cession VMP			
Total charges financières	**896**	**730**	
Résultat financier	**(847)**	**(713)**	
Résultat courant avant impôt	**2 680**	**2 247**	**19,27**
Produits exceptionnels			
Sur opérations de gestion	88	14	
Sur opérations en capital	135	6	
Total produits exceptionnels	223	20	
Charges exceptionnelles			
Sur opérations de gestion	137	55	
Sur opérations en capital		16	
Dotation aux provisions exceptionnelles	263		
Total charges exceptionnelles	400	71	
Résultat exceptionnel	**(177)**	**(51)**	
Impôt sur les bénéfices	1 288	1 180	
Total des produits	**32 661**	**23 746**	
Total des charges	**31 446**	**22 730**	
Bénéfice	**1 215**	**1 016**	**19,59**

▲ Annexe **Compte de résultat en K€**

	N	N–1
Produits exceptionnels en capital	135	6
Produits de cession	131	6
Subvention virée au résultat	4	0
Reprises de provisions et transferts de charges	1 730	76
Transferts de charges	1 102	16
Reprise de provisions	628	60

▲ **Détails de certains postes**

13 Groupe Auchan

Au 30 juin 2013, le Groupe Auchan fait état des résultats financiers suivants :

❶ 23,4 milliards d'euros de chiffre d'affaires hors taxe consolidé (+ 3,4 %) (709 hypermarchés et 786 supermarchés intégrés au 30 juin 2013) ;

❷ 29,8 milliards d'euros de chiffre d'affaires TTC sous enseignes (+ 3,9 %) (747 hypermarchés et 2 521 supermarchés au 30 juin 2013) ;

❸ 1 151 millions d'euros d'EBITDA (résultat d'exploitation courant hors autres produits et charges d'exploitation et hors amortissements, dépréciations et provisions ; correspond à l'EBE) (+ 4,4 %) ;

❹ 356 millions d'euros de résultat net des activités poursuivies (+ 31,6 %) ;

❺ 317 millions d'euros de résultat net part du groupe (+ 33,7 %) ;

❻ 886 millions d'euros de capacité d'autofinancement (+ 5,6 %) ;

❼ 49 % de ratio d'endettement (dettes financières diminuées de la trésorerie plus ou moins instruments financiers dérivés/capitaux propres).

■ Analyser les indicateurs ❶, ❸, ❹ et ❻.

Chapitre 3

Extrait de l'avis de convocation de l'AG de L'Oréal

Marge brute d'autofinancement, bilan et trésorerie nette

La **marge brute d'autofinancement** s'est élevée à 3 661 millions d'euros, en croissance de + 13,5 %. Le **besoin en fonds de roulement** a connu, en 2012, une augmentation modeste de 129 millions d'euros.

Les **stocks** ont sensiblement diminué en pourcentage du chiffre d'affaires, à 9,1 % à fin 2012 ; les créances clients ont également diminué, à 14,3 % du chiffre d'affaires ; les investissements, à 955 millions d'euros, se sont élevés à 4,3 % du chiffre d'affaires, un niveau identique à celui de 2011.

En conséquence, le flux opérationnel a crû de 26,4 %. Après paiement du dividende et des acquisitions (principalement Cadum et Urban Decay), le Groupe affiche au 31 décembre 2012 un **excédent de trésorerie net** de 1 575 millions d'euros, à comparer à 504 millions d'euros à fin 2011.

La structure de bilan est particulièrement solide. Le renforcement des **capitaux propres** par rapport à fin 2011 résulte principalement de la mise en réserve du résultat non distribué et de la revalorisation des titres Sanofi en valeur de marché.

Cet extrait de l'avis de convocation de l'assemblée générale de L'Oréal du 26 avril 2013 porte notamment sur le besoin en fonds de roulement et la trésorerie nette.

Pour décrypter toutes ces informations (BFR, excédent de trésorerie, structure du bilan...), il est indispensable de maîtriser les outils d'analyse financière et plus particulièrement le bilan fonctionnel dont l'étude doit permettre d'apprécier la situation financière de L'Oréal.

Le bilan fonctionnel et le tableau de financement

Plan

Pré-requis

- → **Maîtriser** la construction du bilan de la comptabilité générale et les classes de compte.
- → **Savoir calculer** un résultat comptable.
- → **Maîtriser** les notions de capitaux propres, d'amortissement, de dépréciation et de provision.

Compétences attendues

- → **Analyser** le bilan fonctionnel de l'entreprise.
- → **Calculer** et interpréter le fonds de roulement, le besoin en fonds de roulement et en déduire la trésorerie.
- → **Savoir calculer** et interpréter les ratios.
- → **Proposer** des solutions pour renforcer le haut et bas de bilan de l'entreprise.

Le bilan est un document comptable défini comme l'image patrimoniale de l'entreprise[1]. L'actif représente ce que l'entreprise possède ou a acquis pour réaliser son activité. Le passif renvoie à ce qui a permis de financer ces actifs, à savoir les capitaux propres (détenus par les actionnaires) et les dettes à long terme et à court terme. Le bilan est donc le cumul de tout ce que possède et ce que doit une entreprise. Il se distingue du compte de résultat qui retrace l'activité d'une période et met en évidence le chiffre d'affaires (produits) et les charges enregistrées sur cette même période.

L'objectif de ce chapitre est d'analyser les forces et les faiblesses de l'entreprise à l'aide du bilan dit « fonctionnel » établi à partir du bilan de la comptabilité générale et dont les postes ne sont pas classés par ordre croissant des classes (1 à 5) comme en comptabilité générale, mais sont regroupés de manière à appréhender l'**investissement**, l'**exploitation** et le **financement** de l'entreprise. Plus précisément, le bilan fonctionnel permet de dresser un diagnostic de la santé financière de l'entreprise, de relever les symptômes et de proposer des remèdes pour les contrer, un diagnostic effectué par des analystes financiers. Leur tâche consiste notamment à répondre aux interrogations du chef d'entreprise, des actionnaires, des banquiers ou de tout autre partenaire et de type :

- L'entreprise mobilise-t-elle les ressources financières suffisantes pour faire face au développement de son activité ?
- L'entreprise gère-t-elle convenablement ses délais clients et ses délais fournisseurs ?
- L'entreprise finance-t-elle son activité plutôt « par le haut » (c'est-à-dire par les capitaux propres) ou plutôt « par le bas » (c'est-à-dire par la trésorerie) ?
- L'entreprise dégage-t-elle au final suffisamment de trésorerie ?

1 Les enjeux et la structure du bilan fonctionnel

Nous aurions pu aborder le bilan financier fondé sur l'étude de la solvabilité de l'entreprise et qui permet de répondre à la question suivante : l'actif est-il suffisant pour couvrir l'intégralité des dettes ? La construction du bilan financier nécessite de retraiter les actifs et les passifs selon leur degré de liquidité ou d'exigibilité. À la lecture de ce bilan, il est donc possible de déterminer le niveau de couverture du passif exigible par les actifs liquides, d'évaluer le degré de solvabilité de l'entreprise et de mesurer son risque de cessation de paiement.

1 Se reporter à Zarka, F., Ferré F., Poulard B., *Comptabilité*, Dunod, 2014.

Or, le bilan financier est surtout utilisé par les banquiers et plus généralement par tous les créanciers de l'entreprise. C'est pourquoi nous avons préféré privilégier ici l'analyse fonctionnelle qui se focalise sur les cycles d'investissement, de financement et d'exploitation.

1.1 Le bilan fonctionnel : l'approche par les cycles

Le **bilan comptable** (*balance sheet*) est un document de synthèse qui donne une image patrimoniale de l'entreprise à la clôture de l'exercice (en général au 31 décembre). Ce patrimoine se compose des éléments d'actifs (ce que possède l'entreprise : bâtiments, stocks… *assets*) et des dettes au passif (ce que doit l'entreprise : capital, emprunt, dettes fournisseurs… *total liabilities and shareholders' equity*). En analysant un bilan, on visualise le total de ce que doit l'entreprise par rapport à ce qu'elle possède.

Le **bilan fonctionnel** (*functional balance sheet*) est un bilan comptable retraité (autrement dit transformé) qui donne une vision plus analytique de l'entreprise. Le bilan comptable est classé à l'actif par ordre croissant de liquidité (classe 2, 3, 4, 5) et au passif par ordre croissant de solvabilité (classes 1, 4) ; le bilan fonctionnel repose de son côté sur la distinction entre le cycle d'investissement (*investment cycle*), de financement (*financing cycle*) et d'exploitation (*exploitation cycle*). Il permet de déterminer quelles ont été les politiques d'investissement et de financement des années passées et d'analyser l'évolution des besoins de financement de l'exploitation. Le rôle du bilan fonctionnel est d'apprécier la situation financière de l'entreprise (*financial soundness*) et d'évaluer les besoins financiers (*financial needs*) nécessaires à l'exercice de son activité.

> En analyse financière, le retraitement désigne le reclassement que l'analyste financier effectue pour rendre son étude plus pertinente. Il commence par « transformer » le bilan comptable afin de le rendre plus exploitable.

1.1.1 Les cycles d'investissement et de financement

Les cycles d'investissement et de financement sont des cycles longs. Les décisions de constituer le capital de départ (les apports des actionnaires) ou de contracter un emprunt (auprès d'un établissement de crédit, par exemple) doivent permettre d'assurer le financement de l'entreprise pour plusieurs années. Capital et emprunts sont donc des financements « durables ». On parle de « ressources stables ».

La réalisation d'un investissement (l'achat d'une immobilisation corporelle ou d'un brevet, par exemple) est censée avoir un impact, sur une longue période, sur la capacité productive de l'entreprise et sur sa propension à créer de la trésorerie. L'investissement constitue un actif durable (on parle « d'emploi stable ») et qui, par conséquent, doit être financé par des ressources stables.

1.1.2 Le cycle d'exploitation

Les achats (*purchases*), le stockage (*inventory*), les ventes (*sales*) constituent le cycle court d'exploitation. Toutes ces opérations qui sont par nature récurrentes ont un impact sur le niveau de trésorerie de l'entreprise (▶ figure 3.1).

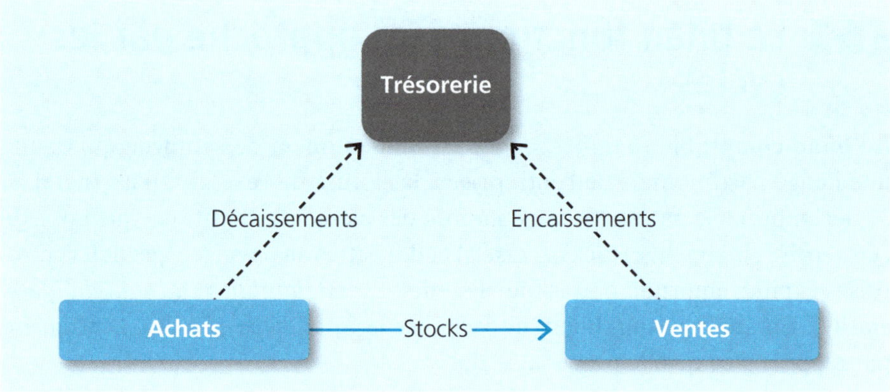

Figure 3.1 ▶ Cycle d'exploitation et trésorerie

1.2 La structure du bilan fonctionnel

Le bilan est un état de synthèse qui permet de décrire en termes d'actif et de passif la situation patrimoniale de l'entreprise à une date donnée. Selon la définition du plan comptable général (noté PCG), un **actif** est un élément identifiable du patrimoine ayant une valeur économique positive pour l'entité, c'est-à-dire un élément générant une ressource que l'entité contrôle du fait d'événements passés et dont elle attend des avantages économiques futurs. À l'inverse, un **passif** est un élément du patrimoine ayant une valeur économique négative pour l'entité, c'est-à-dire une obligation de l'entité à l'égard d'un tiers dont il est probable ou certain qu'elle provoquera une sortie des ressources au bénéfice de ce tiers.

Élaboré à partir du bilan comptable avant répartition du résultat, le **bilan fonctionnel** classe les éléments de l'actif et du passif selon trois grandes « fonctions » permettant d'analyser la vie économique de l'entreprise : la **fonction investissement**, la fonction **financement** et la fonction **exploitation**. Il s'agit d'étudier la couverture des emplois ou besoins de financement par les ressources.

Le bilan fonctionnel est construit en 6 **grandes masses** (▶ tableau 3.1).

- les ressources stables (*stable ressources*) (passif) *versus* les emplois stables (*tangible and intangible assets*) (actif) ;
- les dettes (*debts*) (passif) *versus* l'actif circulant (*current assets*) (actif) ;
- le passif de trésorerie (*negative cash position*) (passif) *versus* l'actif de trésorerie (*positive cash position*) (actif).

La partie droite représente **ceux qui financent l'entreprise** (actionnaires, prêteurs, fournisseurs), la partie gauche **ce qui est financé** (immobilisations brutes, actif circulant brut).

	Actif ou emplois	Passif ou ressources	
Fonction investissement	**Emplois stables (brut)**	**Ressources stables**	**Fonction financement**
	Immobilisations incorporelles	Capitaux propres	
	Immobilisations corporelles	Amortissements et dépréciations	
	Immobilisations financières	Provisions	
		Dettes financières	
Fonction exploitation	**Actif circulant (brut)**	**Dettes**	**Fonction exploitation**
	Actif circulant d'exploitation	Dettes d'exploitation	
	Actif circulant hors exploitation	Dettes hors exploitation	
	Actif de trésorerie	**Passif de trésorerie**	

▲ Tableau 3.1 **La structure simplifiée du bilan fonctionnel**

Le haut de bilan. Le « **haut de bilan** » désigne les éléments du cycle financement et investissement. Il est composé d'éléments considérés comme stables (immobilisations brutes, capitaux propres..). Plus précisément, le haut de bilan correspond à l'actif, aux investissements réalisés (immobilisations incorporelles, corporelles et financières) et reflète, au passif, les moyens de financement des investissements : le recours aux actionnaires et à l'emprunt. Le « **bas de bilan** » désigne les éléments de l'actif circulant et du passif circulant, ce que possède et ce que doit l'entreprise à court terme.

Le bas de bilan à l'actif. Le bas de bilan à l'actif regroupe les actifs liés à l'exploitation courante de l'entreprise. À l'inverse des immobilisations, l'actif circulant comprend ce qui est destiné à être consommé, transformé ou vendu sur une courte période (maximum une année), et donc ce qui ne reste pas durablement dans l'entreprise. Il comprend :

- les stocks qui peuvent être des stocks de matières premières, de marchandises ou de produits finis. Ils sont évalués à leur coût d'achat ou coût de production (dans le cas où ils sont produits directement par l'entreprise) ;
- les créances (*accounts receivable*) qui correspondent à des sommes d'argent dues par des tiers, le plus souvent les clients, l'État, des fournisseurs (en cas d'avoir) ou des salariés (avances sur salaire).
- l'actif de trésorerie est l'argent disponible immédiatement (compte en banque). La trésorerie comprend également les placements à court terme : les valeurs mobilières de placement (VMP) (*marketable securities or short-term investments*) qui regroupent des actions ou des obligations, les comptes à terme.

FOCUS

Bilan fonctionnel et valeurs mobilières de placement

Le traitement des VMP dans le bilan fonctionnel peut diverger.

Certains experts considèrent qu'elles représentent de la trésorerie du fait de leur conversion quasi instantanée en monnaie (ceci est possible car le marché est liquide). Les VMP sont en effet généralement constituées de valeurs monétaires (SICAV et fonds de placement) facilement convertibles en liquidités, sans délai et sans risque. Ce sera la position qui sera adoptée dans cet ouvrage.

D'autres considèrent que les VMP représentent des créances diverses car si une entreprise détient des VMP cela signifie qu'elle n'a pas besoin de liquidités. Il est donc possible de les conserver pendant une période définie. C'est la position traditionnelle du plan comptable général.

Le bas de bilan au passif. Le bas de bilan au passif représente l'ensemble des engagements de l'entreprise envers des tiers (fournisseurs, organismes sociaux). Il est composé de toutes les dettes dont l'échéance de remboursement est inférieure à un an soit :

- les dettes fournisseurs (*accounts payable*) qui proviennent des délais de paiement accordés à l'entreprise par les fournisseurs ;
- les dettes fiscales et sociales : impôts, taxes, des dettes envers le personnel, charges sociales qui restent à payer ;
- le passif de trésorerie constitué de concours bancaires (prêts ou crédit à court terme, en général inférieur à un an, accordés par une banque). Ces concours bancaires peuvent prendre la forme d'un découvert bancaire, d'une facilité de caisse (soldes créditeurs de banque).

1.3 La construction du bilan fonctionnel

Pour rappel, le bilan fonctionnel est construit à partir du bilan comptable dont les éléments de l'actif et du passif sont retraités et reclassés selon qu'ils relèvent de l'investissement et de son financement ou du cycle d'exploitation.

POINT MÉTHODE

Dans un bilan fonctionnel :

- les immobilisations sont évaluées à leur valeur d'origine (ou **valeur brute**) car les amortissements, les dépréciations et les provisions sont considérées comme des ressources dégagées par les entreprises et doivent figurer dans les ressources stables ;
- la présentation s'effectue avant la répartition du résultat.

Dans sa version détaillée, le bilan fonctionnel se présente ainsi (▶ tableau 3.2) :

Emplois	Ressources
Emplois stables	**Ressources stables**
Actif immobilisé brut Immobilisations incorporelles (en valeurs brutes) Immobilisations corporelles (en valeurs brutes) Immobilisations financières (en valeurs brutes)	Capitaux propres (résultat compris) Dettes financières (sauf concours bancaires) Amortissements, dépréciations, provisions (passif)
Actif circulant	**Dettes circulantes**
Exploitation Stocks (en valeurs brutes) Avances et acomptes versés Créances d'exploitation (en valeurs brutes) Charges constatées d'avance d'exploitation	**Exploitation** Avances et acomptes reçus Dettes fournisseurs d'exploitation Dettes fiscales et sociales Autres dettes d'exploitation Produits constatés d'avance d'exploitation
Hors exploitation Créances hors exploitation (en valeurs brutes) Charges constatées d'avance hors exploitation	**Hors exploitation** Dettes fiscales – impôt sur les sociétés Dettes sur immobilisations Autres dettes hors exploitation Produits constatés d'avance hors exploitation
Trésorerie active Valeurs mobilières de placement (en valeurs brutes) Disponibilités (banque et caisse)	**Trésorerie passive** Concours bancaires et soldes créditeurs de banque

▲ Tableau 3.2 **La structure détaillée du bilan fonctionnel**

1.4 Les principaux retraitements du bilan

1.4.1 Les amortissements et dépréciations de l'actif

Dans le bilan fonctionnel, la notion d'actif se conçoit au sens strict : elle désigne ce que l'entreprise possède réellement. Au jour de l'établissement du bilan, il existe des dépréciations (sur les stocks et les créances) et des amortissements (sur l'actif immobilisé sauf exception comme les terrains qui ne s'amortissent pas) qui viennent diminuer la valeur de l'actif.

Le bilan fonctionnel ne retient que les valeurs brutes des éléments d'actif car les amortissements et les dépréciations sont des capitaux épargnés qui serviront à financer les nouveaux investissements et à faire face à des dépréciations futures. Ils doivent alors être ajoutés au passif du bilan fonctionnel.

Pour se financer l'entreprise peut accroître ses capitaux propres (appel à l'actionnaire) et/ou ses dettes. Les amortissements, dépréciations et provisions ne sont que des outils fiscaux qui procurent à l'entreprise une économie d'impôt en constatant des charges non décaissées qui diminuent le résultat comptable, donc l'impôt à acquitter.

Dans le bilan fonctionnel, les amortissements, dépréciations et provisions constituent donc une ressource financière inscrite au passif dans les ressources stables car ils correspondent à des éléments qui n'ont donné lieu à aucun flux monétaire, bien qu'ils aient diminué chaque année le résultat.

1.4.2 Les charges et produits constatés d'avance

Dans le bilan fonctionnel, les charges et produits constatés d'avance doivent être reclassés car ils s'assimilent à des créances et des dettes circulantes.

Le plan comptable général définit les charges constatées d'avance (*prepaid expenses*) comme des charges qui correspondent à des achats de biens et de services dont la fourniture ou la prestation interviendra ultérieurement. L'entreprise a donc une créance (exemple : une prime d'assurance payable d'avance) qui doit être reclassée dans les créances d'exploitation (ou hors exploitation).

Le compte Produits constatés d'avance (*income collected in advance*) enregistre les produits perçus ou comptabilisés avant que les prestations ou les fournitures les justifiant aient été effectuées. L'entreprise a donc une dette qui doit être reclassée en dettes d'exploitation (ou hors exploitation).

1.4.3 Les concours bancaires et soldes créditeurs de banque

Dans le bilan comptable, les concours bancaires (*bank current accounts*) et les soldes créditeurs des comptes bancaires apparaissent dans les *dettes auprès des établissements de crédit* car ils correspondent à des avances de trésorerie. Dans le bilan fonctionnel, ils sont considérés comme des ressources et ils sont retraités en passif de trésorerie.

1.5 Les principaux retraitements hors bilan

On réintègre dans le bilan fonctionnel des éléments hors bilan : postes d'actif et de dette ne figurant pas dans le bilan comptable, mais dont la prise en compte est indispensable pour une bonne analyse.

1.5.1 Les effets escomptés non échus

Les effets escomptés non échus n'apparaissent pas dans le bilan de la comptabilité générale mais dans l'annexe[1]. Ils correspondent aux créances payables à une certaine échéance (lettre de change, billet à ordre, traite, etc.) dont l'entreprise a négocié, avant l'échéance, le paiement immédiat auprès de sa banque. La banque se substitue aux clients moyennant une commission bancaire. Si, à l'échéance, le client est insolvable, la banque qui veut être payée a le droit de se retourner

1 Document joint au bilan et au compte de résultat.

auprès de l'entreprise qui reste solidaire de son client. La banque débitera le compte de l'entreprise du montant de l'effet non honoré. L'entreprise supporte donc le risque de défaillance de son client. Les effets escomptés non échus ne sont pas des cessions de créances mais une dette.

Dans le bilan fonctionnel, ces sommes sont donc considérées comme des créances d'exploitation mais également comme une dette envers la banque. À l'actif, il est d'usage d'augmenter les créances d'exploitation et au passif d'accroître le passif de trésorerie.

L'escompte a un coût mais permet de dégager de la trésorerie sans attendre l'échéance de paiement.

1.5.2 Les biens acquis en crédit-bail

Le crédit-bail couramment appelé « leasing » (*lease purchase*) est un contrat par lequel une personne, le crédit-bailleur (société de financement, banque…) achète un bien et le met à la disposition d'une autre personne, le preneur (locataire), moyennant le paiement d'un loyer. Le locataire n'est donc pas juridiquement propriétaire du bien mis à sa disposition. Au terme de la durée de location du bien, le preneur peut, soit racheter le bien à un prix convenu d'avance et fixé par le contrat de crédit-bail, soit continuer à le louer, soit mettre fin au contrat.

Dans le bilan fonctionnel, le bien loué en crédit-bail doit être retraité car il n'apparaît pas dans le bilan de la comptabilité générale (seuls les biens dont l'entreprise est propriétaire sont comptabilisés à l'actif immobilisé) bien qu'il soit un outil de production à part entière.

Sa prise en compte permet de faire une comparaison interentreprises plus pertinente. Ainsi, l'analyste financier pourra comparer deux entreprises, l'une qui est propriétaire du bien, l'autre qui ne l'est pas.

Le tableau 3.3 synthétise les modalités des retraitements à effectuer pour les biens acquis en crédit-bail.

Éléments	Retraitements	Enjeux
Valeur d'origine du bien en crédit-bail	À ajouter aux emplois stables	Le bien en crédit-bail est traité comme si l'entreprise l'avait acquis et en était propriétaire. La valeur d'origine du bien en crédit-bail retenue est celle stipulée dans le contrat de crédit-bail.
Cumul des amortissements des biens en crédit-bail	À ajouter aux capitaux propres en ressources stables	Ils sont considérés comme des sources de financement.
Valeurs nettes des biens en crédit-bail	À ajouter aux dettes financières en ressources stables	Ceci revient à considérer que l'entreprise a emprunté pour acquérir ce bien.

▲ Tableau 3.3 **Les retraitements hors bilan**

Exemple

En N, une entreprise finance un bien en crédit-bail d'une valeur vénale de 400, sur 5 ans. La redevance annuelle (le loyer) s'élève à 80 et prendra effet en N+1. Le crédit-bailleur a remis au locataire l'échéancier suivant :
- le capital à rembourser (amortissement financier) annuellement est de 50 ;
- les intérêts calculés sont de 30 ;
- le loyer qui représente la somme de l'amortissement financier et des intérêts est de 80.

Le crédit-bail s'analyse de la façon suivante :

	N+1	N+2	N+3	N+4	N+5
Valeur vénale du bien	400	350	300	250	200
Amortissement	50	50	50	50	50
Intérêt	30	30	30	30	30
Annuité	80	80	80	80	80

En N+1, le bilan fonctionnel sera le suivant :

Emplois		Ressources	
Emplois stables		**Ressources stables**	
Actif immobilisé brut	400	Dettes financières Amortissement, dépréciation	350 50

En N+2, le bilan fonctionnel sera le suivant :

Emplois		Ressources	
Emplois stables		**Ressources stables**	
Actif immobilisé brut	400	Dettes financières Amortissement, dépréciation	300 100

L'impact sur le total du bilan est neutre car on ajoute le même montant à l'actif et au passif mais la prise en compte du crédit-bail, comme nous l'avons souligné, est indispensable car c'est un facteur de production. Si une entreprise fait l'acquisition d'une machine-outil de valeur 100, que son résultat est de 500 et que l'on ne tient pas compte d'un bien en crédit-bail d'une valeur de 200, l'analyse se trouve faussée car l'appareil productif réel est de 300 pour un résultat de 500.

Exemple

Cas Fil rouge

Baptiste et Laura sont associés dans une entreprise de distribution de plateaux-repas depuis quelques années, la société Fil Rouge. Ils viennent de recevoir le bilan de l'exercice N.

Ils sont très étonnés d'entendre les remarques de leur expert-comptable : « il faut renforcer votre trésorerie. Vous n'auriez pas dû vous verser des dividendes au cours de l'exercice N, votre excédent de trésorerie d'exploitation n'était pas suffisant ».

Ils sont encore plus surpris d'apprendre que leur demande de prêt pour un investissement de 100 000 € leur a été refusée. « Pourtant nous avons réalisé en N–1 des bénéfices, nous avons des réserves pour un montant élevé, nous sommes vigilants à ce que nos clients nous règlent à 60 jours, nos stocks représentent toujours 15 jours de ventes et nous réglons nos fournisseurs scrupuleusement à 60 jours », pensent-ils.

Bilan

Actif	N			N–1	Passif	N	N–1
	Brut	Amort.	Net	Net			
Immobilisations incorporelles	45 000	20 000	25 000	30 000	Capital social	50 000	50 000
Immobilisations corporelles	240 000	80 000	160 000	70 000	Réserves	87 000	80 000
Immobilisations financières	12 000		12 000	12 000	Résultat	57 000	17 000
Stocks	50 000		50 000	70 000	Emprunts et dettes auprès et crédit*	119 000	96 000
Créances clients	120 000		120 000	90 000	Fournisseurs	37 000	42 000
Disponibilités	4 000		4 000	16 000	Dettes fiscales et sociales	21 000	3 000
Total Actif	471 000	100 000	371 000	288 000	Total Passif	371 000	288 000

* Dont concours bancaires courants et soldes créditeurs de banque = 36 000 en N

Pour construire le bilan fonctionnel, il s'agit tout d'abord de faire un reclassement des rubriques du bilan de la comptabilité générale.

Bilan fonctionnel N

Emplois stables		Ressources stables	
Immobilisations incorporelles	45 000	Capital social	50 000
Immobilisations corporelles	240 000	Réserves	87 000
Immobilisations financières	12 000	Résultat	57 000
		Emprunt et dettes hors concours bancaires	83 000
		Amortissements	100 000
Total	**297 000**	Total	**377 000**
Emplois circulants		**Ressources circulantes**	
Stocks	50 000	Fournisseurs	37 000
Créances clients	120 000	Dettes fiscales et sociales	21 000
Total	**170 000**	Total	**58 000**
Actif de trésorerie	4 000	**Passif de trésorerie**	36 000
Total	**4 000**	Total	**36 000**

Puis on représente le bilan fonctionnel en grandes masses. Grâce à une représentation visuelle, on observe les forces et des faiblesses de l'entreprise.

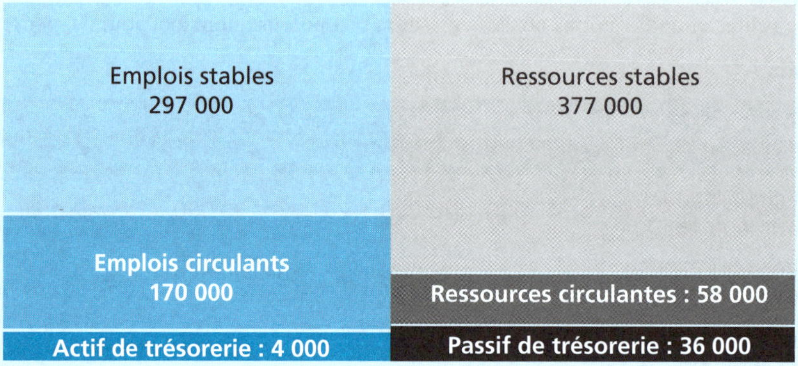

Dans le haut de bilan, on constate que les ressources stables sont supérieures aux emplois stables. Cet écart visuel représente le fonds de roulement.
Dans le bas de bilan :
– les emplois circulants sont supérieurs aux ressources circulantes, la différence entre les deux est le besoin en fonds de roulement ;
– l'actif de trésorerie est inférieur au passif de trésorerie, ce qui signifie que l'entreprise a des difficultés financières.

Pour compléter, il faut réaliser une analyse approfondie du bilan fonctionnel permettant de vérifier que les grands équilibres financiers ont été respectés. Pour cela, il est nécessaire de calculer ces trois soldes ou indicateurs fondamentaux : le fonds de roulement (FR), le besoin en fonds de roulement (BFR) et la trésorerie nette (TN).

2 L'analyse du bilan fonctionnel

2.1 Le fonds de roulement

Définition

Le **fonds de roulement** (FR) (*working capital*) – également appelé fonds de roulement net global (FRNG) dans l'approche fonctionnelle – correspond à l'excédent de ressources stables sur les emplois stables d'une entreprise.

Élément essentiel de la bonne gestion financière de l'entreprise, outil permettant d'analyser la stabilité de l'entreprise en étudiant le haut de bilan, le FR correspond à un surplus monétaire : il s'agit d'une marge de sécurité qui montre qu'elle a mobilisé suffisamment de ressources pour financer ces investissements.

L'investissement engage l'entreprise tout entière sur le long terme. Toute erreur de financement des investissements peut la déstabiliser car il y a un risque de ne pas pouvoir faire face à un endettement excessif.

Exemple

L'entreprise Jardiland en 2006 a contracté une dette pour financer deux investissements : racheter des magasins affiliés Jardiland et prendre le contrôle de la centrale d'achat. Ces deux projets judicieux ont été financés par dettes financières, de telle sorte que l'entreprise s'est trouvée avec un endettement de 90 millions d'euros qu'elle n'était pas en mesure d'honorer. Pour sortir de cette crise, les actionnaires de l'enseigne, qui ne souhaitaient pas faire des apports en fonds propres, ont été contraints de céder 100 % du capital au fonds d'investissement L-GAM.

Le FR se calcule de la façon suivante :

$$FR = \text{Ressources stables} - \text{Emplois stables}$$

- **Si FR > 0**, il y a un excédent financier, les ressources stables couvrent les besoins à long terme. L'entreprise dispose d'un surplus monétaire.
- **Si FR < 0**, il existe un **risque financier** important : les ressources stables ne sont pas suffisantes pour financer les emplois stables.
- **Si FR = 0**, alors il n'y a aucun surplus monétaire. Les emplois stables sont financés par les capitaux propres mais sans marge de sécurité.

Exemple

Cas Fil rouge

FR = ressources stables – emplois stables = 377 000 – 297 000 = 80 000.

L'entreprise est stable et dégage un surplus monétaire de 80 000 €.

EN PRATIQUE

Quels sont les leviers pour agir sur le FR ?

Il existe plusieurs leviers pour accroître le fonds de roulement.

Le premier levier repose sur l'augmentation du niveau des ressources stables.

On peut :

- accroître les ressources en faisant une augmentation de capital (► chapitre 7) ;
- souscrire de nouveaux emprunts qui permettront à l'entreprise d'investir et de financer l'actif immobilisé. Le recours à l'emprunt dépend du niveau de dettes existantes.

Le deuxième levier consiste à baisser le niveau de l'actif immobilisé, par exemple en cédant des machines outils, des immeubles.

Le fonds de roulement est une notion essentielle pour analyser l'équilibre financier d'une entreprise. Il permet de financer les investissements mais également de financer le BFR.

2.2 Le besoin en fonds de roulement

Le besoin en fonds de roulement (BFR) (*needs for working capital*) renvoie à la fois au besoin en fonds de roulement d'exploitation (BFRE) et au besoin en fonds de roulement hors exploitation (BFRHE).

2.2.1 Le BFR d'exploitation

Définition

Le **besoin en fonds de roulement d'exploitation** (BFRE) résulte des décalages entre les besoins de financement (ou emplois : stocks, créances) et les ressources (dettes fournisseurs, dettes fiscales et sociales).

On observe des décalages entre les achats de biens et les ventes de ces mêmes biens (stocks), des décalages entre les ventes effectuées et les règlements effectifs des clients (créances), des décalages entre les achats de biens et les paiements aux fournisseurs (dettes), ce qui crée des décalages de trésorerie.

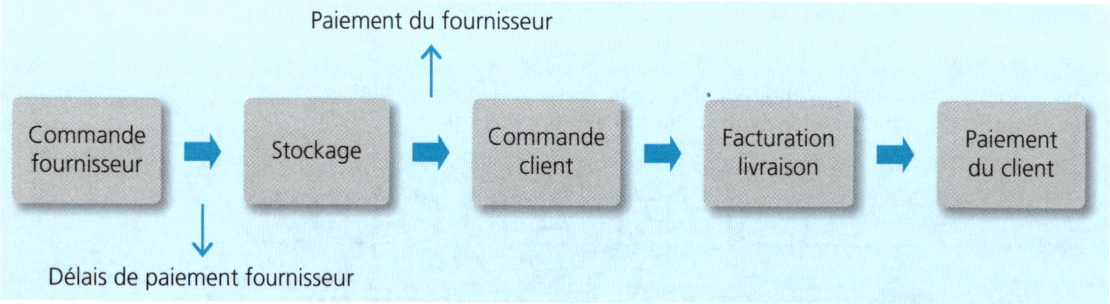

▲ Figure 3.2 **Les délais de paiement**

Exemple

Une entreprise, qui doit payer ses fournisseurs sous 30 jours, qui a des clients qui règlent à 60 jours et qui n'a pas de stocks, a des besoins de trésorerie : elle décaisse avant d'avoir encaissé : elle a un BFRE positif de 30 jours.

Le BFRE est la différence entre les emplois et les ressources circulantes :

BFRE = Emplois circulants d'exploitation – Dettes circulantes d'exploitation

Autrement dit, le BFR se calcule de la manière suivante :

Stocks moyens HT	Stocks de matières premières, de produits ou de marchandises qu'il convient de posséder de façon permanente pour répondre aux besoins de l'activité
+ Encours moyens créances clients TTC	Montants moyens facturés en permanence aux clients et pas encore réglés
– Encours moyens crédits fournisseurs	Montants permanents moyens dus en permanence aux fournisseurs

- **Si BFRE > 0**, les emplois circulants sont supérieurs aux ressources circulantes ; deux cas sont envisageables :
  - Si le FR est supérieur au BFR, alors le surplus monétaire dégagé en haut de bilan finance le bas de bilan et la trésorerie est positive.
  - Si le FR est inférieur au BFR, la trésorerie est négative. Ces besoins sont financés par le bas de bilan (découvert bancaire), ce qui est préjudiciable pour l'entreprise car plus cher.
- **Si BFRE < 0**, les emplois circulants sont inférieurs aux ressources circulantes. L'entreprise dégage une ressource, ce qui renforce la trésorerie de l'entreprise. C'est le cas de la grande distribution : la vente est payée au comptant par les clients (sauf lorsqu'ils utilisent une carte à paiement différé), alors que les fournisseurs, eux, sont payés après délai de paiement.

Exemple

Cas Fil rouge

BFR = emplois circulants – ressources circulantes = 170 000 – 580 000 = 112 000.
Cette entreprise a un besoin de trésorerie de 112 000 €.

FOCUS

Attention à l'interprétation des chiffres

Dans l'avis de convocation 2012, L'Oréal communique les chiffres suivants : « Le besoin en fonds de roulement a connu, en 2012, une augmentation modeste de 129 millions d'euros. Les stocks ont sensiblement diminué en pourcentage du chiffre d'affaires, à 9,1 % à fin 2012 ; les créances clients ont également diminué, à 14,3 % du chiffre d'affaires ; les investissements (emplois stables) à 955 millions d'euros, se sont élevés à 4,3 % du chiffre d'affaires, un niveau identique à celui de 2011 ». Une augmentation, même « modeste », du BFR signifie que la trésorerie s'est dégradée de 129 millions d'euros !

2.2.2 Le BFR hors exploitation

Pour calculer le besoin en fonds de roulement hors exploitation (BFRHE), le raisonnement est similaire à celui du BFR d'exploitation. Les créances hors exploitation constituent des emplois et les dettes hors exploitation, des ressources. La distinction entre exploitation et hors exploitation permet de différencier les opérations liées à l'activité propre de l'entreprise, de celles qui ne se rattachent pas directement au cycle d'exploitation telles que les créances et les dettes liées à des opérations financières et/ou de nature exceptionnelle (par exemple des dettes relatives à la participation des salariés au résultat).

2.2.3 Le BFR normatif

Le BFR normatif est le BFR exprimé en jours de chiffres d'affaires.

La variation du BFR est étroitement liée à l'évolution du chiffre d'affaires car l'augmentation des ventes implique une augmentation des stocks, des créances clients et des achats.

Chaque poste du besoin en fonds de roulement est évalué en nombre de jours : c'est la durée d'écoulement :

$$\frac{\text{Valeur moyenne}}{\text{Valeur annuelle}} \times 360 \text{ jours}$$

Trois durées influencent le BFR :

- la durée de **stockage** des matières premières, produits finis et des en-cours de production ;
- les délais de paiement accordés aux **clients** ;
- les délais de paiement obtenus des **fournisseurs**.

Le délai obtenu pour chaque poste est pondéré avec un coefficient de structure.

$$\text{Coefficient de structure} = \frac{\text{Montant des postes du BFR}}{\text{Chiffre d'affaires hors taxes}}$$

Le BFR est alors le produit de la durée d'écoulement et du coefficient de structure.

$$\text{BFR normatif} = \text{Durée d'écoulement} \times \text{Coefficient de structure}$$

Exemple

Cas Fil rouge

Renseignements complémentaires :

- Chiffre d'affaires unitaire : 10 €.
- Crédit clients : 60 jours.
- Coût d'achat unitaire des matières premières : 5 €.
- Durée de stockage des matières premières : 30 jours.
- Délai fournisseurs : 50 jours.

Poste	Durée d'écoulement	Coefficient de structure	BFR
Créances clients	60	$\frac{10}{10} = 1$	60
Stock des matières premières	30	$\frac{5}{10} = 0{,}5$	15
Dettes fournisseurs	50	$\frac{5}{10} = 0{,}5$	25
Total			**50**

50 € représentent le BFR exprimé en nombre de jours de chiffre d'affaires HT. Si l'entreprise envisage de vendre 720 unités, quel sera le BFR ? Le chiffre d'affaires prévisionnel sera de 10 × 720 = 7 200 € soit 20 € de CA journalier (une année = 360 jours). Le BFR prévisionnel sera donc de 20 × 50 = 100 €, ce qui signifie que pour éviter une dégradation de la trésorerie, le FR doit augmenter de 100 € (TN = FR – BFR).

EN PRATIQUE

Les leviers traditionnels pour agir sur le BFR

Réduire les stocks

- Pour réduire les stocks, l'entreprise peut augmenter son chiffre d'affaires en proposant des prix attractifs pour le consommateur (faire des promotions, par exemple) ou en s'implantant sur de nouveaux marchés.
- Elle peut également décider de produire en fonction de la demande.
- Une meilleure logistique permettra de limiter les stocks. À titre d'exemple, Amazon dispose de trois centres logistiques en France à Orléans, Beaune et Douai. Cette triple implantation permet une livraison gratuite en 3 jours ; le délai de rotation des stocks est très court.

Négocier de nouveaux délais de paiement fournisseur

Le rallongement des délais de paiement est souvent le fruit d'une négociation entre les différents partenaires ; elle dépend du poids économique de la société vis-à-vis de son fournisseur. Par exemple, Carrefour peut négocier des délais de paiement longs compte tenu de son poids économique (vendre à Carrefour permet, pour un fabricant, de s'assurer un chiffre d'affaires important).

Réduire le délai de paiement accordé aux clients

- Par la mise en place d'une politique de crédit management qui repose sur des procédures financières, juridiques et de management visant à accélérer les règlements des clients.
- En demandant des acomptes à la commande.
- Il n'est cependant pas facile, pour d'évidentes raisons commerciales, de demander un paiement immédiat, à moins de proposer un taux d'escompte (une remise pour paiement comptant) particulièrement attractif, mais potentiellement coûteux pour la société.

En conclusion, le BFR est un indicateur important dans la vie des entreprises : sa maîtrise est indispensable pour optimiser la trésorerie. Or, la conjoncture économique actuelle incite les entreprises à gérer rigoureusement leurs stocks, délais clients et délais fournisseurs.

Les délais de paiement sont réglementés en France.
► www.economie.gouv.fr/fiches-pratiques-dgccrf

2.3 La trésorerie nette

2.3.1 Définition et calcul

La trésorerie nette est la différence entre l'actif de trésorerie (valeurs mobilières de placement + disponibilités) et le passif de trésorerie (constitué des crédits de trésorerie : concours bancaires courants + soldes créditeurs de banque + effets escomptés non échus).

Trésorerie nette (TN) = Actif de trésorerie – Passif de trésorerie

La trésorerie permet d'assurer l'ajustement entre les disponibilités et les crédits de trésorerie. Pour rappel, **FR – BFR = trésorerie nette**.

La trésorerie est aujourd'hui au cœur des préoccupations des entreprises. Les dirigeants sont généralement très attentifs à leur niveau de trésorerie car les problèmes surviennent lorsqu'il est insuffisant pour couvrir les dépenses de l'entreprise. Un niveau de trésorerie élevé permet de faire face à tous les imprévus (ralentissement de consommation, produits défectueux à retirer du marché…) et de saisir des opportunités (un fournisseur qui vend son entreprise, un nouveau marché à saisir…).

Exemple

Cas Fil rouge

Trésorerie nette = Actif de trésorerie – Passif de trésorerie = 4 000 – 36 000 = – 32 000.
Ou Trésorerie nette = FR – BFR = 80 000 – 112 000 = – 32 000.
Cette entreprise a un besoin de trésorerie.

FOCUS

Quelques exemples de situations de trésorerie

Situation 1

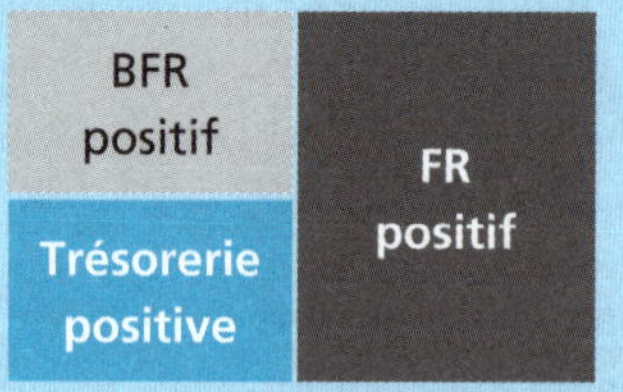

Le FR couvre le BFR. Il en résulte une trésorerie positive.

Situation 2

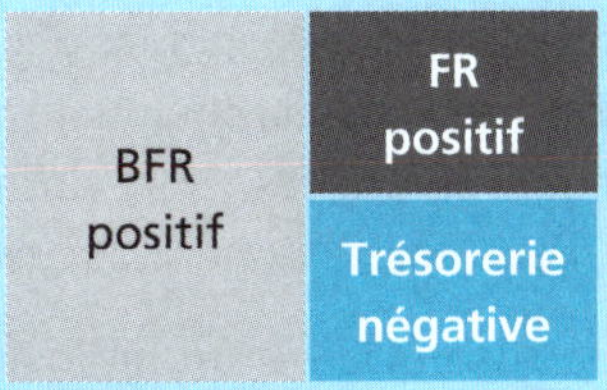

Le FR est positif mais insuffisant pour couvrir le BFR. L'entreprise a recours aux concours bancaires pour assurer l'équilibre financier. Cette situation se rencontre dans des entreprises qui ont une croissance rapide de leur activité.

Situation 3

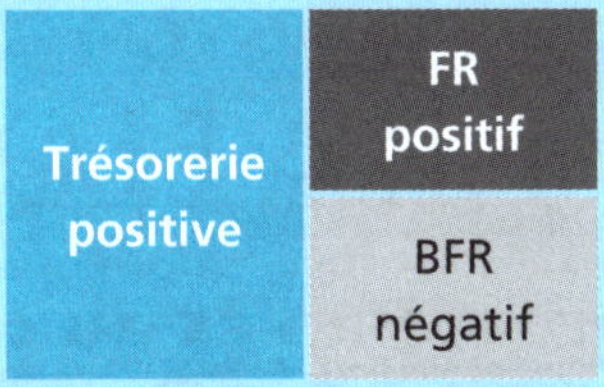

L'entreprise dispose d'une forte trésorerie, ce qui est souvent le cas de la grande distribution car les clients payent comptant et les fournisseurs accordent des délais de paiement.

2.3.2 Comment améliorer la trésorerie ?

L'amélioration de la trésorerie repose sur trois piliers : développer une culture du cash, diminuer le besoin en fonds de roulement et renforcer le fonds de roulement.

La mise en place de cette culture passe par une compréhension et une maîtrise des indicateurs de trésorerie comme le tableau des flux de trésorerie (▶ chapitre 4).

- **Développer la culture du cash**, c'est faire en sorte que la trésorerie devienne la préoccupation de tous les acteurs de l'entreprise. Cette préoccupation de la trésorerie peut inciter l'entreprise à conserver ses liquidités plutôt que d'investir.
- Pour rappel, **gérer sainement le BFR** est essentiel pour optimiser la trésorerie en agissant sur trois leviers opérationnels : les créances clients, les dettes fournisseurs et les stocks.
- Pour consolider la trésorerie, on peut également agir sur le haut de bilan en **optimisant son fonds de roulement**. Or, dégager un surplus monétaire revient à définir une politique de financement des investissements adaptée (▶ chapitre 7).

Les raisons pouvant expliquer une dégradation de la trésorerie sont diverses : une mauvaise gestion des stocks, des clients défaillants, une propension à accorder de manière systématique des jours supplémentaires de délais de paiement pour obtenir un marché ou récompenser la fidélité d'un client, une activité cyclique (les entreprises subissent des variations d'activité, à la hausse comme à la baisse, liées à des effets saisonniers, à la conjoncture économique, à l'augmentation de la fiscalité, à des risques sanitaires… ces variations ont un impact sur les dépenses et les recettes de l'entreprise donc sur sa trésorerie).

En conclusion, la trésorerie est un indicateur de pilotage de l'entreprise. Une entreprise ne peut fonctionner que si elle dispose de ressources financières suffisantes pour régler ses dépenses (fournisseurs, salaires, charges sociales et fiscales…). À défaut de trésorerie, elle est déclarée en cessation de paiement et sera éventuellement liquidée.

EN PRATIQUE

Le financement et l'accès au crédit des PME

Pour la 19e édition du baromètre KPMG-CGPME, l'IFOP a interrogé en septembre 2013 plus de 400 dirigeants d'entreprises françaises de 10 à 500 salariés sur leur financement et leur accès au crédit. 36 % des PME sont confrontées à des difficultés de trésorerie et de financement. Près de la moitié des PME ont des besoins de financement pour l'exploitation de leur activité (trésorerie, escomptes) soit la proportion la plus forte enregistrée en 5 ans (+ 10 points depuis mars 2013).

2.4 Les ratios

Un ratio est un rapport entre deux grandeurs économiques ou financières. Les ratios (*financial ratios*) permettent d'établir des comparaisons entre des entités appartenant aux mêmes secteurs d'activité. Ils mesurent la performance de l'entreprise c'est-à-dire l'adéquation entre les objectifs définis et les résultats obtenus (efficacité), les moyens utilisés et les résultats obtenus (efficience) ou encore entre les moyens utilisés et les objectifs atteints (pertinence). Outils d'aide à la décision, ils sont également utilisés par les analystes financiers et les banquiers.

2.4.1 Le ratio d'autonomie financière

Le ratio d'autonomie financière (*debt-to-equity ratio*) est un indicateur du niveau d'endettement de l'entreprise. Il doit normalement être inférieur à 1. Supérieur à 1, il traduit un recours trop important à l'emprunt. En s'endettant, l'entreprise s'engage à payer régulièrement les intérêts et à rembourser le principal. Si elle ne peut plus faire face à ses échéances, elle est dite en « détresse financière », le stade ultime étant la faillite.

$$\text{Ratio d'autonomie financière} = \frac{\text{Dettes financières}}{\text{Capitaux propres}}$$

Dettes financières = Emprunts et dettes auprès des établissements de crédit + Autres dettes financières.

Exemple

Cas Fil rouge en N
Dettes financières = 83 000.
Capitaux propres = 194 000.
Ratio d'autonomie financière = 4,27.
Cette entreprise a un recours trop important à l'emprunt.

2.4.2 Le ratio de couverture des capitaux investis

Les capitaux investis regroupent les capitaux propres, les dettes financières (hors concours bancaires et soldes créditeurs de banque) et les autres dettes financières. Pour rappel, il s'agit de ressources considérées comme stables.

$$\text{Ratio de couverture des capitaux investis} = \frac{\text{Ressources stables}}{\text{Emplois stables + BFR}}$$

Si ce ratio est supérieur à 1, alors la trésorerie de l'entreprise est positive car les ressources stables sont supérieures aux emplois. Plus il est élevé, plus la trésorerie est importante.

Exemple

Cas Fil rouge en N
Ressources stables = 377 000.
Emplois stables = 297 000.
BFR = 112 000.
Ratio de couverture des capitaux investis = 0,9. Il est inférieur à 1 : la société a des difficultés de trésorerie. Nous avons déjà constaté que la trésorerie nette était égale à – 32 000.

2.4.3 Le ratio de financement des immobilisations

$$\text{Ratio de financement des immobilisations} = \frac{\text{Ressources stables}}{\text{Emplois stables}}$$

Ce ratio doit être supérieur à 1, ce qui signifie que le FR est positif. Les investissements doivent en effet être financés par des ressources stables.

Exemple

Cas Fil rouge en N

Ressources stables = 377 000.

Emplois stables = 297 000.

Ratio de financement des immobilisations = 1,26. Il est supérieur à 1, le FR est positif. Ce résultat est conforme à ce que nous avons constaté préalablement et permet de faire une comparaison avec les concurrents du secteur.

Les ratios financiers ne doivent pas être utilisés comme une réponse définitive aux questions liées aux opérations financières d'une entreprise. Ils servent simplement à mettre en évidence les résultats des décisions financières passées.

POINT MÉTHODE

Comment choisir son ratio ?

Il existe une multitude de ratios. Pour mener à bien une analyse à l'aide des ratios, il faut tenir compte de la taille de l'entreprise, de son histoire, de son activité et de sa forme juridique.

Les ratios doivent être utilisés pour faire une comparaison, soit entre la situation actuelle et la situation passée de l'entreprise, soit avec la situation actuelle des entreprises appartenant au même secteur d'activité.

Il convient de retenir des ratios pour lesquels on dispose de données financières permettant de les calculer (bilan, compte de résultat, annexes).

3 Le tableau de financement

L'approche fonctionnelle du bilan permet de faire une analyse financière de l'entreprise à un instant donné, c'est une approche **statique**. Cette approche est insuffisante pour comprendre l'évolution de la structure du bilan.

Le tableau de financement (*cash flow statement*) permet de procéder à une analyse **dynamique** de la situation financière de l'entreprise en expliquant l'évolution de la structure des actifs et des ressources de financement d'une entreprise. Il est souvent extrêmement révélateur de la manière dont est gérée une entreprise sur plusieurs années. Aussi occupe-t-il une place privilégiée dans le dispositif global de l'analyse financière.

Le tableau de financement est obligatoire à partir de 300 salariés ou 18 millions de chiffre d'affaires, depuis la loi du 1er mars 1984 relative à la prévention des difficultés des entreprises.

3.1 Objectif et intérêt du tableau de financement

Le tableau de financement permet d'appréhender l'ensemble des flux financiers qui correspondent à des **opérations d'investissement**, de **financement**, d'**exploitation** et de **trésorerie**. Montrant les modifications de la structure patrimoniale d'un exercice à l'autre, il fait l'inventaire des ressources nouvelles dont l'entreprise a bénéficié ou bénéficiera au cours d'une période donnée et des emplois nouveaux pour lesquels elles ont été ou seront utilisées. Le tableau de financement représente donc une synthèse de l'organisation financière. Dans sa première partie, il explique les variations du fonds de roulement puis, dans sa seconde partie, les variations du besoin en fonds de roulement et de la trésorerie.

Le tableau de financement présente plusieurs intérêts :
- il détaille les opérations qui ont contribué à l'évolution du patrimoine au cours de l'exercice en tenant compte des nouveaux investissements et des cessions d'actifs immobilisés ;
- il énumère les moyens de financement de l'entreprise (ressources internes-externes) ;
- il permet de connaître le montant des dividendes versés ;
- il décrit l'évolution des éléments du cycle d'exploitation ;
- il justifie le niveau de trésorerie.

3.2 La description du tableau de financement

Le tableau de financement se décompose en deux parties :
- la première partie explique la variation du fonds de roulement par le haut de bilan à partir des ressources stables et des emplois stables de l'exercice ;
- la deuxième partie analyse, par le bas de bilan, les variations des actifs et passifs d'exploitation, des actifs et passifs hors exploitation et de la trésorerie pour expliquer la variation du besoin en fonds de roulement.

Selon l'analyse fonctionnelle, le fonds de roulement se détermine de deux façons :
- soit par le haut de bilan avec FR = Ressources stables – Emplois stables ;
- soit par le bas de bilan avec FR = BFR + Trésorerie nette.

3.2.1 La première partie du tableau de financement

La première partie du tableau de financement détaille comment les emplois stables réalisés au cours de l'exercice ont été financés et explique comment la variation du fonds de roulement s'est formée.

$$\Delta \text{ FR} = \Delta \text{ Ressources stables} - \Delta \text{ Emplois stables}$$

La variation des ressources stables est constituée par les flux monétaires entrés dans l'entreprise au cours de l'exercice. Ce sont principalement la capacité d'autofinancement (CAF), les produits de cession des immobilisations, les augmentations de capitaux propres, les augmentations de dettes financières.

La variation des emplois stables est composée des flux monétaires sortis de l'entreprise au cours de l'exercice soit principalement : les dividendes versés au cours de l'exercice, les acquisitions d'immobilisations (c'est-à-dire les investissements nouveaux), les charges à répartir sur plusieurs exercices, la réduction des capitaux propres et les remboursements de dettes financières.

Modèle de la première partie du tableau de financement. La présentation prévue par le plan comptable est la suivante :

Emplois	N–1	N	Ressources	N–1	N
Distributions mises en paiement au cours de l'exercice Acquisitions d'éléments de l'actif immobilisé : Immobilisations incorporelles Immobilisations corporelles Immobilisations financières			Capacité d'autofinancement de l'exercice Cessions ou réductions d'éléments de l'actif immobilisé : Cessions d'immobilisations : Incorporelles Corporelles Cessions ou réductions d'immobilisations financières		
Charges à répartir sur plusieurs exercices (a)[1]					
Réduction des capitaux propres (réduction de capital, retraits)			Augmentation des capitaux propres : Augmentation de capital ou apports Augmentation des autres capitaux propres		
Remboursements des dettes financières (b)			Augmentation des dettes financières (b) (c)		
Total des emplois	✓	✓	**Total des ressources**	✓	✓
Variation du fonds de roulement (ou FRNG) (ressource nette)			Variation du fonds de roulement (ou FRNG) (emploi net)		

(a) Montant brut transféré au cours de l'exercice. (b) Sauf concours bancaires courants et soldes créditeurs de banques. (c) Hors primes de remboursement des obligations

▲ Tableau 3.4 **La première partie du tableau de financement**

La comparaison des bilans N et N–1 est parfois insuffisante, il faut se reporter aux annexes.

Les amortissements et les dépréciations sont exclus du tableau de financement car ils n'entraînent pas de flux monétaires.

1 Depuis 2005, seuls les frais d'émission d'emprunts peuvent encore apparaître en charges à répartir (en normes françaises).

Les postes de ressources sont les suivants :

Les ressources	Où trouver les informations ?	Commentaires
Capacité d'autofinancement de l'exercice (*cash flow*)	– Compte de résultat de l'exercice – Tableau des soldes intermédiaires de gestion (voir chapitre 2)	Elle représente les ressources internes que l'entreprise peut consacrer au financement des investissements
Cession ou réduction d'éléments d'actifs immobilisés	– Compte 775 « produits des cessions d'éléments d'actif » – Mouvement crédit des comptes de créances immobilisées et de prêt	On retient le prix de cession hors taxes et les remboursements des créances immobilisées et des prêts
Augmentation des capitaux propres	– Bilan avant répartition de l'année N On retient le capital social + les prix d'émission + les réserves + le report à nouveau – Bilan après répartition N–1	– Seules les augmentations de capital en numéraire et en nature qui apportent des ressources nouvelles à l'entreprise sont à retenir – Le montant à faire figurer est le capital social + les prix d'émission + les réserves + le report à nouveau – Les augmentations de capital par incorporation des réserves ne sont pas prises en compte dans le tableau de financement car elles n'entraînent pas à une augmentation des ressources – On retiendra également dans les autres capitaux propres les subventions d'investissement obtenues par l'entreprise au cours de l'exercice
Augmentation des dettes financières	– Mouvement crédit du compte « 16 emprunts et dettes assimilées » – Annexe : état des échéances et des dettes	On exclut du calcul les concours bancaires courants et les soldes créditeurs des banques

▲ Tableau 3.5 **La variation des ressources de haut bilan**

Les postes d'emplois sont les suivants :

Les emplois	Où trouver les informations ?	Commentaires
Distribution mise en paiement au cours de l'exercice	Annexe : Affectation du résultat de l'année N–1	– Il s'agit des dividendes distribués À défaut de tableau d'affectation du résultat, il faudra reconstituer les dividendes à partir de deux bilans successifs – Le dividende est égal au résultat N–1 diminué de l'augmentation des réserves et du report à nouveau
Acquisition d'éléments d'actifs immobilisés	Annexe : Tableau des immobilisations	On retient les nouvelles immobilisations pour leur prix d'acquisition (valeurs brutes)

Les emplois	Où trouver les informations ?	Commentaires
Réduction des capitaux propres	– Bilan après répartition l'année N–1 – Bilan avant répartition l'année N	– Cela correspond au retrait de l'exploitant ou au remboursement de capital aux associés – Remarque : les réductions de capital effectuées en vue de résorber des pertes n'interviennent pas dans le tableau de financement Ne sont prises en compte que les réductions de capitaux propres qui traduisent une sortie de flux monétaire
Remboursement des dettes financières	– Mouvements débit du compte « 16 emprunts et dettes assimilées » – Annexe : état des échéances et des dettes	Il s'agit des amortissements des emprunts (hors concours bancaire) constatés lors de l'exercice

▲ Tableau 3.6 **La variation des emplois de haut bilan**

Exemple

Cas Fil rouge Première partie du tableau de financement

Reprenons le bilan de la société de Baptiste et Laura. Informations complémentaires concernant l'année N–1:

– L'entreprise a emprunté 100 000 € en N–1 dont elle a remboursé 4 000 € en N–1 et 15 000 € en N.
– Elle a emprunté 10 000 € en N dont elle a remboursé 8 000 € en N.
– Elle a investi pour 150 000 € en N dans du matériel.
– Elle a cédé une immobilisation pour un montant de 25 000 € alors que sa valeur nette comptable était de 20 000 €.
– La capacité d'autofinancement est de 97 000 €.

Les calculs justificatifs pour les tableaux sont les suivants :

1. On calcule le montant des dividendes distribués :

Résultat N–1 – Δ Réserves
= 17 000 – (87 000 – 80 000)
= 17 000 – 7 000
= 10 000

2. On reconstitue la variation des dettes financières :

Valeur des dettes financières (hors concours bancaires) au 31/12/N–1	Augmentation des dettes financières durant l'année N	Remboursement des dettes financières durant l'année N	Valeur des dettes financières (hors concours bancaires) au 31/12/N
96 000	10 000	23 000	83 000

EMPLOIS	N–1	N	RESSOURCES	N–1	N
Distributions mises en paiement au cours de l'exercice		10 000	Capacité d'autofinancement de l'exercice		97 000
Acquisitions d'éléments de l'actif immobilisé :		150 000	Cessions ou réductions d'éléments de l'actif immobilisé :		25 000
Immobilisations incorporelles			Cessions d'immobilisations :		
Immobilisations corporelles			Incorporelles		
Immobilisations financières			Corporelles		
			Cessions ou réductions d'immobilisations financières		
Charges à répartir sur plusieurs exercices (a)					
Réduction des capitaux propres (réduction de capital, retraits)			Augmentation des capitaux propres :		
			Augmentation de capital ou apports		
Remboursements des dettes financières (b)		23 000	Augmentation des autres capitaux propres		
			Augmentation des dettes financières (b) (c)		10 000
Total des emplois	**0**	**183 000**	**Total des ressources**	**0**	**132 000**
			Variation du fonds de roulement (ou FRNG) → Emploi net		**51 000**

(a) Montant brut transféré au cours de l'exercice

(b) Sauf concours bancaires courants et soldes créditeurs de banques

(c) Hors primes de remboursement des obligations

On constate un emploi net de + 51 000 €, ce qui signifie que l'équilibre financier s'est dégradé.
La société dispose d'une CAF insuffisante pour faire face à sa politique d'investissement : les acquisitions d'immobilisations corporelles s'élèvent à 150 000 €.
Si l'on additionne la CAF et le prix de cession des immobilisations, on obtient un financement interne de 122 000 € qui est insuffisant.
Consciente de son problème, l'entreprise avait envisagé de contracter un emprunt qui lui a malheureusement été refusé. Elle aurait dû avoir recours aux actionnaires.

3.2.2 La deuxième partie du tableau de financement

La deuxième partie du tableau de financement explique la variation du fonds de roulement par le bas bilan. Elle permet de vérifier la règle d'équilibre du bilan fonctionnel :

$$\Delta \text{ FR} = \Delta \text{ BFR} + \Delta \text{ Trésorerie nette}$$

Elle explique comment la variation positive du fonds de roulement a été utilisée ou comment la variation négative du fonds de roulement a été couverte en faisant apparaître trois catégories de variations :

– les variations du besoin en fonds de roulement d'exploitation ;

– les variations du besoin en fonds de roulement hors exploitation ;
– et les variations de la trésorerie nette.

Les variations sont calculées par différence entre les valeurs brutes des bilans N et N–1 : Variation = Valeurs brutes des éléments du cycle d'exploitation N – Valeurs brutes des éléments du cycle d'exploitation de N–1.

Modèle de la deuxième partie du tableau de financement. La présentation prévue par le plan comptable est la suivante :

	N–1			N		
	Besoins	Dégagements	Solde	Besoins	Dégagements	Solde
Variations « Exploitation »						
Variations des actifs d'exploitation Stocks et en-cours Avances et acomptes versés sur commandes Créances clients, comptes rattachés et autres créances d'exploitation (a) **Variations des dettes d'exploitation** Avances et acomptes reçus sur commande en-cours Dettes Fournisseurs, comptes rattachés et autres dettes d'exploitation (b) **Totaux** **A. Variation nette «exploitation» (c)**						
Variations « Hors exploitation »						
Variations des autres débiteurs (a) (b) (d) Variation des autres créditeurs (b) **Totaux** **B. Variation nette « hors exploitation » (c)** **Total A + B :** Besoins de l'exercice en fonds de roulement *ou* dégagement net de fonds de roulement						
Variations « Trésorerie »						
Variations des disponibilités Variation des concours bancaires courants et soldes créditeurs de banques **Totaux** **C. Variations nette « Trésorerie » (c)**						
Variation du fonds de roulement (ou FRNG) = Total A+B+C : Emploi net ou Ressource nette						

(a) y compris charges constatées d'avance selon leur affectation à l'exploitation ou non
(b) y compris produits constatés d'avance selon leur affectation à l'exploitation ou non
(c) les montants sont assortis du signe (+) lorsque les dégagements l'emportent sur les besoins et du signe (–) dans le cas contraire
(d) y compris valeurs mobilières de placement

▲ Tableau 3.7 **La deuxième partie du tableau de financement**

L'augmentation d'un poste d'actif se traduit par un besoin alors qu'une diminution d'un poste de passif constitue un dégagement. Ainsi une augmentation des créances clients est inscrite dans la colonne besoin tout comme une augmentation des disponibilités alors qu'une diminution des stocks, des créances ou des disponibilités est inscrite dans la colonne dégagement.

L'augmentation du FR est un emploi car il entraîne un besoin de financement et la diminution du FR dégage une ressource.

Les variations qui augmentent le FR sont :
– les augmentations de l'actif circulant (stock + créances clients) ;
– les diminutions des dettes circulantes.

Les variations qui diminuent le FR sont :
– les diminutions de l'actif circulant (stock + créances clients) ;
– les augmentations des dettes circulantes.

La variation du fonds de roulement déterminée dans la deuxième partie doit être identique à celle calculée dans la première partie mais de signe contraire.

Exemple

Cas Fil rouge

Reprenons le bilan de la société Fil rouge.
Les calculs justificatifs du tableau sont les suivants :

– Variation des stocks :
50 000 – 70 000 = – 20 000.
Il s'agit d'une diminution du poste de l'actif, il y a donc dégagement de financement.

– Variation des créances clients et autres :
120 000 – 90 000 = 30 000.
Il s'agit d'une augmentation du poste de l'actif, il y a donc besoin de financement.

– Variation des dettes fournisseurs :
37 000 – 42 000 = – 5 000.
Il s'agit d'une diminution du poste de passif, il y a donc besoin de financement.

– Variation des dettes fiscales et sociales :
21 000 – 3 000 = 18 000.
Il s'agit d'une augmentation du poste de passif, il y a donc dégagement de financement.

– Variation des disponibilités :
4 000 – 16 000 = 12 000.
Il s'agit d'une diminution du poste de l'actif, il y a donc dégagement de financement.

– Variation des concours bancaires et soldes créditeurs de banque :
36 000 – 0 = 36 000.
Il s'agit d'une augmentation du poste de passif, il y a donc dégagement de financement.

	N		
	Besoins	**Dégagements**	**Solde**
Variations « Exploitation »			
Variations des actifs d'exploitation :			
Stocks et en-cours			
Avances et acomptes versés sur commandes		20 000	
Créances clients, comptes rattachés et autres créances d'exploitation (a)	30 000		
Variations des dettes d'exploitation :			
Avances et acomptes reçus sur commande en-cours			
Dettes Fournisseurs, comptes rattachés et autres dettes d'exploitation (b)	5 000	18 000	
Totaux	**35 000**	**38 000**	
A. Variation nette «exploitation» (c)			**3 000**
Variations « Hors exploitation »			
Variations des autres débiteurs (a) (b) (d)			
Variation des autres créditeurs (b)			
Totaux			
B. Variation nette «hors exploitation» (c)			
Total A + B :			
Besoins de l'exercice en fonds de roulement			
Ou dégagement net de fonds de roulement			3 000
Variations « Trésorerie »			
Variations des disponibilités		12 000	
Variation des concours bancaires courants et soldes créditeurs de banques		36 000	
Totaux		**48 000**	
C. Variations nette «Trésorerie» (c)			**48 000**
Variation du fonds de roulement (ou FRNG)			
(Total A + B + C) : Emploi net ou Ressource nette			**51 000**

(a) y compris charges constatées d'avance selon leur affectation à l'exploitation ou non
(b) y compris produits constatés d'avance selon leur affectation à l'exploitation ou non
(c) les montants sont assortis du signe (+) lorsque les dégagements l'emportent sur les besoins et du signe (–) dans le cas contraire
(d) y compris valeurs mobilières de placement

Le BFR d'exploitation a diminué de 3 000 €. Cette situation est due à la diminution des stocks et à l'augmentation des dettes fiscales et sociales. Ce dégagement a procuré des ressources de financement mais n'a pas permis de compenser la diminution du FR.

En conséquence, la trésorerie s'est dégradée.
En conclusion, la situation financière de l'entreprise Fil rouge est inquiétante. Plusieurs axes d'amélioration sont envisageables :
- essayer de contracter de nouveaux emprunts ;
- faire appel aux actionnaires ;
- améliorer son BFR en réduisant le délai de paiement des clients.

3 questions à Jean-Marie **Lecot**

Expert-comptable et commissaire aux comptes, Sarege Fideta

Les analystes financiers s'intéressent notamment au besoin en fonds de roulement. Que font les entreprises pour mieux maîtriser leur BFR ?

Les entreprises se concentrent principalement sur une gestion optimale des stocks : le suivi du stock est quotidien et les commandes se font de plus en plus en flux tendu. Le recouvrement des créances devient aussi un combat quotidien, et les entreprises n'hésitent plus à se faire accompagner par des professionnels.

Les délais de stockage et les délais clients sont-ils aujourd'hui maîtrisés

Les entreprises ont globalement su s'adapter au changement du comportement de leurs clients en période de crise. Les stocks ont un coût pour les entreprises, c'est pourquoi, grâce aux outils de suivi de l'activité (tableau de bord par exemple), elles ont ajusté le niveau de leurs stocks afin de ne pas être obligées de brader les produits au bout de quelques mois. Évidemment, la marge de négociation avec les fournisseurs n'en est que plus limitée. Quant aux délais de paiement, il est vrai que les impayés et les créances douteuses en fin d'exercice ont augmenté depuis 3 à 4 ans. Pour sécuriser leur trésorerie, les professionnels ont de plus en plus recours à des moyens protecteurs : crédit documentaire, chèque de banque, organisme de recouvrement, crédit accordé uniquement aux clients les plus sûrs…

La culture du cash est-elle en train de se développer ? Quels en sont les avantages et les inconvénients selon vous ?

Cette culture existe depuis toujours dans les petites structures. Le cash est un excellent moyen de s'assurer du recouvrement de la créance en temps réel. Malheureusement, cette culture ne procure qu'une satisfaction à l'instant t : un chef d'entreprise individuelle peut rapidement oublier que cette manne pécuniaire dissimulée affaiblit d'autant plus ses droits à la retraite, par exemple. Par ailleurs, cette fraction des ventes n'est pas valorisable dans le chiffre d'affaires et n'aura aucun impact lors d'une éventuelle revente de l'entreprise. L'administration fiscale est particulièrement sensible à cette question et la mauvaise foi peut facilement être qualifiée lors des contrôles.

Les points clés

- Le bilan fonctionnel classe les éléments de l'actif et du passif du bilan comptable selon trois grandes « fonctions » permettant d'analyser la vie économique de l'entreprise : la fonction investissement, la fonction financement et la fonction exploitation. Il s'agit d'étudier la couverture des emplois ou besoins de financement par les ressources.

- Pour construire le bilan fonctionnel, il est nécessaire de procéder à des reclassements et à des retraitements (amortissements et provisions, biens acquis en crédit-bail, produits et charges constatés d'avance, concours bancaires et soldes créditeurs de banque.

- Calculé à partir du bilan fonctionnel, le fonds de roulement fonctionnel (FR) est le surplus de ressources stables sur les emplois stables. C'est un indicateur de sécurité financière permettant de vérifier que les ressources stables de l'entreprise permettent de « couvrir » les investissements réalisés.

- Le besoin en fonds de roulement (BFR) résulte à la fois des décalages entre les achats de biens et les ventes de ces mêmes biens (stocks), des décalages entre les ventes effectuées et les règlements effectifs des clients (créances), des décalages entre les achats de biens et les paiements aux fournisseurs (dettes).

- La trésorerie nette est la différence entre l'actif de trésorerie et le passif de trésorerie ou entre le fonds de roulement et le besoin en fonds de roulement.

- Le tableau de financement permet d'appréhender, dans une perspective dynamique, l'ensemble des flux financiers de l'entreprise correspondant aux opérations d'investissement, de financement, d'exploitation et de trésorerie. Il permet en effet de retrouver la variation du fonds de roulement et du besoin en fonds de roulement. Bilan fonctionnel et tableau de financement sont complémentaires.

APPLICATIONS

▶ Corrigés p. 282

Quiz

Vrai ou faux ?

1 **Le capital social qui figure au passif du bilan représente la «trésorerie» disponible pour régler les dettes.**
a. Vrai.
b. Faux.

2 **Les réserves (au passif du bilan) représentent une somme d'argent destinée à financer des investissements.**
a. Vrai.
b. Faux.

3 **Une entreprise qui réalise un bénéfice n'a pas nécessairement une trésorerie positive.**
a. Vrai.
b. Faux.

4 **Le bilan permet de savoir comment est financée l'entreprise.**
a. Vrai.
b. Faux.

5 **Le fonds de roulement est une ressource financière qui provient de la différence entre les ressources stables et l'actif immobilisé net.**
a. Vrai.
b. Faux.

6 **Quand le fonds de roulement est supérieur au besoin en fonds de roulement, la trésorerie est négative.**
a. Vrai.
b. Faux.

7 **Le besoin en fonds de roulement dépend du montant des emprunts à long et moyen terme.**
a. Vrai.
b. Faux.

8 **Lorsque la trésorerie est déficitaire, il peut être utile que l'entreprise réduise son stock.**
a. Vrai.
b. Faux.

9 **Lorsque le fonds de roulement est inférieur au besoin en fonds de roulement, la trésorerie est négative.**
a. Vrai.
b. Faux.

10 **Le tableau de financement ne tient pas compte des amortissements et dépréciations.**
a. Vrai.
b. Faux.

Mises en situation

11 La société CSM

La société CSM est une jeune entreprise spécialisée dans la confection et la distribution de costumes pour homme sur mesure. Elle vous sollicite pour une analyse financière de son entreprise. Vous disposez de son bilan comptable.

1. Déterminez le résultat et le montant des capitaux propres.
2. Comment peut être financée une acquisition d'immobilisations ?
3. Établissez le bilan fonctionnel.
4. Calculez le fonds de roulement, la trésorerie et en déduire le BFR. Commentez vos résultats.
5. Citez trois éléments pour améliorer le BFR.

SA CSM ACTIF 31/12/N	Brut	Amort. et prov. (à déduire)	Net
Capital souscrit non appelé			
Actif immobilise (A)			
Immobilisations incorporelles :			
Frais d'établissement	500		500
Frais de recherche et de développement			
Concessions, brevets, licences			
Fonds commercial (1)			
Autres			
Immobilisations incorporelles en cours			
Avances et acomptes			
Immobilisations corporelles :			
Terrains	500		500
Constructions	6 000	3 000	3 000
Installations techniques, matériels, et outillage industriels	3 000	600	2 400
Autres			
Immobilisations corporelles en cours			
Avances et acomptes			
Immobilisations financières (2) :			
Participations (b)			
Créances rattachées à des participations			
Titres immobilisés de l'activité de portefeuille			
Autres titres immobilisés			
Prêts			
Autres			
Total I	**10 000**	**3 600**	**6 400**
Actif circulant			
Stocks et en-cours (a) :			
Matières premières et autres approvisionnements	700		700
En cours de production [biens et services] (c)			
Produits intermédiaires et finis	1 000	100	900
Marchandises			
Avances et acomptes versés sur commandes			
Créances d'exploitation (3) :			
Créances clients et comptes rattachés (a) (d)	2 000	400	1 600
Autres créances diverses			
Capital souscrit - appelé, non versé			
Valeurs mobilières de placement (e)			
Disponibilités	**6 000**		**6 000**
Charges constatées d'avance (3)			
Total II	**9 700**	**500**	**9 200**
Charges à répartir sur plusieurs exercices (III)			
Primes de remboursement des emprunts (IV)			
Écarts de conversion Actif (V)			
Total général (I + II + III + IV + V)	**19 700**	**4 100**	**15 600**

SA CSM PASSIF 31/12/N	
Capitaux propres	
Capital [dont versé…]	20 000
Primes d'émission, de fusion, d'apport,	
Écart de réévaluation (b)	
Écart d'équivalence (c)	
Réserves :	200
Réserve légale	
Réserves statutaires ou contractuelles	
Réserves réglementées	
Autres	
Report à nouveau (d)	
Résultat de l'exercice [bénéfice ou perte] (e)	**À DÉTERMINER**
Subventions d'investissement	
Provisions réglementées	
Total I	**À DÉTERMINER**
Provisions pour risques et charges	
Provisions pour risques	
Provisions pour charges	
Total II	**0**
Dettes (1) (g)	
Dettes financières :	
Emprunts obligataires convertibles	
Autres emprunts obligataires	
Emprunts et dettes auprès établissements de crédits (2)	2 500
Emprunts et dettes financières diverses (3)	
Avances et acomptes reçus sur commandes en cours	
Dettes d'exploitation :	
Dettes Fournisseurs et Comptes rattachés (f)	1 600
Dettes fiscales et sociales	
Autres	
Dettes diverses :	
Dettes sur immobilisations et Comptes rattachés	
Dettes fiscales (impôts sur bénéfices)	
Autres	
Instruments de trésorerie	
Produits constatés d'avance (1)	
Total III	**4 100**
Écarts de conversion Passif (IV)	
Total général (I + II + III + IV)	**15 600**

(1) Dont à plus d'un an
Dont à moins d'un an

(2) Dont concours bancaires courants 2 000

(3) Dont emprunts participatifs

12 L'Oréal

Dans son avis financier du 22 avril 2013, L'Oréal fait état de sa balance, en milliers d'euros.

1. Quelles sont les ressources stables de L'Oréal ?

2. Quels sont les éléments du bilan qui ont entraîné la constatation d'amortissements ?

3. Calculez le BFR.

Écart d'acquisition	6 478 000
Immobilisations incorporelles	2 625 000
Immobilisations corporelles	2 963 000
Actifs financiers non courants	86 000
Stocks et travaux en-cours	2 034 000
Créances clients et comptes rattachés	3 209 000
Autres actifs	10 307 000
Trésorerie et équivalents de trésorerie	1 823 000
Total actif	**29 525 000**
Capitaux propres	20 936 000
Provisions pour risques et charges	1 408 000
Dettes financières non courantes (emprunt)	47 000
Dettes financières courantes	201 000
Fournisseurs et comptes rattachés	3 318 000
Autres passifs	3 510 000
Total passif	**29 525 000**

▲ **Balance L'Oréal (en milliers d'euros)**

13 Le tableau de financement

Vous disposez du passif, du tableau des immobilisations, du tableau des amortissements et des renseignements suivants :

– la capacité d'autofinancement est de 1 500 ;
– un remboursement d'emprunt de 15 000 a été effectué ;
– une cession d'immobilisation au cours de l'exercice a dégagé une plus-value de 400 ;
– il n'y a pas eu de remboursement de capital ;
– montant des dividendes versés : 200.

1. Déterminez le montant des acquisitions d'immobilisations.

2. Déterminez le prix de cession de l'immobilisation cédée.

3. Déterminez le montant des nouveaux emprunts.

4. Présentez la première partie du tableau de financement.

Tableau d'immobilisations

Début d'exercice	Diminution	Augmentation	Fin d'exercice
10 000	4 500	À déterminer	9 000

Tableau d'amortissements

Début d'exercice	Diminution	Augmentation	Fin d'exercice
À déterminer	3 500	400	5 000

Passif	Exercice N	Exercice N–1
Capitaux propres		
Capital [dont versé…]	100 000	80 000
Primes d'émission, de fusion, d'apport,		
Écart de réévaluation (b)		
Écart d'équivalence (c)		
Réserves :		
Réserve légale	3 500	
Réserves statutaires ou contractuelles	1 500	
Réserves réglementées	400	
Autres		
Report à nouveau (d)		
Résultat de l'exercice [bénéfice ou perte] (e)	**12 000**	
Subventions d'investissement		
Provisions réglementées		
Total I	**117 400**	
Provisions pour risques et charges		
Provisions pour risques		
Provisions pour charges		
Total II	**0**	
Dettes (1) (g)		
Dettes financières		
Emprunts obligataires convertibles		
Autres emprunts obligataires		
Emprunts et dettes auprès établissements de crédits (2)	55 000	35 000
Emprunts et dettes financières diverses (3)		
Avances et acomptes reçus sur commandes en cours		
Dettes d'exploitation		
Dettes Fournisseurs et Comptes rattachés (f)	150 000	
Dettes fiscales et sociales	45 000	
Autres		
Dettes diverses		
Dettes sur immobilisations et Comptes rattachés	100 000	
Dettes fiscales (impôts sur bénéfices)		
Autres		
Instruments de trésorerie		
Produits constatés d'avance (1)		
Total III	**350 000**	
Écarts de conversion Passif (IV)		
Total général (I + II + III + IV)	**467 400**	
(1) Dont à plus d'un an		
Dont à moins d'un an		
(2) Dont concours bancaires courants	5 000	5 000
(3) Dont emprunts participatifs		

Chapitre 4

Siège de Piscines Desjoyaux près de Saint-Étienne © Desjoyaux

Piscines Desjoyaux SA fabrique et commercialise des piscines enterrées dans 86 pays. L'entreprise compte 232 collaborateurs et a renforcé ces dernières années sa stratégie commerciale à l'international. 50 millions d'euros ont été investis par le groupe pour garder son avantage concurrentiel à travers le développement de nouveaux produits et l'élargissement de la gamme.

L'analyse des comptes de résultat et des bilans de Piscines Desjoyaux SA sur les exercices 2011, 2012 et 2013 montre :

– une diminution régulière du résultat net qui passe de 4 660 K€ en 2011 à 1 967 K€ en 2013 ;

– une stabilité relative de l'actif immobilisé net indiquant que le groupe continue d'investir à hauteur de ses dotations aux amortissements ;

– une diminution des capitaux propres, révélant que le groupe distribue des dividendes d'un montant supérieur à son résultat net.

Pourtant sa trésorerie nette qui était, à la clôture de l'exercice 2010 de 21 038 K€ est restée au même niveau. Elle est, à la clôture de l'exercice 2012, de 20 015 K€. Comment peut-on expliquer ce paradoxe ? Que nous apprend l'analyse des flux de trésorerie sur l'entreprise et sa stratégie ?

L'analyse des flux

Plan

Pré-requis

→ **Savoir lire et interpréter** les états financiers (▶ chapitres 2 et 3).

→ **Être capable de construire et d'interpréter** un tableau de financement (▶ chapitre 3).

Compétences attendues

→ **Comprendre** le rôle d'une analyse par les flux de trésorerie.

→ **Savoir construire et interpréter** un tableau de flux de trésorerie.

1 Le tableau des flux de trésorerie

1.1 Une étape de l'analyse financière

L'analyse du bilan dresse la situation financière de l'entreprise à une date donnée. À partir des « soldes » comptables qui composent ses rubriques, on peut, en particulier, calculer le fonds de roulement, le besoin en fonds de roulement et la trésorerie nette de l'entreprise pour mesurer son équilibre financier. Divers ratios pourront compléter cette analyse. Il est également possible d'étudier l'évolution du fonds de roulement, du besoin en fonds de roulement et de la trésorerie d'une entreprise en comparant ses bilans sur deux ou plusieurs périodes. Mais nous ne pourrons pas fournir des explications précises et complètes sur les causes de ces évolutions, en particulier de celles qui concernent la trésorerie.

L'analyse du compte de résultat a pour objectif d'analyser la performance économique de l'entreprise et sa capacité à créer du profit au cours d'un exercice. En particulier on mesure sa capacité à développer sa présence sur les marchés qu'elle exploite et sa capacité à utiliser efficacement les moyens dont elle dispose pour dégager un bénéfice. Mais le compte de résultat ne nous permet pas de mesurer de façon précise l'impact que l'exploitation a sur la trésorerie de l'entreprise.

Le tableau des flux de trésorerie est susceptible de combler cette lacune. Il apporte la compréhension de l'évolution de la trésorerie de l'entreprise en proposant une approche dynamique qui met en évidence les choix stratégiques de l'entreprise et leurs conséquences pour son avenir.

Définition

La **trésorerie** représente la différence entre les liquidités ou quasi liquidités dont dispose l'entreprise qui figurent à l'actif du bilan et l'endettement bancaire et financier à court terme qui figure à son passif. Elle représente le cash dont elle dispose à une date donnée (*cash and cash equivalent*).

1.2 Les fonctions du tableau des flux de trésorerie

Définition

Le **tableau des flux de trésorerie** (*cash flow statement*) recense et regroupe l'ensemble des flux d'entrée et de sortie de trésorerie qui ont traversé l'entreprise au cours d'un exercice. Les flux de trésorerie représentent les mouvements de liquidités entrant ou sortant de l'entreprise.

Le tableau des flux de trésorerie permet de déterminer et d'analyser la variation de la trésorerie au cours de l'exercice et d'en identifier les causes. C'est également un outil qui facilite l'anticipation, la projection sur le futur. Couplé avec les prévisions d'activité et de résultats que les entreprises mettent en place dans le cadre de leur gestion budgétaire, il permet de préparer les décisions financières capables d'anticiper et de réduire les risques financiers. On parlera alors de « plan de financement ».

1.3 La structure du tableau des flux de trésorerie

Le tableau des flux de trésorerie regroupe les flux selon leur appartenance à l'une des trois catégories d'opérations :

- les décisions liées à l'**exploitation** des moyens dont elle dispose pour créer de la richesse ;
- les décisions liées à l'**investissement**, qui consistent à doter l'entreprise de moyens adaptés à son activité ;
- les décisions liées au **financement** qui ont pour mission de fournir à l'entreprise les ressources financières dont elle a besoin pour financer à la fois ses choix d'investissement et les besoins de trésorerie induits par son exploitation. Le cycle du financement est donc en relation avec le cycle de l'exploitation et le cycle du financement.

◄ Figure 4.1 Le tableau des flux de trésorerie de l'exercice

La somme de l'ensemble des flux de trésorerie représente la variation globale de la trésorerie au cours de l'exercice. À partir de la trésorerie du début de l'exercice, on peut donc déterminer le montant de la trésorerie à la fin de l'exercice.

Par convention : les flux de trésorerie de sortie (décaissements) seront représentés par des parenthèses.

1.4 Les différents modèles de tableaux de flux de trésorerie

Le tableau des flux de trésorerie fait partie de la documentation financière que les entreprises de grande taille, en particuliers les groupes cotés en Bourse, doivent communiquer. Il n'y a pas de modèle imposé. Mais ils sont tous construits selon la structure de base exposée ci-dessus.

Des modèles sont proposés par le Conseil de l'Ordre des experts comptables (▶ tableau 4.1), et par la Centrale des bilans de la Banque de France (▶ tableau 4.2).

	N	N–1
Flux de trésorerie liés à l'activité Résultat net Élimination des charges et produits sans incidence sur la trésorerie ou non liés à l'activité : +/– Amortissements et provisions (hors actif circulant) – Plus values de cessions nettes d'impôts – Transfert de charges au compte de charges à répartir – Quote-part des subventions d'investissement virée au résultat		
Marge brute d'autofinancement (MBA)		
– Variation du besoin en fonds de roulement lié à l'activité – Variation des stocks – Variation des créances d'exploitation + Variation des dettes d'exploitation – Variation des autres créances liées à l'activité + Variation des autres dettes liées à l'activité		
Flux net de trésorerie généré par l'activité		
Flux de trésorerie liés aux opérations d'investissement – Acquisitions d'immobilisations + Cessions d'immobilisations nettes d'impôts + Réduction d'immobilisations financières +/– Variation des créances et dettes sur immobilisations		
Flux de trésorerie liés aux opérations d'investissement		
Flux de trésorerie liés aux opérations de financement – Dividendes versés +/– Incidence des variations de capital + Émission d'emprunts – Remboursement d'emprunt + Subventions d'investissement reçues		
Flux de trésorerie liés aux opérations de financement		
Variation de trésorerie		
Trésorerie à l'ouverture		
Trésorerie à la clôture		

▲ Tableau 4.1 **Tableau de variation de la trésorerie de l'OEC**

Flux de trésorerie	Montants
Activité	
Chiffre d'affaires et autres produits d'exploitation – Variation des créances clients et autres créances d'exploitation (Brutes)	
= Encaissements sur produits d'exploitation (a)	
Achats et autres charges d'exploitation – Variation des dettes fournisseurs et autres dettes d'exploitation	
= Décaissements sur charges d'exploitation (b)	
Flux de trésorerie d'exploitation (a) – (b) + Flux liés aux opérations hors exploitation – Intérêts décaissés – Impôt sur les bénéfices décaissés – Flux affectés à la participation des salariés – Distribution mise en paiement	
= Flux de trésorerie interne (A)	
Investissement	
+ Investissements d'exploitation hors production immobilisée + Acquisition de participations et autres titres immobilisés + Variation des autres actifs immobilisés hors charges à répartir – Subventions d'investissement reçues – Variation des dettes sur immobilisations – Encaissements sur cessions d'immobilisations	
= Flux liés à l'investissement (I)	
Financement	
Augmentation ou réduction de capital – Variation des créances sur capital appelé non versé	
= Flux lié au capital (C)	
Nouveaux emprunts – Remboursements d'emprunts	
= Variation des emprunts (D)	
Variation des crédits bancaires courants – Variation des créances cédées non échues	
= Variation de la trésorerie de passif (E)	
Flux lié au financement (F) = (C) + (D) + (E)	
Variation de trésorerie d'actif	
Variation de disponibilités Variation des valeurs mobilières de placement	
Variation de la trésorerie d'actif = (A) – (I) + (F)	

▲ Tableau 4.2 **Tableau des flux de trésorerie de la Centrale des bilans de la Banque de France**

2 Les flux de trésorerie d'exploitation

Définition

Les **flux de trésorerie d'exploitation** (*net cash flow from operating activities*) sont les flux générés par les opérations de gestion courante de l'entreprise (à l'exception des opérations liées à l'investissement et celles liées au financement).

Les flux d'entrée proviennent du chiffre d'affaires et des autres produits figurant au compte de résultat lors de leur encaissement, à l'exception de ceux qui sont générés par les cessions d'immobilisation (produits des cessions d'actif). Les flux de sortie sont générés par le paiement des charges engagées pour approvisionner, produire, vendre les biens et/ou les produits distribués à la clientèle.

Précisons que les flux provenant des charges et produits exceptionnels sur opérations de gestion sont inclus dans la catégorie des flux de trésorerie liés à l'exploitation. Leur caractère non récurrent ne leur enlève pas leur qualité d'opérations liées à l'exploitation. Ils peuvent faire partie des commentaires permettant de mesurer leur importance dans le montant des flux de trésorerie liés à l'exploitation présentés.

L'évaluation des flux de trésorerie d'exploitation s'effectue en deux étapes.

2.1 Première étape : l'évaluation de la ressource financière produite par l'exploitation

Elle consiste à évaluer le montant des produits encaissables figurant au compte de résultat (à l'exception des produits des cessions d'actif) et d'en déduire le montant des charges décaissables. On reconnaît ici la définition de la capacité d'autofinancement présentée dans le chapitre 2 du présent ouvrage.

C'est la seule ressource de l'entreprise (en dehors des subventions) qui n'engendre aucune dépendance vis-à-vis d'un tiers :

- Lorsque l'entreprise emprunte, elle doit restituer cette ressource en fonction des modalités prévues dans le contrat de prêt.
- Lorsque l'entreprise sollicite ses actionnaires pour constituer le capital social de l'entreprise lors de sa création ou pour l'augmenter au cours de son existence, elle s'engage vis-à-vis d'eux.

– En revanche, la capacité d'autofinancement est une ressource acquise définitivement à l'entreprise et qui n'engendre aucune dépendance vis-à-vis de ceux qui lui ont apportée. En quelque sorte, l'origine de la capacité d'autofinancement provient de ses clients.

Exemple

Cas Fil rouge

Compte de résultat

	N	N–1
Ventes de marchandises	650 000	540 000
Produits de cessions d'actif	25 000	
Achats de marchandises	240 000	253 000
Variation des stocks	20 000	(10 000)
Autres charges externes	110 000	98 000
Salaires et charges sociales	155 000	146 000
Dotations aux amortissements	45 000	25 000
Charges financières	7 000	8 000
Valeur comptable des actifs cédés	20 000	
Impôt sur les sociétés	21 000	3 000
Résultat net	57 000	17 000

À partir du compte de résultat, on calcule la capacité d'autofinancement des exercices N et N–1.

	N	N–1
+ Résultat net	52 000	17 000
+ Dotation aux amortissements	45 000	25 000
– Reprise sur provisions	0	0
– Produits des cessions d'actif	25 000	0
+ Valeur comptable des actifs cédés	20 000	0
= Capacité d'autofinancement	97 000	42 000

La capacité d'autofinancement est bien une ressource financière dans la mesure où elle est déterminée par différence entre des produits encaissables et des charges décaissables. Mais elle est calculée sans tenir compte des décalages entre un produit et son encaissement ni entre une charge et son décaissement. On ne peut donc pas être certain que l'entreprise a « encaissé » le montant (97 000 € dans notre exemple) de la capacité d'autofinancement.

Il faut donc tenir compte de ces décalages. C'est l'objet de la deuxième étape.

2.2 Deuxième étape : la prise en compte des décalages

Le décalage entre produits et encaissements d'une part, charges et décaissement d'autre part, se traduit par l'apparition de créances et de dettes au bilan.

Au cours d'un exercice, l'entreprise a encaissé le montant des créances existantes à la fin de l'exercice précédent auquel s'ajoute le montant des produits de l'exercice, déduction faite de leur part non encore encaissée dans l'exercice (créances existantes à la fin de l'exercice N).

Encaissé au cours de l'exercice =
Créances (N–1) + Produits (N) – Créances (N),

Soit : Encaissements de l'exercice =
Produits (N) + Δ Créances

De même,

Décaissé au cours de l'exercice =
Dettes (N–1) + Achats (N) – Dettes N.

Soit : Décaissements de l'exercice =
Achats (N) + Δ Dettes

Par conséquent, sur un exercice, c'est la variation des créances et des dettes entre le début et la fin de l'exercice qui permettra de tenir compte des décalages.

Le décalage entre les achats de matières premières et de marchandises (entrées en stocks) et les marchandises et matières consommées (sorties de stocks) enregistrées comme des charges au compte de résultat doit également être prise en compte.

Ce sont les achats de marchandises et de matières premières qui génèrent les dettes vis-à-vis des fournisseurs. Or le compte de résultat « corrige » le montant des achats par la variation des stocks pour déterminer le montant des achats « consommés » (▶ chapitre 2).

Pour reconstituer le montant des marchandises et matières premières achetées, il faudra éliminer la variation des stocks.

Achats = Achats consommés – Δ Stocks

En résumé, pour passer de la capacité d'autofinancement aux flux nets de trésorerie liés à l'exploitation, il est nécessaire de tenir compte des variations de créances et de dettes et de neutraliser la variation des stocks.

Le tableau 4.3 présente les rectifications à apporter à la capacité d'autofinancement pour obtenir le montant des flux de trésorerie encaissés et décaissés dans l'exercice.

	Capacité d'autofinancement
+	Variation des stocks (1)
+	Variation des créances (1)
+	Variation des dettes (2)
=	**Flux nets de trésorerie liés à l'exploitation**

(1) Si les stocks ou les créances augmentent, la variation est négative. Elle est positive dans le cas contraire.

(2) Si les dettes augmentent, la variation est positive. Elle est négative dans le cas contraire.

▲ Tableau 4.3 **Le calcul des flux nets de trésorerie d'exploitation (1)**

On remarque que le retraitement fait intervenir les stocks, les créances et les dettes, autrement dit les composantes du besoin en fonds de roulement. On peut donc en déduire le tableau synthétique ci-dessous :

	Capacité d'autofinancement
+	Variation du besoin en fonds de roulement (1)
=	**Flux nets de trésorerie d'exploitation**

(1) Une augmentation du besoin en fonds de roulement traduit une variation négative de la trésorerie. Dans le cas inverse, une partie de la trésorerie qui avait été investie dans le besoin en fonds de roulement est récupérée, la variation est positive.

▲ Tableau 4.4 **Le calcul des flux nets de trésorerie d'exploitation (2)**

Exemple

Cas Fil rouge

Bilan

Actif	N			N–1	Passif	N	N–1
	Brut	Amort.	Net	Net			
Immobilisations incorporelles	45 000	20 000	25 000	30 000	Capital social	50 000	50 000
Immobilisations corporelles	240 000	80 000	160 000	70 000	Réserves	87 000	80 000
Immobilisations financières	12 000		12 000	12 000	Résultat	57 000	17 000
Stocks	50 000		50 000	70 000	Emprunts et dettes ét. de crédit (1)	119 000	96 000
Créances clients	120 000		120 000	90 000	Fournisseurs	37 000	42 000
Disponibilités	4 000		4 000	16 000	Dettes fiscales et sociales	21 000	3 000
Total	**471 000**	**100 000**	**371 000**	**288 000**	**Total**	**371 000**	**288 000**
					(1) dont concours bancaires	36 000	0

Le calcul de la variation du besoin de fonds de roulement de l'exercice N est le suivant :

		Exercice N	Exercice N–1	Variation
+	Stocks	50 000	70 000	(20 000)
+	Créances clients	120 000	90 000	30 000
+	Autres créances	0	0	0
–	Dettes fournisseurs	37 000	42 000	5 000
–	Dettes fiscales et sociales	21 000	3 000	(18 000)
–	Autres dettes	0	0	0
=	Besoin en fonds de roulement	**112 000**	**115 000**	**(3 000)**

L'augmentation des créances clients et la diminution des dettes fournisseurs exigent respectivement 30 000 € et 5 000 € de trésorerie supplémentaire. En revanche la diminution des stocks libère 20 000 € de trésorerie et l'accroissement des dettes fiscales et sociales en apporte 18 000 €. L'effet sur la trésorerie est donc de :
20 000 € + 18 000 € – 30 000 € – 5 000 € = 3 000 €.
Le besoin en fonds de roulement du cas fil rouge a diminué de 3 000 € au cours de l'exercice N. L'évolution du besoin en fonds de roulement a donc permis de « libérer » 3 000 € de trésorerie qui étaient « investis » dans le cycle d'exploitation.
On peut donc en déduire dans le tableau ci-dessous le montant des flux nets de trésorerie d'exploitation.

+	**Capacité d'autofinancement**	97 000
+	**Variation du besoin en fonds de roulement**	3 000
=	**Flux net de trésorerie d'exploitation**	100 000

Ne disposant pas du bilan de l'exercice N–1, nous ne pouvons pas calculer la variation du besoin en fonds de roulement de l'exercice N–1. Il nous est donc ici impossible de calculer les flux nets de trésorerie liés à l'exploitation de l'exercice N–1.

EN PRATIQUE

L'excédent de trésorerie d'exploitation de l'Ordre des experts comptables

Pour les entreprises de taille modeste (TPE, PME,...) pour lesquelles l'établissement d'un tableau de flux de trésorerie représenterait une charge trop importante, l'OEC a conçu un outil permettant de calculer les flux de trésorerie liés à l'exploitation à partir de l'excédent brut d'exploitation (► chapitre 3) : l'excédent de trésorerie d'exploitation. Il permet, sans calculs ni retraitements complexes, de mesurer la capacité de l'entreprise de créer du cash à partir de son exploitation (voir l'application ci-contre).

Exemple Cas Fil rouge :

+	**Excédent brut d'exploitation**	125 000
+	**Variation du besoin de fonds de roulement**	3 000
=	**Excédent de trésorerie d'exploitation**	128 000

2.3 L'interprétation des flux de trésorerie liés à l'exploitation

L'interprétation porte sur la capacité d'autofinancement que l'entreprise a dégagée et sur l'évolution du besoin en fonds de roulement. La capacité d'autofinancement est directement liée à la profitabilité (autrement dit, la capacité de l'entreprise à créer de bénéfice). Le besoin en fonds de roulement résulte de la façon dont l'entreprise a géré ses stocks, ses encours clients et ses dettes fournisseurs. On peut donc dégager plusieurs typologies de situations exprimées dans les cas de figure ci-dessous :

Cas n° 1 L'entreprise améliore sa profitabilité par le développement de ses activités. Sa croissance génère une augmentation de son besoin en fonds de roulement maîtrisée dont la progression est limitée.

Cas n° 2 L'entreprise améliore sa profitabilité. De plus, elle a mis en place des actions pour éviter que le besoin de fonds de roulement n'augmente, voire qu'il régresse : réduction des stocks, réduction des encours clients, accroissement des délais fournisseurs.

Cas n° 3 L'entreprise connaît des difficultés sur son activité et perd en profitabilité mais a mis en place des actions pour réduire ses stocks et/ou ses encours clients et/ou en retardant ses règlements fournisseurs.

Cas n° 4 L'entreprise améliore sa profitabilité. Celle-ci génère un besoin en fonds de roulement dont la croissance est plus élevée, soit qu'elle concentre son développement sur des activités exigeant un besoin de fonds de roulement élevé, soit qu'elle n'ait pas maîtrisé les composantes de son besoin de fonds de roulement.

Cas n° 5 L'entreprise assiste à une dégradation de sa profitabilité. Son besoin de fonds de roulement continue d'augmenter, soit qu'elle n'ait pas encore pris des mesures pour réduire ses stocks, soit que ses clients aient des difficultés de trésorerie.

Cas n° 6 L'entreprise assiste à une dégradation de sa profitabilité, mais elle a pris des mesures pour réduire la dégradation de sa trésorerie en mettant en place une politique de réduction de son besoin de fonds de roulement.

Exemple

Flux de trésorerie : Piscine Desjoyaux

	31/08/13	31/08/12	31/08/11
Résultat net consolidé	**1 967**	**3 046**	**4 659**
Capacité d'autofinancement	**8 350**	**9 795**	**10 172**
Coût de l'endettement financier net	660	844	781
Charges d'impôts de la période	1 480	2 010	2 792
Capacité d'autofinancement avant coût de l'endettement financier et impôts	**10 490**	**12 649**	**13 745**
Charges d'impôts (hors impôts différés)	(700)	(1 424)	(2 715)
Variation du BFR lié à l'activité	1016	(1 880)	1 115
Flux net de trésorerie généré par l'activité	**10 806**	**9 345**	**12 145**

Source : rapports annuels 2012 et 2013.

Commentaires :

– le résultat net consolidé est en diminution constante ;

– la capacité d'autofinancement avant coût de l'endettement financier et impôts diminue à peu près au même rythme (environ 1 000 K€ par exercice) ;

– le flux net de trésorerie généré par l'activité diminue fortement sur l'exercice 2012 bien que la charge d'impôts ait diminué, en raison d'une dégradation du besoin en fonds de roulement. Il augmente sur l'exercice 2013 grâce à la diminution de la charge fiscale d'une part et d'une meilleure maîtrise du besoin en fonds de roulement d'autre part.

On remarque que les Piscines Desjoyaux ont adopté la position de certains auteurs qui considèrent que les charges et les produits financiers font partie des opérations de financement. Ils excluent donc des flux d'exploitation ceux qui proviennent des produits et des charges financières. Ils les reportent dans les flux de trésorerie liés au financement.

3 Les flux de trésorerie d'investissement

3.1 L'évaluation des flux de trésorerie d'investissement

Définition

Les **flux de trésorerie d'investissement** (*cash flow from investing activities*) résultent des décisions qui font évoluer l'actif immobilisé de l'entreprise: les acquisitions d'immobilisation d'une part, et les cessions d'immobilisations de l'autre.

Les réévaluations d'immobilisations qui viennent augmenter l'actif immobilisé mais qui n'engendrent aucun besoin de financement ne sont pas prises en compte. Il en est de même pour les biens immobilisés issus d'apports en nature à titre gratuit, la contrepartie de l'investissement étant uniquement constituée par l'attribution de parts de capital « gratuites ».

Exemple

Une entreprise a investi dans un matériel d'une valeur de 150 000 € en remplacement d'une machine dont la valeur nette comptable était de 50 000 € et qu'elle a cédé pour un montant de 60 000 €.

Extrait du tableau des flux de trésorerie :

+	Investissements de l'exercice	(150 000)
+	Cessions d'immobilisations	60 000
=	Flux nets de trésorerie liés à l'investissement	(90 000)

Exemple

Cas Fil rouge

Le compte de résultat comprend des cessions d'actifs pour une valeur de 25 000 € (voir compte de résultat N). Le montant des investissements réalisés au cours de l'exercice N est de 150 000 €.

+	Investissements de l'exercice	(150 000)
–	Cessions d'immobilisations	25 000
=	Flux nets de trésorerie d'investissements	(125 000)

On remarque que l'entreprise a cédé des immobilisations (25 000 €) pour investir (150 000 €). Elle a probablement pour stratégie de développer des marchés actuels ou de se positionner sur d'autres activités tout en rénovant son outil de travail existant.

3.2 L'interprétation des flux de trésorerie d'investissement

Les flux de trésorerie d'investissement permettent de mesurer les efforts d'investissements réalisés par l'entreprise (investissements) et des adaptations éventuelles (cessions d'immobilisations) au cours de l'exercice. Une entreprise dont les investissements sont élevés (plus élevés que le montant des dotations aux amortissements de l'exercice) et les cessions faibles ou nulles est dans une stratégie de croissance. Une entreprise dont les investissements sont élevés mais qui a cédé des immobilisations est plutôt dans une stratégie de croissance et de reconfiguration de son outil de travail. Une entreprise qui investit peu et ne cède aucune immobilisation est dans une position d'attente. Une entreprise qui investit peu et cède des immobilisations est dans une stratégie de recentrage.

Exemple

Flux de trésorerie lié à l'investissement : Piscine Desjoyaux

	31/08/13	31/08/12	31/08/11
Décaissement/acquisitions immobilisations incorporelles	(90)	(459)	(446)
Décaissement/acquisitions immobilisations corporelles	(4 773)	(7 240)	(8 410)
Encaissement/cessions immobilisations corporelles et incorporelles	20	107	2 794
Décaissement/acquisitions immobilisations financières	(61)	(120)	(19)
Encaissement/cessions immobilisations financières	99	13	20
Trésorerie nette/acquisitions et cessions de filiales			(680)
Flux net de trésorerie lié aux opérations d'investissement	(4 805)	(7 699)	(6 741)

Source : rapports annuels 2012 et 2013.

Commentaires :

– Le rythme des investissements faiblit sur les 3 exercices mais reste malgré tout assez soutenu.

– On constate sur 2011 un décaissement engendré par l'acquisition d'une filiale; sur les exercices suivants le périmètre du Groupe paraît être stabilisé.

4 Les flux de trésorerie de financement

Ils constituent la troisième catégorie de flux, celle qui concerne la gestion des financements de l'entreprise.

4.1 Calcul des flux de trésorerie de financement

Définition

Les **flux de trésorerie liés aux opérations de financement** (*cash flow from financing activities*) correspondent aux encaissements liés aux sources de financement auxquelles l'entreprise a fait appel d'une part, aux décaissements engendrés par le remboursement de ces financements en fonction des modalités contractuelles. Ils comprennent également les décaissements liés aux versements de dividendes, et pour les entreprises qui se sont endettées, au règlement des charges financières correspondantes.

Le tableau présente les sources de financement, telles que les augmentations de capital, les nouveaux emprunts ou les subventions d'investissements (flux entrants) d'une part, les versements de dividendes et les remboursements d'emprunts (flux sortants) d'autre part.

Concernant l'augmentation de capital, il est d'usage d'exclure les augmentations de capital par incorporations de réserves qui donnent lieu à la distribution d'actions « gratuites », c'est-à-dire ne générant pas de flux de trésorerie.

Exemple

Cas Fil rouge

Pour élaborer cette troisième partie du tableau, il est nécessaire que l'entreprise fournisse des informations que l'on ne peut pas obtenir à une simple lecture du bilan, à savoir :

- le montant des emprunts souscrits dans l'exercice : 10 000 €
- le montant des emprunts remboursés dans l'exercice : 23 000 €
- le montant des dividendes versé : 17 000 €

+	Augmentation de capital	–
+	Subventions d'investissement	–
+	Emprunts souscrits dans l'exercice	10 000
+	Produits financiers (a)	–
–	Remboursements d'emprunts	(23 000)
–	Dividendes versés	(10 000)
=	Flux nets de trésorerie liés au financement	(23 000)

4.2 L'interprétation des flux de trésorerie liés au financement

L'analyse des flux de trésorerie liés au financement révèle la stratégie de financement choisie. L'entreprise a-t-elle eu recours à des moyens de financement ? Si, oui, lesquels ? Quel est le montant des remboursements d'emprunts qu'elle a effectués dans l'exercice ? A-t-elle distribué des dividendes à ses actionnaires ? Le montant net de ces flux traduit-il une réduction de ses sources de financement à moyen et long terme ? Ces choix de financement renforcent-ils sa structure financière ?

Exemple

Flux de trésorerie lié au financement : Piscine Desjoyaux

	31/08/13	31/08/12	31/08/11
Augmentation de capital ou apports	0	0	0
Dividendes versés aux actionnaires de la société mère	(4 573)	(4 582)	(4 312)
Dividendes versés aux minoritaires	(17)	(32)	(28)
Encaissement provenant d'emprunts	5 942	3 810	12 000
Coût de l'endettement financier net	(660)	(844)	(781)
Remboursement d'emprunts	(6 679)	(6 484)	(6 634)
Flux nets de trésorerie liés aux opérations de financement	(5 987)	(8 132)	245

Source : rapports annuels 2012 et 2013.

Commentaires :
– l'entreprise n'a pas fait appel aux actionnaires au cours des 3 exercices, mais leur a versé des dividendes conséquents régulièrement ;
– elle a utilisé l'emprunt comme variable d'ajustement, levant des emprunts substantiels au cours de l'exercice 2011 et couvrant une partie des remboursements d'emprunts par de nouveaux emprunts au cours des deux exercices suivants.

5 Le tableau des flux de trésorerie : synthèse et analyse globale

La présentation globale du tableau, qui réunit les trois catégories de flux de trésorerie permet de déterminer la variation globale de la trésorerie et de faire une analyse globale de son évolution. Le tableau global regroupe les trois catégories de flux de trésorerie, fait apparaître la variation globale de la trésorerie, la trésorerie existante au début de chaque exercice et la trésorerie existante à la clôture de chaque exercice.

Exemple

Cas Fil rouge

Flux nets de trésorerie liés à l'exploitation	100 000
Flux nets de trésorerie liés à l'investissement	(125 000)
Flux nets de trésorerie liés au financement	(23 000)
Variation nette de la trésorerie	**(48 000)**
Trésorerie début de l'exercice	**16 000**
Trésorerie fin d'exercice	**(32 000)**

La trésorerie, qui était excédentaire à la clôture de l'exercice N–1 est devenue déficitaire.

Exemple

La trésorerie et son évolution : Piscine Desjoyaux

	31/08/13	31/08/12	31/08/11
Résultat net consolidé	1 967	3 046	4 659
Capacité d'autofinancement	8 350	9 795	10 172
Coût de l'endettement financier net	660	844	781
Charges d'impôts de la période	1 480	2 010	2 792
Capacité d'autofinancement avant coût de l'endettement financier et impôts	10 490	12 649	13 745
Charges d'impôts (hors impôts différés)	(700)	(1 424)	(2 715)
Variation du BFR lié à l'activité	1016	(1 880)	1 115
Flux net de trésorerie généré par l'activité	**10 806**	**9 345**	**12 145**
Décaissement/acquisitions immobilisations incorporelles	(90)	(459)	(446)
Décaissement/acquisitions immobilisations corporelles	(4 773)	(7 240)	(8 410)
Encaissement/cessions immobilisations corporelles et incorporelles	20	107	2 794
Décaissement/acquisitions immobilisations financières	(61)	(120)	(19)
Encaissement/cessions immobilisations financières	99	13	20
Trésorerie nette/acquisitions et cessions de filiales			(680)
Flux net de trésorerie lié aux opérations d'investissement	**(4 805)**	**(7 699)**	**(6 741)**
Augmentation de capital ou apports	0	0	0
Dividendes versés aux actionnaires de la société mère	(4 573)	(4 582)	(4 312)
Dividendes versés aux minoritaires	(17)	(32)	(28)
Encaissement provenant d'emprunts	5 942	3 810	12 000
Coût de l'endettement financier net	(660)	(844)	(781)
Remboursement d'emprunts	(6 679)	(6 484)	(6 634)
Flux nets de trésorerie lié aux opérations de financement	(5 987)	(8 132)	245
Variation de trésorerie nette	**14**	**(6 486)**	**5 649**
Trésorerie à l'ouverture	**20 201**	**26 687**	**21 038**
Trésorerie à la clôture	**20 215**	**20 201**	**26 687**

Commentaires :
La trésorerie de l'entreprise, sur les 3 exercices, a toujours été au-dessus de 20 000 €. On note pour l'année 2012 une légère dégradation : la variation négative de la trésorerie (– 6 486) est liée à des investissements importants et à des versements de dividendes. Dans le même temps, l'activité a permis de générer moins de flux alors que la société a privilégié le remboursement des emprunts.

5.1 L'interprétation du tableau des flux de trésorerie

On a porté un premier jugement sur les trois principales catégories de flux. Mais les décisions liées à l'exploitation, à l'investissement ou au financement ne sont pas étrangères les unes des autres. Il est donc indispensable de les rapprocher pour obtenir une vision globale de la situation de trésorerie de l'entreprise.

5.2 Le flux net de trésorerie d'exploitation et l'investissement : le *free cash flow*

Le rapprochement du flux net de trésorerie d'exploitation et des investissements réalisés dans la période permet de savoir si l'entreprise a été capable de financer son programme d'investissement par ses propres moyens et s'il lui reste un solde positif, le *free cash flow*. Ce solde révèle la capacité de l'entreprise à assurer son désendettement, rémunérer ses actionnaires, se constituer une réserve de trésorerie pour anticiper des développements futurs.

Exemple

Cas Fil rouge

+	Flux nets de trésorerie liés à l'exploitation	100 000
+	Investissements de l'exercice	(125 000)
=	*Free cash flow*	(25 000)

Le flux net de trésorerie d'exploitation n'a pas été suffisant pour financer la totalité du programme d'investissement. L'entreprise doit trouver des financements complémentaires.

Exemple

Le *free cash flow* : Piscines Desjoyaux

	31/08/13	31/08/12	31/08/11
Flux net de trésorerie lié à l'activité	10 806	9 345	12 145
Investissements nets	(4 805)	(7 699)	(6 741)
Free cash flow	6 001	1 646	5 404

Le *free cash flow* est toujours positif sur les années 2011 à 2013. Le groupe est capable d'assurer le financement de ses investissements grâce à ses propres ressources.

5.3 Le flux net de trésorerie d'exploitation et le financement externe : la capacité de remboursement

Les banquiers privilégient le rapprochement entre le flux net de trésorerie d'exploitation et les remboursements d'emprunts effectués par l'entreprise pour évaluer la capacité de l'entreprise à faire face à ses échéances. Il mesure ainsi le risque de défaut de paiement. Ils estiment que le remboursement en capital des emprunts ne doit pas dépasser 50 % du flux net de trésorerie d'exploitation. Pour les PME, les banquiers se contentent de mesurer le poids des remboursements par rapport à la capacité d'autofinancement.

Exemple

Cas Fil rouge

Remboursement de l'exercice	23 000
Flux net de trésorerie d'exploitation	100 000
Ratio	23 %

Le ratio, très favorable, indique que l'entreprise ne devrait pas avoir de difficulté à assurer le remboursement de ses emprunts.

Exemple

Le *free cash flow* : Piscine Desjoyaux

	31/08/13	31/08/12	31/08/11
Flux net de trésorerie lié à l'activité	10 806	9 345	12 145
Remboursement d'emprunts	6 679	6 484	6 634
Flux net de trésorerie d'exploitation	10 806	9 345	12 145
Ratio	62 %	69 %	55 %

Le ratio, un peu plus élevé que la norme indique que le Groupe doit être vigilant. Sans un apport de capitaux propres il aurait probablement des difficultés à élever son niveau d'endettement.

5.4 Le flux net de trésorerie d'exploitation et les besoins de financement

En rapprochant le flux net de trésorerie d'exploitation des prélèvements effectués pour l'investissement, le remboursement des emprunts et le versement de dividendes, on met en évidence le solde, qui traduit soit un besoin de financement à combler, soit un surplus qui vient renforcer la trésorerie de l'entreprise.

Exemple

Cas Fil rouge

+	**Flux nets de trésorerie liés à l'exploitation**	100 000
+	**Investissements de l'exercice**	(125 000)
+	**Remboursement d'emprunts**	(23 000)
+	**Dividendes versés dans l'exercice**	(10 000)
=	**Le solde**	(58 000)

Le solde fait apparaître un déficit de 58 000 €. Si l'entreprise n'a pas besoin de faire d'investissements supplémentaires les prochains exercices, si elle maintient son niveau de profitabilité et qu'elle gère bien son besoin en fonds de roulement, elle doit pouvoir reconstituer sa trésorerie. La prudence devrait la conduire à suspendre temporairement ses versements de dividendes.

Exemple

Besoin de financement : Piscine Desjoyaux

Besoin de financement	31/08/13	31/08/12	31/08/11
Flux net de trésorerie lié à l'activité	10 806	9 345	12 145
Investissements nets	(4 805)	(7 699)	(6 741)
Remboursement d'emprunts	(6 679)	(6 484)	(6 634)
Coût de l'endettement financier net	(660)	(844)	(781)
Dividendes versés aux actionnaires de la société mère	(4 573)	(4 582)	(4 312)
Dividendes versés aux minoritaires	(17)	(32)	(28)
Solde	(5 928)	(10 296)	(6 351)

Sur les trois exercices étudiés, l'imputation des décaissements liés à l'investissement et au financement sur le flux net de trésorerie lié à l'exploitation montre un déficit qui s'élève au total à 22 575 M€. En se reportant à la partie 3 du tableau de trésorerie (flux liés au financement), on constate que ce besoin net de financement a été couvert par la souscription de nouveaux emprunts dont le montant total s'élève à 21 572 M€. On peut constater le montant substantiel des dividendes versés sur les 3 exercices et qui représente un total de 13 476 M€ malgré des résultats nets qui ne s'élèvent au total qu'à 9 672 M€. En conclusion l'entreprise a privilégié l'intérêt de ses actionnaires grâce au maintien de son niveau d'endettement.

3 questions à

Jean-Christophe **Pic**

Expert en finance d'entreprise

Pour quelles raisons le tableau de flux de trésorerie s'est-il imposé dans la communication financière des sociétés cotées ?

Tout d'abord la présentation des documents financiers est de plus en plus fixée par des normes internationales (IAS et IFRS) dans lesquelles le cash est prédominant. D'autre part, les fonds de pensions et les fonds d'investissement ont pris comme indicateur principal la création de cash disponible (*free cash flow*).

Le tableau des flux de trésorerie peut-il trouver sa place dans les outils d'analyse financière des PME ?

L'appropriation du tableau de trésorerie est une démarche très pertinente pour les PME. En effet, en découpant les mouvements de trésorerie entre exploitation, investissement et financement, la PME comprendra mieux les causes des variations de sa trésorerie. Cet outil permet de mettre en place des actions correctrices (niveau de capacité d'autofinancement, d'EBITDA, de contrôle du BFR) mais aussi d'anticiper et de travailler aux grands équilibres (niveau d'investissement versus leur financement).

Quelles sont les précautions à prendre pour tirer le meilleur parti du tableau de flux de trésorerie ?

L'exploitation du tableau de flux de trésorerie ne doit pas conduire à une démarche à court terme où la chasse au cash pourrait amener à des décisions défavorables pour la pérennité de l'entreprise : dégradation de la relation client, problèmes de qualité dus aux tensions sur le flux de production, absence d'investissement, choix d'investissement à court terme… La culture cash ne doit pas « crisper » l'organisation. Lorsque qu'elle est trop marquée « cash », l'entreprise peut en oublier les valeurs humaines et organisationnelles, primordiales pour le succès de son capital immatériel. ■

Les points **clés**

- Le tableau de flux de trésorerie est un instrument essentiel pour comprendre l'évolution de la trésorerie de l'entreprise. Sa présentation n'est pas normée. Il existe plusieurs modèles de présentation (OEC, Centrale des bilans de la Banque de France...).

- L'équilibre financier de l'entreprise dépend de sa capacité à dégager des flux de trésorerie suffisants à partir de son exploitation.

- L'analyse du tableau flux passe par une analyse comparative des flux liés à l'exploitation, des flux liés à l'investissement, d'une part, et des flux liés au financement, d'autre part, et de leur mise en cohérence.

- Le tableau des flux de trésorerie est un outil qui doit se synchroniser avec l'analyse des bilans et l'analyse des comptes de résultat pour que l'on puisse obtenir une vision complète à la fois structurelle et dynamique de la gestion financière de l'entreprise.

APPLICATIONS

▶ Corrigés p. 284

Quiz

Vrai ou faux ?

1 **La capacité d'autofinancement représente les flux de trésorerie générés par l'exploitation au cours de l'exercice.**

a. Vrai.
b. Faux.

2 **Une société qui a réalisé une augmentation de capital par incorporation de réserves au cours d'un exercice en porte le montant dans les flux de trésorerie générés par le financement.**

a. Vrai.
b. Faux.

3 **Les flux de trésorerie liés aux charges exceptionnelles sur opérations de gestion sont portés dans les flux de trésorerie générés par l'exploitation.**

a. Vrai.
b. Faux.

4 **L'analyse du tableau des flux de trésorerie permet de juger si l'entreprise qui a versé des dividendes à ses actionnaires a eu raison de le faire.**

a. Vrai.
b. Faux.

5 **Si le *free cash flow* de l'entreprise est négatif, cela signifie que ses décisions financières n'ont pas été pertinentes.**

a. Vrai.
b. Faux.

6 **Pour construire le tableau des flux de trésorerie d'un exercice, vous n'avez besoin que du bilan et du compte de résultat de l'exercice.**

a. Vrai.
b. Faux.

7 **Lors d'une augmentation de capital un actionnaire fait un apport en nature. Cet apport sera pris en compte dans le tableau des flux de trésorerie.**

a. Vrai.
b. Faux.

8 **En analysant le tableau des flux de trésorerie qui lui a été communiqué, un analyste financier peut juger si la situation financière de l'entreprise est saine.**

a. Vrai.
b. Faux.

9 **L'analyse d'un tableau de trésorerie s'obtient en analysant une par une les trois catégories de flux de trésorerie.**

a. Vrai.
b. Faux.

10 **À partir du tableau des flux de trésorerie, un auditeur peut mesurer la capacité de l'entreprise à rembourser ses emprunts.**

a. Vrai.
b. Faux.

Mises en situation

11 Activi

Vous disposez du compte de résultat de l'exercice N et des bilans des exercices N et N–1 de la société Activi, producteur d'appareils de chauffage à bois (annexe). Les montants sont en K€. Les services comptables vous ont fourni les informations suivantes :
– la valeur comptable des actifs cédés concerne un matériel de production ;
– l'entreprise a versé 1 803 K€ de remboursement d'emprunts au cours de l'exercice ;

– la société a augmenté son capital par émission d'actions nouvelles, émises à la valeur nominale (sans prime d'émission).

1. Calculez le montant des investissements réalisés par Activi dans l'exercice N.

2. Calculez le montant des emprunts souscrits au cours de l'exercice N.

3. Calculez le montant des dividendes versés au cours de l'exercice N.

4. Établissez le tableau des flux de trésorerie de la société Activi pour l'exercice N selon le modèle ci-dessous.

Résultat net	
Dotation aux amortissements et provisions	
Reprise sur amortissements et provisions	
Produits des cessions d'actif	
Valeur comptable des actifs cédés	
Capacité d'autofinancement	
Variation des stocks de matières premières	
Variation des stocks de produits finis	
Variation des créances clients	
Variation des autres créances	
Variation des dettes fournisseurs	
Variation des dettes fiscales et sociales	
Variation des autres dettes	
Variation du besoin en fonds de roulement	
Flux nets de trésorerie d'exploitation	
Cessions d'immobilisations	
Acquisition d'immobilisations	
Flux nets de trésorerie d'investissement	
Augmentation de capital	
Emprunts souscrits dans l'exercice	
Remboursement d'emprunts	
Dividendes versés	
Flux nets de trésorerie de financement	
Variation de trésorerie exercice N	
Trésorerie début	
Trésorerie fin	

▲ **Tableau des flux de trésorerie Activi – Exercice N**

ACTIF	Brut	Amort. Prov.	Net	PASSIF	Net
Immobilisations incorporelles	76	76	0	Capital social	4 388
Immobilisations corporelles	10 310	5 105	5 205	Réserves	7 268
Immobilisations financières	2 617		2 617	Report à nouveau	0
Stocks de matières premières	1 410		1 410	Résultat de l'exercice	2 630
Stocks de produits finis	3 733	431	3 302	Provisions pour risques et charges	1 439
Créances clients	14 590	45	14 545	Emprunts et dettes auprès et. crédit (a)	6 746
Autres créances	2 962		2 962	Dettes fournisseurs	8 016
Valeurs mobilières de placement	1 300		1 300	Dettes fiscales et sociales	1 474
Disponibilités	3 019		3 019	Autres dettes	2 399
Total Actif	**40 017**	**5 657**	**34 360**	**Total Passif**	**34 360**
				(a) Dont concours bancaires	245

▲ **Bilan Activi exercice N–1**

Actif	Brut	Amort. Prov.	Net	Passif	Net
Immobilisations incorporelles	76	76	0	Capital social	5 400
Immobilisations corporelles	10 790	5 529	5 261	Réserves	7 700
Immobilisations financières	2 700		2 700	report à nouveau	40
Stocks de matières premières	1 200		1 200	Résultat de l'exercice	2 425
Stocks de produits finis	5 520	400	5 120	Provisions pour risques et charges	1 400
Créances clients	16 500	40	16 460	Emprunts et dettes auprès et crédit (a)	5 900
Autres créances	2 134		2 134	Dettes fournisseurs	6 600
Valeurs mobilières de placement	1 000		1 000	Dettes fiscales et sociales	2 200
Disponibilités	590		590	Autres dettes	2 800
Total Actif	**40 510**	**6 045**	**34 465**	**Total Passif**	**34 465**
				(a) Dont concours bancaires	0

▲ **Bilan Activi exercice N**

Production vendue	58 750
Production stockée	1 787
Reprise sur amortissements et provisions	500
Total produits d'exploitation	**61 037**
Achats matières premières	1 394
Variation stocks matière premières	(210)
Autres achats et charges externes	51 200
Salaires et charges sociales	3 579
Dotation amortissements	503
Dotations aux provisions	425
Total charges d'exploitation	**56 891**
Résultat d'exploitation	**4 146**
Produits financiers	34
Charges financières	201
Résultat financier	**(167)**
Résultat courant	**3 979**
Produits exceptionnels sur op. gestion	20
Produit des cessions d'actifs	510
Total produits exceptionnels	**530**
Charges exceptionnels sur op. gestion	80
Valeur comptable des actifs cédés	390
Total charges exceptionnelles	**470**
Résultat exceptionnel	**60**
Impôts et taxes	1 614
Résultat net	**2 425**

▲ **Compte de résultat Activi exercice N**

12 LEROM

La société LEROM exploite une librairie réputée dans une grande agglomération depuis de nombreuses années. La concurrence est très vive et pour la première fois depuis de nombreuses années, le chiffre d'affaires a baissé au cours de l'exercice N. Le nouveau directeur général a pour mission de redynamiser l'entreprise et envisage de réorienter l'activité en développant d'autres canaux de distribution. Il lui faudrait pour cela lancer un programme d'investissement ambitieux. Or la situation financière de l'entreprise et la situation tendue de la trésorerie l'inquiète. Il a fait établir par ses services comptables un tableau de flux de trésorerie sur les derniers exercices (voir ci-après).

1. Quel est l'intérêt de la notion de flux net de trésorerie d'exploitation ?

2. Commentez l'évolution de la situation financière de l'entreprise.

3. Que proposeriez-vous pour renforcer la situation financière de l'entreprise ?

	N	N–1	N–2
Résultat net	91 824	21 662	65 461
Dotation aux amortissements et provisions	4 323	3 656	3 124
Reprise sur amortissements et provisions			
Produits des cessions d'actif	(190)	(70)	
Valeur comptable des actifs cédés	248	145	
Capacité d'autofinancement	96 205	25 393	68 585
Produits financiers	(147)	0	0
Charges financières	18 544	25 914	28 223
Capacité d'autofinancement (hors charges et produits financiers)	114 896	51 307	96 808
Variation des stocks de marchandises	(34 001)	32 090	(61 319)
Variation des créances clients et autres créances	(24 594)	(9 224)	(12 776)
Variation des dettes fournisseurs et autres dettes	(23 299)	4 901	33 744
Variation des dettes fiscales et sociales			
Variation des autres dettes			
Variation du besoin en fonds de roulement	(81 894)	27 767	(40 351)
Flux nets de trésorerie d'exploitation	33 002	79 074	56 457
Cessions d'immobilisations	190	70	
Acquisition d'immobilisations	(7 676)	(8 280)	(456)
Flux nets de trésorerie d'investissement	(7 486)	(8 210)	(456)
Augmentation de capital			
Emprunts souscrits dans l'exercice	50 000		
Produits financiers	147	0	0
Charges financières	(18 544)	(25 914)	(28 223)
Remboursement d'emprunts	(58 319)	(40 759)	(25 838)
Dividendes versés	0	0	0
Flux nets de trésorerie de financement	(26 716)	(66 673)	(54 061)
Variation de trésorerie exercice N	(1 200)	4 191	1 940
Trésorerie début	1 280	(2 911)	(4 851)
Trésorerie fin	80	1 280	(2 911)

▲ **Tableau des flux de trésorerie LEROM**

Chapitre 5

Comment un assureur calcule-t-il les provisions nécessaires aujourd'hui pour couvrir les retraites supplémentaires à verser demain ? Comment les pouvoirs publics évaluent-ils les coûts et les bénéfices environnementaux à court, moyen et très long terme des projets d'infrastructure ?

Dans un billet publié le 17 mars 2014 sur son blog (www.actense.fr/publications.php), le cabinet de conseil en protection sociale Actense, qui intervient auprès de souscripteurs de contrats de retraite supplémentaire, met en évidence l'impact de la diminution du taux d'actualisation pratiqué sur la provision de certains contrats qui s'est traduite par la détérioration du taux de couverture des souscripteurs.

Dans une étude publiée en mai 2011 intitulée « Taux d'actualisation et politiques environnementales : un point sur le débat », le Commissariat général au développement durable souligne la nécessité d'« actualiser » les pertes engendrées par la dégradation de l'environnement à court terme mais aussi à très long terme (les pertes futures) pour additionner les gains et les pertes à différentes dates dans la préparation des projets d'infrastructure, des projets de lois, etc.

Le taux d'actualisation reflète un concept fondamental de la théorie financière : la valeur temps de l'argent. Il est applicable en finance, mais aussi à plusieurs domaines de la vie réelle.

Ce chapitre expose les différents outils de mathématiques financières requis pour la prise de décision en matière de choix d'investissement (► chapitre 6) ainsi que pour l'estimation de la valeur des instruments financiers (► chapitres 8, 9, 10 et 11) et de leur rendement.

Mathématiques financières

Plan

Pré-requis

→ **Maîtriser** des outils mathématiques de base.

Compétences attendues

→ **Comprendre** la notion de valeur temps de l'argent et son rôle en finance.

→ **Découvrir** différents types de taux d'intérêts.

→ **Appliquer** les outils de mathématiques pour résoudre des problèmes financiers comme le choix de projets d'investissement (▶ chapitre 6) et l'évaluation des instruments financiers (▶ chapitres 8, 9, 10 et 11).

1 La valeur temps de l'argent

Si on propose à un individu de recevoir 1 000 € aujourd'hui ou seulement dans un an, il préférera sans doute avoir cette somme le plus tôt possible. Quelles sont les raisons qui motivent son choix ? Une des raisons premières de cette préférence pour le présent est le risque que l'argent perde de sa valeur avec le temps sous l'effet de l'inflation ou de l'évolution du taux de change : 1 € aujourd'hui vaut plus que 1 € demain.

De plus, plus tôt on gagne l'argent, plus tôt on peut l'investir et percevoir des intérêts. Il s'agit de la préférence d'investissement pour le présent. À cette dernière, s'ajoute la préférence pour la consommation : si on a le choix, on préfère recevoir l'argent le plus vite pour dépenser et consommer dans les plus brefs délais.

Ce principe fondamental de la théorie financière s'appelle la valeur temps de l'argent.

Définition

La **valeur temps de l'argent** (*time value of money*) est la différence entre la valeur future et la valeur actuelle d'un euro.

La notion de valeur temps de l'argent repose sur deux concepts : l'**actualisation** (*discounting*) qui permet de déterminer la valeur actuelle de l'argent futur et la **capitalisation** (*capitalisation* ou *compounding*) qui permet de déterminer la valeur future de la somme d'argent actuel.

Exemple

Si l'on reçoit 1 000 € aujourd'hui et qu'on les investit au taux de 10 % pendant un an, cette somme initiale de 1 000 € rapportera 100 € d'intérêts (1 000 × 0,1) en fin d'année. 1 100 € est la valeur future correspondante aux 1 000 € investis aujourd'hui.

1.1 La capitalisation

Exemple

Supposons maintenant que l'on dépose 1 000 € sur un compte offrant 10 % d'intérêt annuel pendant 2 ans. À la fin de la première année, on finit avec une somme de 1 100 €, dont 1 000 € correspondent à la mise initiale et les 100 € aux intérêts.

$$1\,000 + 1\,000 \times 0{,}1 = 1\,000\,(1 + 0{,}1) = 1\,100\text{ €}$$

Si on ne retire pas les intérêts, on recevra, à la fin de la deuxième année, notre investissement initial de 1 100 € (en début d'année) en plus des intérêts de 110 € (1 100 × 0,1 = 110).

Au total, ce placement produira 1 210 €

$$1\,100 + 1\,100 \times 0{,}1 = 1\,100\,(1 + 0{,}1) = 1\,000\,(1 + 0{,}1)(1 + 0{,}1) = 1\,000\,(1 + 0{,}1)^2 = 1\,210\text{ €}$$

Le calcul d'intérêts sur les intérêts s'appelle la **capitalisation**. Les intérêts se fondent dans la somme principale (la base du calcul des intérêts). Ainsi, la capitalisation est décrite par la formule suivante :

$$VF = VP(1 + r)^n$$

où VP est la valeur présente, valeur actuelle ou mise initiale, r est le taux d'intérêt et VF est la valeur future.

Cette équation possède une place centrale dans les calculs financiers de la vie au quotidien. Elle permet aux directeurs financiers de comparer la somme investie aujourd'hui dans un projet et le flux de trésorerie généré par ce projet dans l'avenir (▶ figure 5.1). C'est un outil mathématique de décision des choix d'investissement.

Exemple

Imaginons que vous avez reçu un cadeau de 5 000 € de la part de vos parents pour la fin de vos études dans une école de commerce (à ce moment, vous avez 22 ans). Vous placez cette somme dans une police d'assurance-vie qui garantit un taux d'intérêt annuel de 4 %. Quelle somme pourriez-vous récupérer à vos 30 ans, au moment où vous déciderez de récupérer l'argent pour acheter une voiture ?
Les 5 000 € seront capitalisés sur 8 ans (30 – 22) au taux de 4 %

$$5\,000(1 + 0{,}04)^8 \approx 6\,843 \text{ €}$$

En ayant placé initialement 5 000 €, vous obtiendrez 6 843 € au bout de 8 ans.

Définition

La **valeur future** (*future value*) est une valeur, à une date future, d'une somme placée aujourd'hui sur un compte épargne (ou investie dans un projet avec un taux de rentabilité annuel constant) sur une période donnée.

Pour une somme présente VP on peut également trouver la période n nécessaire pour capitaliser une somme future VF au taux annuel r.

$$n = \frac{\ln\left(\frac{VF}{VP}\right)}{\ln(1+r)}$$

Exemple

En plaçant 4 000 € aujourd'hui au taux composé de 10 %, combien de temps devrez-vous patienter pour pouvoir financer votre voyage à Bali, qui nécessite 7 000 € ?

$$n = \frac{\ln\left(\frac{7\,000}{4\,000}\right)}{\ln(1+0{,}1)} \approx 6 \text{ ans}$$

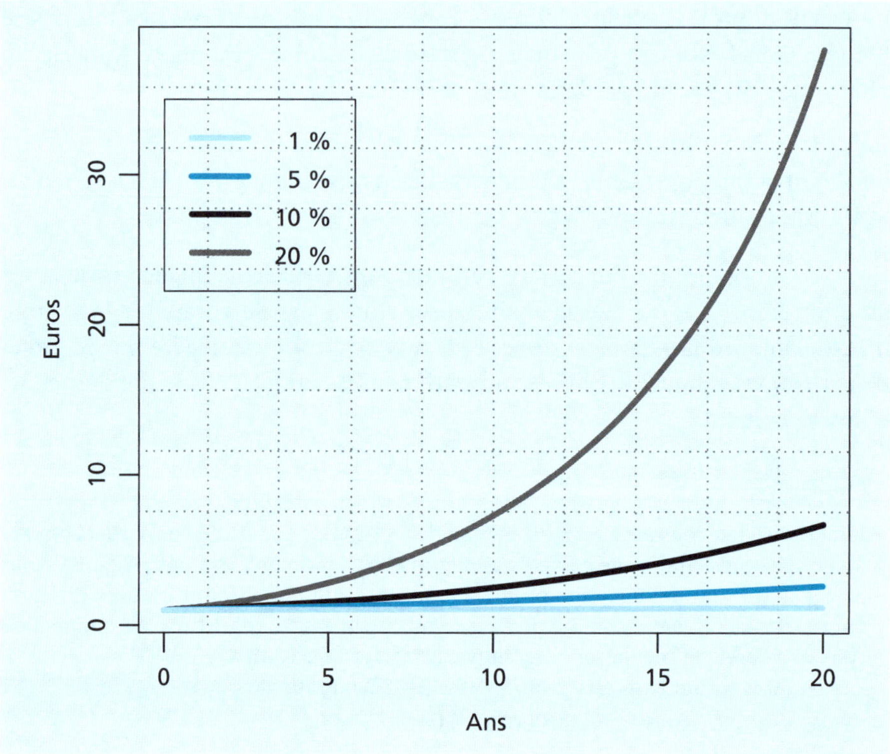

Figure 5.1 ▶ Capitalisation : l'évolution de la valeur future de 1 € initialement investi à différents taux

1.2 L'actualisation

Quelle somme doit-on placer sur le compte épargne pour pouvoir récupérer 50 000 € au bout de 20 ans ? Pour répondre à cette question, nous devons maîtriser la technique d'actualisation.

Définition

La **valeur actuelle** (*present value*) est l'équivalent aujourd'hui d'une somme qui sera perçue dans l'avenir.

Le calcul de cette valeur nécessite d'appliquer l'équation d'actualisation :

$$VP = \frac{VF}{(1+r)^n}$$

où VF est la valeur future, VP est la valeur actuelle ou mise initiale, r est le taux d'actualisation (*discount rate*) et n la durée de placement.

Cette approche d'actualisation est opposée à l'approche par capitalisation (▶ figure 5.2).

Exemple

Quelle somme doit-on placer aujourd'hui dans une assurance-vie offrant un taux d'intérêt de 4 % pour pouvoir espérer acheter une voiture au prix de 18 000 € dans 10 ans.

$$VP = \frac{18\,000}{(1+0,04)^{10}} = 12\,160$$

À partir de ce raisonnement, il est également possible de déterminer le taux d'actualisation s'il est inconnu :

$$r = \left(\frac{VF}{VP}\right)^{\frac{1}{n}} - 1$$

Exemple

Vous avez acheté une maison au prix de 210 000 € il y a 10 ans. Pendant cette période, la demande sur le marché immobilier a progressé d'une manière significative, ce qui a fait augmenter les prix du secteur. Aujourd'hui, vous comptez revendre cette maison au prix de 360 000 €. Quel taux de rendement réaliserez-vous sur cette opération ?

$$r = \left(\frac{360\,000}{250\,000}\right)^{\frac{1}{10}} - 1 \approx 3,71$$

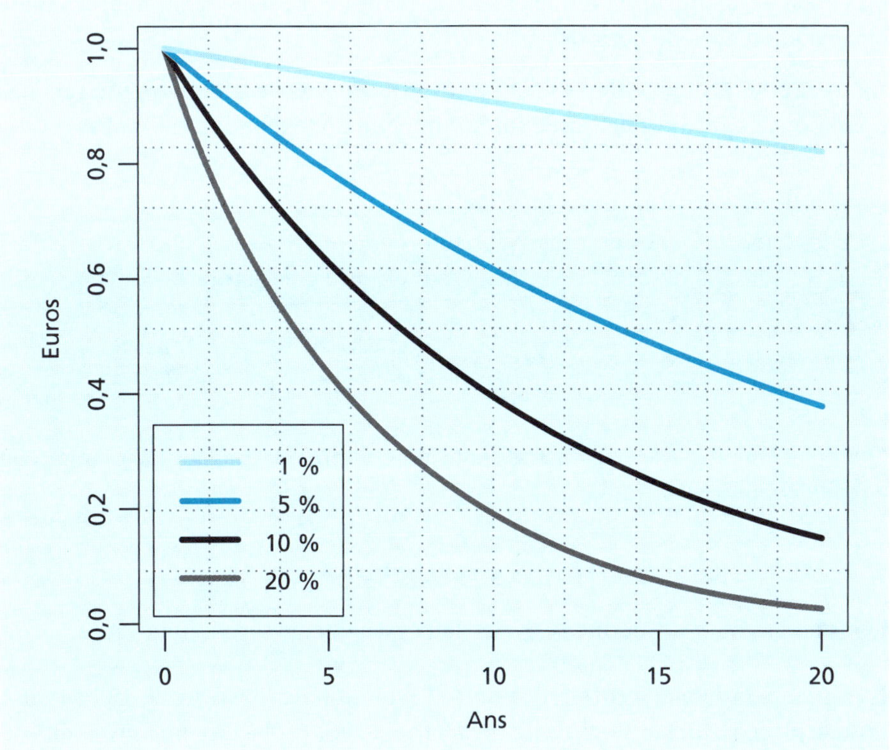

◀ **Figure 5.2**
Actualisation : l'évolution de la valeur actuelle de 1 € à différents taux

2 Les taux d'intérêt

Le taux nominal est souvent un taux annuel, mais la capitalisation ou le calcul des intérêts ont souvent une fréquence inférieure à l'année.

2.1 Les types de taux

Nous examinons ici les principaux types de taux qui diffèrent selon la modalité du calcul de l'intérêt.

Définition

Le principe des **intérêts simples** (*simple interest rate*) repose sur l'absence de capitalisation ou de composition des intérêts. Autrement dit, la mise initiale génère des intérêts qui ne sont pas réinvestis et donc ne cumulent pas d'intérêts sur les intérêts.

$$VF = VP \times (1 + r \times n)$$

où VF est la valeur future d'une valeur actuelle VP, r est le taux d'intérêt simple et n est le nombre de périodes.

La méthode des taux simples est plutôt utilisée pour calculer les intérêts des opérations financières de durée inférieure à un an (exemple : le livret A).

Définition

Le principe des **intérêts composés** (*compound interest rate*) repose sur l'idée que les intérêts perçus à une période ultérieure généreront à leur tour des intérêts dès la période suivante.

$$VF = VP \times (1 + r)^n$$

Quel placement est le plus intéressant : un compte épargne au taux simple ou au taux composé ?

$$(1 + r)^n < 1 + n \times r \quad \text{si } n < 1$$

$$(1 + r)^n > 1 + n \times r \quad \text{si } n > 1$$

Dans les cas où $n = 1$ et où $n = 0$, ces deux placements seront identiques.

La figure 5.3 illustre la différence entre l'évolution de la valeur de 1 € de mise initiale placée à un taux simple de 10 % et celle de 1 € placée à un taux composé de 10 % sur différentes périodes. Nous constatons que pour toute période supérieure à l'année, le placement à taux composé est plus rentable.

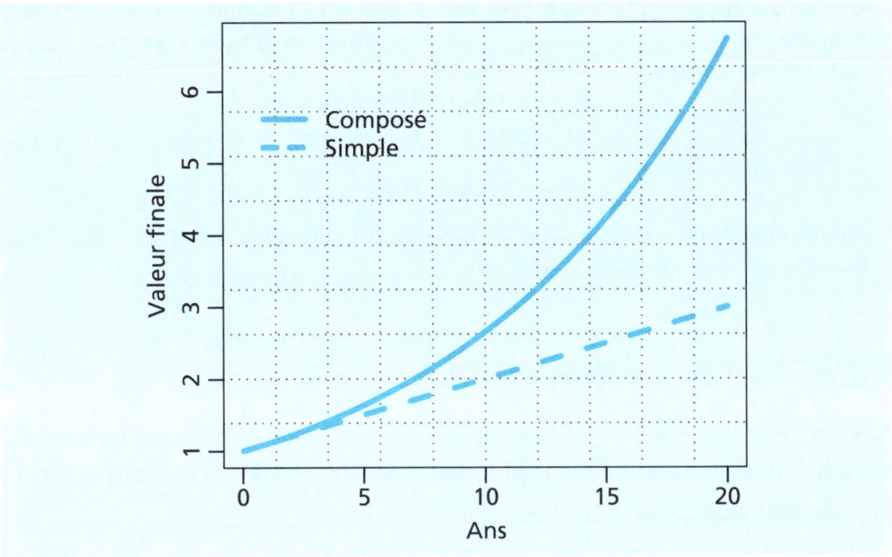

◄ Figure 5.3
Valeur finale de 1 € placée au taux nominal de 10 %

La figure 5.4 illustre la différence entre l'évolution de la valeur de 1 € de mise initiale placée à différents taux simples et celle de 1 € placée aux mêmes taux mais composés pendant 10 ans. La valeur résultant du placement à taux composé est plus intéressante pour l'investisseur pour un placement pendant 10 ans mais la différence diminue avec la décroissance du taux nominal, autrement dit, la différence entre les deux placements est faible pour des taux d'intérêt faibles.

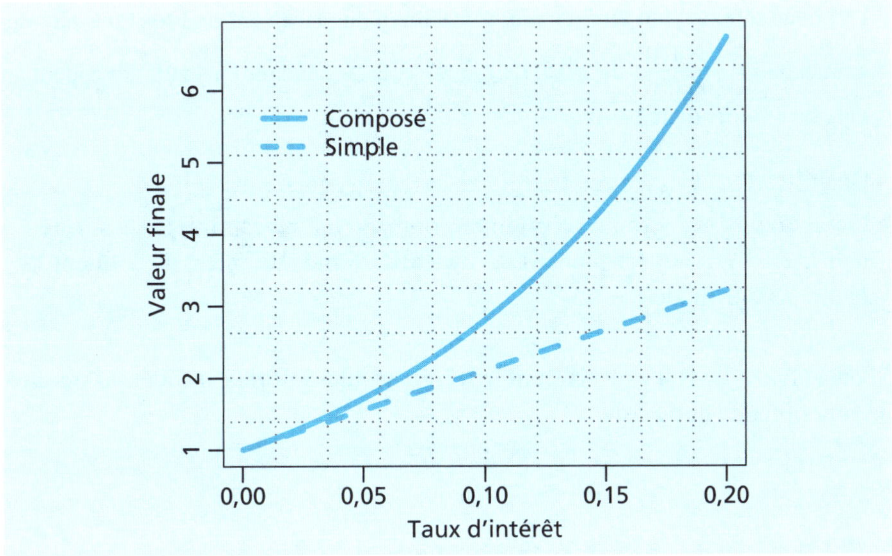

◄ Figure 5.4
Valeur finale de 1 € placée pendant 10 ans à différents taux

Exemple

Un placement pendant un an qui offre un intérêt **simple** de 1 % par mois rapportera-t-il autant qu'un placement pendant un an à intérêt **composé** à 1 % par mois ?
Pour une mise de 1 € au taux simple de 1 % mensuel, on disposera, au bout d'un an, de la somme suivante :

$$1 \times (1 + 0{,}01 \times 12) = 1{,}12 \text{ €}$$

Pour une mise de 1 € au taux composé de 1 % mensuel, on disposera, au bout d'un an, de la somme suivante :

$$1 \times (1 + 0{,}01)^{12} \approx 1{,}13 \text{ €}$$

POUR ALLER PLUS LOIN
► Voir p. 135

Ainsi, cet exemple vérifie qu'avec le même taux nominal, le taux composé est plus rentable que le taux simple pour $n > 1$.

2.2 Le taux équivalent

Les intérêts peuvent être composés à des fréquences différentes (annuelles, semestrielles, mensuelles, etc.) ; pour les comparer, nous faisons appel au principe du **taux équivalent** (*equivalent rate*).

Soit r le taux d'intérêt appliqué pour une période donnée n. Le taux équivalent à r pour une sous-période m est le taux qui, appliqué à des intérêts composés sur toutes les sous-périodes m composant la période n, aboutit à la même valeur que celle acquise en appliquant le taux r sur la période n.

Exemple

Pour un placement de 100 000 € pendant 2 ans au taux de 4 %, on recevra à la fin de notre horizon de placement 108 160 €.

$$100\,000 \times (1 + 0{,}04)^2 = 108\,160 \text{ €}$$

La même somme peut être obtenue à la suite d'un placement de 100 000 € au taux annuel de $r = \frac{108\,160}{100\,000} - 1 = 8{,}16$. Le taux de 8,16 % pendant un an est équivalent au taux de 4 % pendant 2 ans.

Définition

Deux taux r_1 et r_2 sont **équivalents** si pour un même capital, placé sur une même durée, à des fréquences de capitalisation différentes, ils donnent la même valeur finale.

Si on a $(1 + r_1) = (1 + r_2)^p$, p étant la fréquence des intérêts, la valeur d'un taux en fonction de l'autre est

$$r_1 = (1 + r_2)^p - 1$$

ou

$$r_2 = (1 + r_1)^{\frac{1}{p}} - 1$$

Exemple

Soit r_1 un taux annuel de 9 % et r_2 est un taux mensuel, p vaut donc 12 (une composition mensuelle). Le taux annuel équivalent à un taux annuel de 9 % avec une composition mensuelle est égal à :

$$1 + r_1 = \left(1 + \frac{9}{12}\right)^{12}$$

et

$$r_1 = \left(1 + \frac{9}{12}\right)^{12} - 1 = 9{,}38\ \%$$

Les investisseurs ont besoin de ce genre d'outils pour comparer différents produits d'épargne avec différentes fréquences ou composition de paiement d'intérêts.

Définition

Le **taux annuel effectif** (*effective annual rate*, EAR) correspond à un taux annuel capitalisé annuellement et prend en compte les effets de la fréquence de capitalisation.

Il permet de comparer deux taux d'intérêts avec des fréquences de capitalisation différentes. Il s'agit de convertir les deux taux à leur équivalence annuelle :

$$r_e = \left(1 + \frac{r}{m}\right)^{m \times n} - 1$$

Exemple

Quel compte doit-on privilégier :

- un compte qui offre 6 % annuellement avec une capitalisation annuelle ?
- un compte qui offre 6 % annuellement avec une capitalisation semi-annuelle ?
- un compte qui offre 6 % annuellement avec une capitalisation mensuelle ?

On doit calculer le taux annuel effectif pour chaque compte.

Pour un compte avec une capitalisation annuelle, le taux annuel effectif est de :

$$r_e = \left(1 + \frac{6}{1}\right)^{1 \times 1} - 1 = 6$$

Pour un compte avec une capitalisation semi-annuelle, le taux annuel effectif est de :

$$r_e = \left(1 + \frac{6}{2}\right)^{2 \times 1} - 1 = 6{,}09$$

Pour un compte avec une capitalisation mensuelle, le taux annuel effectif est de :

$$r_e = \left(1 + \frac{6}{12}\right)^{12 \times 1} - 1 = 6{,}17$$

Plus la fréquence est élevée, plus on peut cumuler des intérêts sur intérêts. Le compte qui offre le même taux avec une capitalisation plus fréquente est plus rentable.

Pour déterminer la valeur future d'un placement avec des intérêts composés payés plus fréquemment que l'année, nous pouvons utiliser l'équation suivante :

$$VF = VP\left(1+\frac{r}{m}\right)^{m\times n}$$

où n le nombre de périodes, m est le nombre de sous-périodes.

Exemple

Quelle somme disposera-t-on au bout de 2 ans pour un investissement de 100 € sur un compte au taux d'intérêt composé à 2,4 % annuel capitalisé tous les six mois.

$$VF = 100\times\left(1+\frac{2,4}{2}\right)^{2\times 2} \approx 104,88$$

Pour 100 € investis à 2,4 % de taux d'intérêt annuel avec une capitalisation semestrielle, on recevra 104,88 € au bout de deux ans.

3 Les annuités

Dans la plupart des projets, les flux de trésorerie (*cash flows*) ont lieu à des dates différentes. L'actualisation nous permet de comparer deux flux de trésorerie distincts survenant à deux dates différentes. Considérons qu'un projet génère une séquence de flux V_0 à la période 0, V_1 à la période 1, V_2 à la période 2, et V_n à la période n. Ces flux peuvent être positifs ou négatifs selon qu'il s'agit d'encaissement (entrée de cash) ou de décaissement (sortie de cash). En appliquant le mécanisme d'actualisation avec un taux d'actualisation r aux différents éléments de cette séquence et en additionnant ces flux, nous obtenons la valeur actuelle nette[1] (VAN) de la séquence $V_0, V_1, V_2, ..., V_n$.

$$VAN = V_0 + \frac{V_1}{(1+r)} + \frac{V_2}{(1+r)^2} + ... + \frac{V_n}{(1+r)^n}$$

Exemple

Cherchons la valeur actuelle nette de la série de flux de trésorerie suivants si le taux d'actualisation est de 5 % par an : 2 000 € l'année 1 ; 3 000 € l'année 2 ; 4 000 € l'année 3.

$$VAN = \frac{2\,000}{(1+0,05)^1} + \frac{3\,000}{(1+0,05)^2}\frac{4\,000}{(1+0,05)^3} = 8\,081$$

1 Le mot net est utilisé ici pour signifier que la valeur actuelle qu'on obtient est égale à la somme des flux positifs nette des flux négatifs. Quand il ne s'agit que de flux positifs, on peut utiliser le terme « valeur actuelle » tout simplement.

3.1 Annuités constantes

Les calculs de la VAN peuvent être simplifiés si les flux de trésorerie générés sont constants. Nous faisons appel à la formule des annuités constantes (*constant annuities*).

Supposons que l'on reçoit 1 € pendant n années.

$$VAN = \frac{1}{(1+r)} + \frac{1}{(1+r)^2} + \ldots + \frac{1}{(1+r)^n} = \frac{(1+r)^{(n-1)} + (1+r)^{(n-2)} + \ldots + 1}{(1+r)^n} = \frac{1}{r}\left(1 - \frac{1}{(1+r)^n}\right)$$

Combien un individu peut emprunter dans le cadre de son prêt immobilier (à taux d'intérêt fixe r) s'il est prêt à payer pendant un nombre de périodes donné n un montant fixe M ?

Il peut prétendre aujourd'hui à la somme de :

$$VP = \frac{M}{r}\left(1 - \frac{1}{(1+r)^n}\right)$$

Cela représente l'actualisation de flux de trésoreries constants.

Exemple

Dans le cadre d'un projet d'achat d'un appartement, un acheteur est prêt à payer 1 000 € de mensualité pendant 20 ans. Le taux d'intérêt pour cette période proposée par le banquier est de 3,6 %. Quelle somme peut-il emprunter ?
Il y a 240 mensualités (20 × 12) de 1 000 € et le taux d'intérêt est de 0,3 % $\left(\frac{3,6}{12}\right)$.
La somme à laquelle il peut prétendre est de :

$$VP = \frac{1\,000}{0,003}\left(1 - \frac{1}{(1+0,003)^{240}}\right) \approx 170\,908$$

Si vous placez tous les ans une même somme sur un compte épargne au taux d'intérêt de 5 %, de quelle somme disposerez-vous au bout de 8 ans ?

Pour trouver ce montant, on a besoin de la somme d'une suite géométrique :

$$(1+r)^0 + (1+r)^1 + (1+r)^2 + \ldots (1+r)^n = \sum_{t=0}^{n} (1+r)^t = \frac{(1+r)^{(n+1)} - 1}{r}$$

Exemple

Vous placez 5 000 € tous les ans sur un compte épargne au taux d'intérêt de 5 %. Le premier paiement s'effectue à la fin de la première année et le dernier à la fin de la huitième. Le premier paiement accumule les intérêts pendant 7 ans et progresse à $5\,000 \times (1 + 0,05)^7 \approx 7\,035,50$ €. Le deuxième paiement accumule les intérêts pendant 6 ans et progresse à $5\,000 \times (1 + 0,05)^6 \approx 6\,700,48$ €, etc.

La valeur cumulée de tous les paiements est :
$5\,000 \times 1{,}05^7 + 5\,000 \times 1{,}05^6 + ... + 5\,000 \times 1{,}05^0$

$$= 5\,000 \times (1{,}05^7 + 1{,}05^6 + ... + 1{,}05^0) = 5\,000 \sum_{t=0}^{7} 1{,}05^t$$

Pour trouver cette somme, on a besoin de la somme d'une séquence géométrique :

$$(1+r)^0 + (1+r)^1 + (1+r)^2 + ...(1+r)^n = \sum_{t=0}^{n} (1+r)^t = \frac{(1+r)^{(n+1)} - 1}{r}$$

Si $r = 0{,}05$ et $n = 7$

$$5\,000 \sum_{t=0}^{7} 1{,}05^t = 5\,000 \frac{1{,}05^8 - 1}{1{,}05 - 1} \approx 47\,745{,}54\ €$$

En général, pour les placements de montants constants M (premier paiement dans un an) pendant n années sur un compte offrant un taux d'intérêt r, on disposera d'une valeur future égale à :

$$VF = M \times \frac{(1+r)^{n+1} - 1}{r}$$

La formule changera de la manière suivante pour un premier paiement immédiat

$$VF = M \times \frac{(1+r)^n - 1}{r}$$

3.2 Les annuités en perpétuité

Les annuités constantes peuvent ne pas avoir de période de paiement fixe et peuvent être payées à perpétuité (par exemple : les rentes ou la retraite). Si les annuités M sont payées à perpétuité et le taux d'intérêt est de r, leur valeur actuelle ou présente est de :

$$VP = \frac{M}{r}$$

Exemple

Un investissement initial de 200 000 € générera éternellement 2 400 € par mois. Quel est le taux de rendement mensuel de ce projet ?

$$r = \frac{M}{VP} = \frac{2\,400}{200\,000} = 1{,}2\ \%$$

Les points **clés**

→ Les directeurs financiers et les investisseurs utilisent la **valeur temps de l'argent** pour estimer la valeur actuelle de flux de trésorerie future. Des projets d'investissement ou de placement peuvent être comparés soit par le principe d'**actualisation** soit par le principe de **capitalisation**.

La valeur actuelle est l'équivalent présent d'une somme qui sera perçue dans le futur :

$$VP = \frac{VF}{(1+r)^n}$$

La capitalisation permet de calculer la valeur future d'une somme actuelle :

$$VF = VP\,(1 + r)^n$$

→ Le principe des **intérêts simples** repose sur l'absence de capitalisation (ou composition) des intérêts:

$$VF = VP\,(1 + r \times \text{n})$$

Le principe des **intérêts composés** repose sur l'idée que les intérêts perçus au titre d'une période généreront à leur tour des intérêts dès la période suivante :

$$VF = VP \times (1 + r)^n$$

Le **taux annuel effectif** correspond à un taux annuel capitalisé annuellement et prend en compte les effets de la fréquence de capitalisation :

$$r_e = \left(1 + \frac{r}{m}\right)^{m \times n} - 1$$

→ La **valeur actuelle nette** d'une séquence de flux de trésorerie future est donnée par :

$$VAN = V_0 + \frac{V_1}{(1+r)} + \frac{V_2}{(1+r)^2} + \ldots + \frac{V_n}{(1+r)^n}$$

Si les flux de trésorerie générés sont constants, on peut appliquer la formule des annuités constantes :

$$VP = \frac{M}{r}\left(1 - \frac{1}{(1+r)^n}\right)$$

Si les annuités sont constantes et payées à perpétuité, leur valeur actuelle est de :

$$VP = \frac{M}{r}$$

APPLICATIONS

► Corrigés p. 285

QCM

Quelles sont les affirmations correctes ? Une seule bonne réponse par question est possible.

1 La valeur future d'un flux actuel est d'autant plus élevée que :

a. le taux d'intérêt est bas.
b. le nombre de périodes est élevé.
c. la capitalisation est moins fréquente.

2 Pour capitaliser une somme sur une période, il faut :

a. la multiplier par 1 plus le taux d'intérêt.
b. la multiplier par le taux d'intérêt.
c. la diviser par le taux d'actualisation.

3 Quel taux d'intérêt est exigé pour pouvoir doubler la mise initiale au bout de 10 ans ?

a. 8,81 %.
b. 6,67 %.
c. 4,82 %.
d. 7,18 %.

4 Quel placement est le plus intéressant parmi les suivants :

a. un compte offrant un taux de 6 % annuel pendant 5 ans.
b. un compte offrant un taux de 3 % semi-annuel pendant 5 ans.
c. un compte offrant un taux de 11 % tous les 18 mois pendant 5 ans.
d. un compte offrant un taux de 0,5 % tous les mois pendant 5 ans.

5 Un capital est placé à un taux d'intérêt *r* pendant *n* années. Les intérêts simples sont :

a. uniquement proportionnels à la période d'épargne.
b. uniquement proportionnels au capital investi.
c. proportionnels au capital initial, au taux d'intérêt *r* et la durée *n*.

Problèmes

6 L'effet de la fréquence de capitalisation

Vous placez 500 € chaque mois (premier paiement immédiat) sur un compte rémunéré à 2 % annuel avec une capitalisation mensuelle.

■ De quelle somme disposerez-vous au bout de 10 ans ?

7 La durée d'épargne

Vous souhaitez acheter un appartement dans le XVIe arrondissement de Paris qui coûte 2 millions d'euros, vous disposez aujourd'hui de 1 800 000 €. Vous avez la possibilité de placer votre argent sur un compte d'actions qui vous garantit un rendement annuel de 8 %.

■ Pendant combien de temps devrez-vous repousser l'achat de l'appartement pour pouvoir accumuler la somme nécessaire pour l'acquisition ?

8 Le projet de prêt immobilier

Un jeune couple souhaite acquérir sa première maison. Leur apport personnel est de 50 000 €. Ils pensent s'endetter pendant 23 ans, à mensualités constantes de 1 200 €, au taux annuel proportionnel de 4,20 %.

1. Quel prix maximum pourront-ils acquérir la maison (sans prendre en compte les frais supplémentaires) ?
2. Quel est le montant total des intérêts que le couple devra payer ?

9 La valeur présente d'une séquence de flux trésorerie

Un investisseur a le choix entre deux projets. Le projet A exige un investissement initial de 2 855 € et génère un flux de trésorerie constant de 700 € pendant 5 ans. Le projet B a des flux de trésorerie différents (voir le tableau ci-après).

Année	Projet A	Projet B
0	(2 855)	(2 800)
1	700	300
2	700	400
3	700	500
4	700	1 200
5	700	1 300

■ Si le taux d'actualisation est de 8 %, quel projet préférerez-vous ?

10 Constant annuities

On December 15 from 1964 to 1986 inclusive, a trader regularly bought for \$10,000 USA Treasury bills (at \$1 each) paying 3 % annually to invest some part of his annual bonuses. The interest rate and price are supposed to be constant over the whole investment period. The trader reinvested the interest paid by the US government in the same financial instrument. On December 15, 1987, during the market crash, he withdrew his total saving in bonds.

■ Find the sum withdrawn by the investor.

POUR ALLER PLUS LOIN

Optimiser la gestion de son livret A

Le livret A est le produit épargne préféré des Français. En mars 2014, son taux d'intérêt annuel est de 1,25 %. Les intérêts sont calculés tous les 15 jours, le 1er et 16 de chaque mois. La banque fait l'hypothèse qu'il y a 24 quinzaines par an. Le taux d'intérêt sur une quinzaine est de 1,25 %/24.

Supposons qu'au 1er mars vous disposez de 10 000 € sur votre Livret A. Si aucun dépôt ni retrait n'est effectué jusqu'à la fin de l'année (31 décembre), les intérêts seront de :

$$10\,000 \times \frac{1{,}25}{24} \times 20 = 104{,}17\ €$$

La prochaine année la base de calcul d'intérêts sera 10 104,17 €.

De plus, à chaque opération de retrait ou de dépôt, la banque recalcule les intérêts par quinzaine. Lorsqu'un retrait est effectué, la date d'opération est considérée comme étant réalisée au début de la quinzaine. Lorsqu'un dépôt est effectué, la date d'opération est considérée comme étant réalisée à la fin de la quinzaine. Par exemple, un dépôt de 1 000 € le 20 février sera pris en compte pour le calcul d'intérêts à partir du 1er mars.

De cette manière, il vaut mieux faire un dépôt en fin de quinzaine et un retrait en début de quinzaine car la variation de la somme sera prise en compte pour le calcul des intérêts presque tout de suite. La maîtrise du calcul des intérêts sur le livret A vous permettra d'optimiser la gestion de vos épargnes.

Chapitre 6

Pour investir dans une entreprise, on commence par l'évaluer et vérifier si l'investissement sera créateur de valeur. Mais que signifie concrètement un investissement ? Comment évaluer si un projet d'investissement est créateur de valeur ? Comment calculer sa rentabilité ou son rendement (*return*) ? Et comment faire le choix entre plusieurs projets d'investissements ?

Prenons un exemple : Valentin, étudiant en Master Entrepreneuriat, souhaiterait lancer une *start-up* A, pour cela il a besoin d'un apport initial de 18 000 €. Pour financer son projet, il contacte son amie Clara. En effet, Clara a épargné 18 000 € qu'elle souhaite faire fructifier en investissant.

Nous envisagerons deux hypothèses :
– *Hypothèse 1* : Clara investit dans la *start-up* de son ami Valentin qui la remboursera selon un échéancier précis, les flux à l'année t étant représentés par F_t.
– *Hypothèse 2* : Clara lance sa propre *start-up* B en investissant son épargne soit 18 000 €, ce qui pourrait générer des flux de trésorerie.

Lequel des deux projets sera le plus profitable ? Êtes-vous capable de faire un choix ? Sinon, n'ayez pas d'états d'âme ! En effet, en observant la somme des flux dégagés par ces deux projets, on remarque qu'ils génèrent la même somme : on pourrait donc conclure que ces deux projets sont égaux, alors que ce n'est pas le cas ! À la fin de ce chapitre, vous disposerez d'outils qui vous permettront d'apporter une réponse pertinente à cette question. Vous serez en mesure de choisir entre ces deux projets d'investissement, en retenant le projet le plus profitable.

Hypothèse 1

$F_0 = Inv$	F_1	F_2	F_3	F_4	F_5
(18 000)	4 000	4 000	4 000	8 000	8 000

Hypothèse 2

$F_0 = Inv$	F_1	F_2	F_3	F_4	F_5
(18 000)	10 000	(2 000)	5 000	8 000	7 000

Choix d'investissement

Plan

Pré-requis

→ **Connaître** les outils de mathématiques financières (▸ chapitre 5).

→ **Appréhender** correctement le concept de flux de trésorerie et la différence entre le résultat net et le flux de trésorerie nette (▸ chapitre 4).

→ **Maîtriser** les notions de risque et de rendement d'un investissement (▸ chapitres 1 et 5).

Compétences attendues

→ **Comprendre** les techniques d'aide à la décision ou de choix d'investissement, leurs avantages et leurs limites.

→ **Savoir sélectionner** la meilleure opportunité d'investissement à l'aide des techniques d'aide à la décision.

→ **Comprendre** la relation risque-rendement d'un investissement et savoir les évaluer.

1 Les outils d'aide à la décision et le choix d'investissement

L'**investissement** représente l'acquisition d'un bien matériel ou immatériel dont l'objectif est de créer de la valeur pour l'entreprise. Sa mise en œuvre entraîne des coûts et des revenus engendrant des **flux de trésorerie** (*cash flows*) (▶ chapitre 4). C'est à partir de ces flux que sont élaborés les outils d'aide à la décision dont nous allons traiter dans le présent chapitre[1]. Ces outils s'appliquent à tout type d'investissement, allant de l'acquisition d'un matériel, d'un brevet ou d'une marque à l'acquisition d'une entreprise, en passant par la création d'une business unit[2].

La valeur actuelle d'un projet est égale à la valeur actuelle de tous les flux de trésorerie futurs générés par le projet. Cette valeur doit prendre en compte la **valeur temps de l'argent** (*time value of money*), pour cela, les flux de trésorerie seront actualisés à un taux qui reflète le **coût du capital** (*cost of capital*). Ce dernier comprend le coût de l'incertitude, le coût d'opportunité, le risque et le coût de financement. Ce taux sera le taux d'actualisation (*discount rate*). Pour déterminer si le projet est créateur de valeur, destructeur de valeur ou génère seulement ce qui compense le coût de l'investissement, on utilise des techniques d'évaluation que nous allons aborder dans ce chapitre et que vous devrez maîtriser pour effectuer des choix d'investissement. Nous présenterons un bilan comparatif des différentes techniques en insistant sur les plus pertinentes et les plus fiables dans des contextes particuliers.

1.1 Les paramètres pris en compte dans les techniques de choix d'investissement

La valeur d'une entreprise se détermine à partir des flux de trésorerie liés au patrimoine de l'entreprise et à partir de la trésorerie future qui pourra être générée par les investissements. L'objectif d'un directeur financier (*financial manager*) est de maximiser la valeur de l'entreprise, par conséquent la richesse de ses propriétaires. Pour sélectionner les projets les plus profitables, le directeur financier prend en considération le flux futur de trésorerie et son incertitude.

Pour évaluer un projet d'investissement et pour choisir celui qui maximisera la richesse, on s'appuie sur les critères pertinents suivants :

1 Ne seront pris en compte que les flux liés au fonctionnement de l'investissement, indépendamment de l'incidence de son mode financement. L'impact du choix de financement sera traité dans le chapitre suivant.

2 Une *business unit* est une unité ou un département correspondant à un segment d'activité stratégique, dirigée de façon autonome avec des objectifs et des ressources propres.

– l'intégralité des flux futurs de trésorerie générés par le projet,
– la valeur temps de l'argent,
– le degré d'incertitude lié à ces flux futurs.

Pour mémoire, les deux derniers facteurs sont reflétés dans le taux d'actualisation. La technique qui tient compte du maximum de critères sera la plus fiable en matière d'aide à la décision dans le choix d'investissement.

1.2 Les techniques de choix d'investissement

Exemple

Projets	$F_0 = Inv$	F_1	F_2	F_3	F_4	F_5
Start-up A	(18 000)	4 000	4 000	4 000	8 000	8 000
Start-up B	(18 000)	10 000	(2 000)	5 000	8 000	7 000

En observant ces deux opportunités d'investissement, laquelle est la plus rentable pour Clara ? Lequel des deux projets lui permettra de récupérer sa mise initiale le plus rapidement possible ?
On pourrait répondre à ces questions en observant les chiffres et par tâtonnement retenir un investissement mais les techniques d'évaluation nous permettront de donner une réponse exacte à cette question.

1.2.1 La valeur actuelle nette d'une séquence de flux

Définition

La **valeur actuelle nette (VAN)** (*Net Present Value*) est la somme actualisée des flux futurs générés nette de l'investissement initial. Le mot « nette » signifie que tous les flux négatifs ou positifs sont à prendre en considération. En effet, la VAN n'est autre que la différence entre la valeur actuelle des flux positifs et celle des flux négatifs.

Calcul de la VAN. Notons t la période, F_t la valeur du flux futur à la fin de la période t, n le nombre de périodes constituant la durée de vie du projet d'investissement, Inv le montant de l'investissement et r le taux d'actualisation :

$$VAN = \sum_{t=1}^{n} \frac{F_t}{(1+r)^t} - Inv$$

Interprétation de la VAN. Un projet n'est pertinent que si sa valeur actuelle nette est positive. La VAN positive indique que les flux générés par le projet

Une VAN positive est le critère principal des entreprises pour sélectionner les projets d'investissement, et ce, quelle que soit la nationalité de l'entreprise[1].

sont suffisants pour couvrir le coût de l'investissement.

Nous en déduisons donc :

– Si la VAN > 0 €, le projet dégagera des flux qui maximiseront la richesse des investisseurs, donc le projet doit être retenu.
– Si la VAN < 0 €, le projet dégagera des flux qui ne couvriront pas le coût du projet, la richesse des investisseurs diminuera, donc le projet doit être rejeté.
– Si la VAN = 0 €, le projet n'affectera pas la richesse des actionnaires, donc l'investisseur sera indifférent quant à la sélection ou non de ce projet.

Lorsque l'on doit choisir entre plusieurs projets, on optera pour celui qui a la VAN la plus élevée, ce qui signifie que l'on préférera le projet dont les flux positifs générés excèdent très largement le coût de l'investissement.

Exemple

Reprenons l'exemple de la *start-up* A : compte tenu des flux promis par Valentin, quelle sera la valeur actuelle nette du projet sachant que le taux d'actualisation est de 5 % ? Serait-il plus intéressant pour Clara de participer à ce projet ou de se consacrer à sa *start-up* B ?

***Start-up* A**		***Start-up* B**	
Flux	**Flux actualisés r = 5 %**	**Flux**	**Flux actualisés r = 5%**
(18 000)	(18 000)	(18 000)	(18 000)
4 000	3 810	10 000	9 524
4 000	3 628	(2 000)	(1 814)
4 000	3 455	5 000	4 319
8 000	6 582	8 000	6 582
8 000	6 268	7 000	5 485
VAN_A	**5 743**	**VAN_B**	**6 096**

$$\text{VAN}_A = \frac{4\,000}{(1+0{,}05)} + \frac{4\,000}{(1+0{,}05)^2} + \frac{4\,000}{(1+0{,}05)^3} + \frac{8\,000}{(1+0{,}05)^4} + \frac{8\,000}{(1+0{,}05)^5} - 18\,000 = 5\,743$$

$$\text{VAN}_B = \frac{10\,000}{(1+0{,}05)} - \frac{2\,000}{(1+0{,}05)^2} + \frac{5\,000}{(1+0{,}05)^3} + \frac{8\,000}{(1+0{,}05)^4} + \frac{7\,000}{(1+0{,}05)^5} - 18\,000 = 6\,096$$

En investissant aujourd'hui 18 000 € dans la *start-up* A de son ami, Clara pourra augmenter sa richesse initiale de 5 743 €. Par contre, en lançant sa propre *start-up*, sa richesse augmentera de 6 096 €. La *start-up* B est donc plus profitable.

1 La proportion des entreprises considérant la VAN supérieure aux autres critères varie en fonction de la culture d'entreprise et du système de comptabilité de chaque pays. Ainsi, 75 % des entreprises américaines estiment que la VAN est supérieure aux autres outils, contre 35 % des entreprises françaises selon Graham et Harvey (2001 : 187-243).

Les avantages de la VAN	Les inconvénients de la VAN
– Elle prend en compte la valeur temps de l'argent car elle utilise le taux d'actualisation, taux qui reflète le fait que 1 € aujourd'hui vaut plus que 1 € demain. – Elle prend en compte tous les flux de trésorerie. – Elle met en évidence l'augmentation de richesse initiale si le projet est réalisé.	– En pratique il est difficile de déterminer le taux d'actualisation utilisé pour les calculs de la VAN. – La VAN est une valeur absolue, donc elle ignore la taille de projet. Par exemple, la VAN favorise un projet qui nécessite un investissement d'1 million d'euros et qui génère des profits de 1000 € par rapport à un autre qui requiert 1000 € de mise initiale et génère 500 €.

▲ Tableau 6.1 **Avantages et inconvénients de la VAN**

1.2.2 Le taux de rentabilité interne

Définition

Le **taux de rentabilité interne (TRI)** (*Internal Rate of Return*) est le taux d'actualisation qui annule la VAN.

$$0 = \sum_{t=1}^{n} \frac{F_t}{(1+TRI)^t} - Inv$$

Il s'agit d'un critère d'aide à la décision assez intuitif. Plus la valeur du TRI est élevée plus le projet sera intéressant. En d'autres termes, tout projet ayant un TRI qui dépasse le coût du capital doit être réalisé et tout projet pour lequel le TRI ne couvre pas le coût du capital doit être refusé.

Il est intéressant d'investir dans le projet lorsque son TRI est supérieur au taux d'actualisation. Le TRI peut être considéré comme le taux d'actualisation maximum pour lequel le projet génère toujours des bénéfices. Il est facilement calculable avec une calculatrice financière. Des fonctions financières sont également préprogrammées sur Excel pour calculer la VAN et le TRI.

POINT MÉTHODE

Calcul du TRI : méthode d'approximation linéaire

Nous pouvons également utiliser l'interpolation linéaire pour trouver une valeur approximative du TRI réel, notée TRI*. L'interpolation est une technique statistique pour déterminer un point intermédiaire dans un intervalle entre deux points donnés. Cette technique implique l'approximation d'une fonction exponentielle par une fonction linéaire, ce qui génère une erreur d'estimation. Un intervalle plus large provoque une erreur plus importante. Par exemple, un intervalle de 15 % génère un écart du vrai TRI de 1 à 2 %.

En premier lieu, il faut trouver un taux d'actualisation ($r_{négatif}$) qui rend la VAN négative ($VAN_{négative}$) mais proche de zéro, et un taux d'actualisation ($r_{positif}$) qui rend la VAN positive ($VAN_{positive}$) toujours proche de zéro. L'intervalle entre les deux taux d'actualisation choisis doit être le plus étroit possible (écart de 3 % à 5 %). Le TRI approximatif TRI* sera ensuite trouvé en appliquant la formule suivante :

$$TRI^* = r_{positif} + (r_{négatif} - r_{positif})\frac{VAN_{positive}}{VAN_{positive} - VAN_{négative}}$$

$r_{négatif}$ le taux d'actualisation produisant la VAN négative

$r_{positif}$ le taux d'actualisation produisant la VAN positive

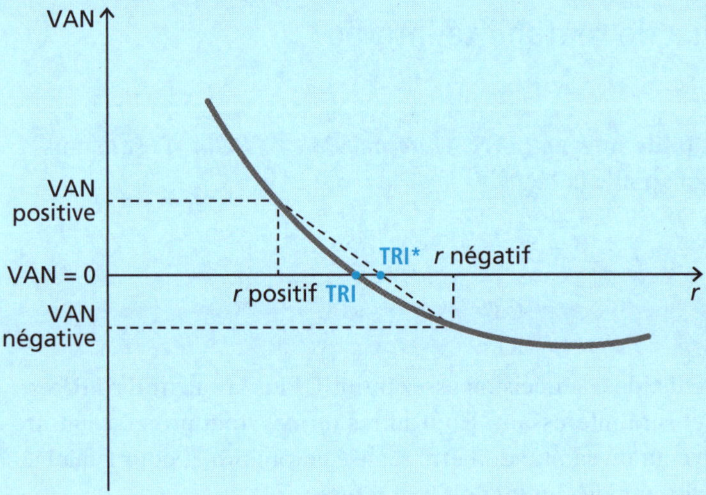

▲ **Figure 6.1 L'approximation linéaire du TRI : TRI***

Exemple

Calculons le TRI de nos deux projets *start-up* A et *start-up* B par la méthode de l'approximation linéaire.

Pour la *start-up* A, supposons que le taux d'actualisation est de 15 %,

$$VAN_{négative} = \frac{4\,000}{(1+0,15)} + \frac{4\,000}{(1+0,15)^2} + \frac{4\,000}{(1+0,15)^3} + \frac{8\,000}{(1+0,15)^4} + \frac{8\,000}{(1+0,15)^5} - 18\,000 = -316$$

Le taux d'actualisation r entraîne une VAN négative, donc il faut baisser r pour augmenter la VAN. Supposons $r = 13$ %

$$VAN_{positive} = \frac{4\,000}{(1+0,13)} + \frac{4\,000}{(1+0,13)^2} + \frac{4\,000}{(1+0,13)^3} + \frac{8\,000}{(1+0,13)^4} + \frac{8\,000}{(1+0,13)^5} - 18\,000$$

Avec un taux d'actualisation de 13 %, la VAN est positive. Nous pouvons donc en conclure que le vrai TRI se trouve entre 13 % et 15 %.

Pour retrouver la valeur approximative du TRI nous utilisons la formule de l'interpolation linéaire :

$$TRI_A = 13\,\% + (15\,\% - 13\,\%) \times \frac{693}{693 - (-316)} = 14{,}37\,\%$$

Compte tenu que le TRI de la *start-up* A est plus élevé que le taux d'actualisation de l'économie, qui est de 5 %, ce projet est rentable.
Appliquons le taux d'actualisation de 15 % au projet B.

$$VAN_{positive} = \frac{10\,000}{(1+0{,}15)} - \frac{2\,000}{(1+0{,}15)^2} + \frac{5\,000}{(1+0{,}15)^3} + \frac{8\,000}{(1+0{,}15)^4} + \frac{7\,000}{(1+0{,}15)^5} - 18\,000 = 525$$

Cela signifie que, même si le taux d'actualisation augmente jusqu'à 15 %, Valentin augmentera sa richesse de 525 €. Il faut donc augmenter le taux d'actualisation pour obtenir une VAN négative, par exemple à 17 %.

$$VAN_{négative} = \frac{10\,000}{(1+0{,}17)} - \frac{2\,000}{(1+0{,}17)^2} + \frac{5\,000}{(1+0{,}17)^3} + \frac{8\,000}{(1+0{,}17)^4} + \frac{7\,000}{(1+0{,}17)^5} - 18\,000 = -330$$

Cela signifie que le vrai TRI se trouve entre 15 % et 17 %. Appliquons l'interpolation linéaire pour déterminer l'approximation du TRI.

$$TRI_B = 15\,\% + (17\,\% - 15\,\%) \times \frac{525}{525 - (-330)} = 16{,}23\,\%$$

Selon le TRI, Clara a intérêt à se lancer dans sa propre *start-up*, car $TRI_B > TRI_A$.

Les avantages du TRI	Les inconvénients du TRI
– Le TRI prend en considération la valeur temps de l'argent et fait appel dans son calcul aux flux actualisés. – Il fournit une mesure de performance en pourcentage. – Il constate l'augmentation de la richesse initiale si le projet est réalisé. – Il tient compte de tous les flux de trésorerie. – La différence entre le TRI et le taux d'actualisation indique le rendement supplémentaire généré par le projet.	Si le projet génère des flux de trésorerie négatifs (occasionne des pertes) et positifs (dégage des profits), le TRI ne sera pas unique. Nous pourrions trouver plusieurs taux de rentabilité interne pour le même projet, ce qui rend la décision de choix d'investissement plus complexe.

▲ Tableau 6.2 **Avantages et inconvénients du TRI**

FOCUS

Peut-on toujours trouver le TRI ?

Parfois, le TRI n'existe pas pour certains projets. Ce serait le cas d'un investissement dont la VAN ne peut pas s'annuler, en d'autres termes, si la VAN est positive pour toutes les valeurs du taux d'actualisation. Ce sera, par exemple, le cas d'un conférencier à qui on paiera les prestations : il va donc avoir des flux futurs sans avoir à verser au début un montant initial dans le cadre de cet investissement.

Exemple

Un expert ferroviaire recevra, en échange du conseil qu'il apportera à Réseau ferré de France, un flux positif de 60 000 € chaque année pendant trois ans. Sachant que la VAN s'exprime ainsi :

$$VAN = \frac{60\,000}{(1+r)} + \frac{60\,000}{(1+r)^2} + \frac{60\,000}{(1+r)^3}$$

Dans ce cas, aucun taux d'actualisation n'annulera la valeur de la VAN qui sera toujours positive, le projet ne présentant pas d'investissement initial.

Toutefois, cela ne signifie pas que dans ce genre de cas, la VAN est toujours positive. En effet, elle peut être également négative lorsque des flux négatifs s'alternent avec des flux positifs.

Désavantage du TRI par rapport à la VAN. Pour les projets « mutuellement exclusifs[1] », comme le TRI représente la valeur de la rentabilité espérée, il est tentant de retenir l'investissement ayant le TRI le plus élevé. Mais, avant de prendre une décision en se basant uniquement sur le TRI, il est également pertinent de considérer le critère de la VAN pour savoir si elle coïncide bien avec l'analyse du TRI. Si c'est le cas, le choix du projet le plus avantageux se fera aisément. Sinon, lequel des deux critères privilégier ? La VAN l'emportera sur le TRI car elle est synonyme de maximisation de la richesse des actionnaires et donc de l'entreprise.

CONTROVERSE

Le conflit entre la VAN et le TRI

Supposons que vous ayez la possibilité d'investir 2 € aujourd'hui et de recevoir 3 € demain. Le TRI d'une telle opération d'investissement est de 50 %. Une autre opportunité d'investissement exige 1 000 € aujourd'hui et demain vous recevrez 1 100 €. Le TRI de ce projet est de 10 %. Vous augmentez votre richesse de 1 € avec le premier projet, et de 100 € avec le second projet. En général, un investisseur choisirait le second projet. C'est plus intéressant d'avoir un petit taux d'intérêt pour une somme importante, que d'avoir un taux d'intérêt élevé pour une petite somme. Cet exemple illustre le conflit entre la VAN et le TRI.

Le TRI favorise un petit projet avec une grande rentabilité, la VAN favorise un projet qui produit une valeur ajoutée plus importante donc une maximisation de la richesse.

La VAN et le TRI, s'ils sont deux outils très utilisés en entreprise, peuvent donc amener à des conclusions non convergentes voire conflictuelles. Si la VAN s'inscrit davantage dans une logique de surplus (elle est obtenue par différence) et donc plus « industrielle », le TRI repose plutôt sur une logique de rendement (il est obtenu par un ratio) et donc financière. Mais, plutôt que de les opposer, nous pouvons considérer qu'ils sont complémentaires, la VAN exprimant la richesse produite, et le TRI un taux de rentabilité, de fait plus comparable à un autre taux, le coût du capital. ■

1 Deux projets sont mutuellement exclusifs si l'on ne peut les accepter en même temps.

1.2.3 Le TRI modifié

Dans certains projets d'investissements, le taux de rentabilité interne traditionnel (TRI) souffre des inconvénients suivants :

- Le calcul de ce taux suppose implicitement le réinvestissement de tous les flux financiers au taux de rentabilité calculé. Ceci est financièrement raisonnable si le taux se trouve dans une fourchette satisfaisante pour un taux d'emprunt ou de prêt (par exemple entre 10 % et 20 %). Quand la valeur du TRI devient nettement plus élevée ou plus faible, l'hypothèse de réinvestissement des flux perd de sa validité et le TRI résultant sera moins pertinent pour évaluer un investissement.
- Le calcul du TRI est aussi limité par le nombre de fois où le signe du flux financier change (de positif en négatif ou *vice versa*). En cas de modification de signe, le calcul peut donner une réponse supplémentaire. Si par exemple on constate trois changements de signe, on pourra obtenir trois valeurs différentes pour le TRI. Bien que ces valeurs puissent être mathématiquement correctes, elles ne sont pas significatives comme mesure d'investissement.

Pour éviter les inconvénients de la technique du TRI traditionnel, on recourt au taux de rentabilité interne modifié.

Définition

Le **taux de rentabilité interne modifié (TRIM)** (*Modified Internal Rate of Return*) prend en compte la possibilité de réinvestissement des flux générés par le projet à un taux i différent du TRI lui-même.

On le calcule ainsi :

$$\text{TRIM} = \sqrt[n]{\frac{\sum_{t=1}^{n} F_t(1+i)^{n-t}}{Inv}} - 1 = \left[\frac{\sum_{t=1}^{n} F_t(1+i)^{n-t}}{Inv}\right]^{\frac{1}{n}} - 1$$

Cette technique élimine le problème de changement de signe et l'hypothèse de réinvestissement car seuls les flux financiers positifs sont réinvestis à un taux d'investissement i correspondant au retour sur investissement d'un risque comparable. Les taux de réinvestissement et d'emprunt spécifiés par l'utilisateur reflètent mieux la rentabilité d'un compte de liquidités. La valeur généralement utilisée est celle de titres à court terme ou d'un compte de dépôt rémunéré à court terme.

Exemple

Supposons que le taux de réinvestissement soit de 3 %.
Projet *start-up* A

$$V_5 = 4\,000 \times (1+0{,}03)^4 + 4\,000 \times (1+0{,}03)^3 + 4\,000 \times (1+0{,}03)^2$$
$$+ 8\,000 \times (1+0{,}03)^1 + 8\,000 \times (1+0{,}03)^0 = 29\,357$$

$$V_0 = 18\,000$$

Nous appliquons la formule entre la valeur future et la valeur actuelle :

$$Vr = V_0 = (1 + r)^n$$

d'où

$$r = \left(\frac{V_n}{V_0}\right)^{\frac{1}{n}} - 1$$

Suite au réinvestissement des flux générés par le projet A au taux de 3 %, nous recevons 29 357 € au bout de 5 ans. Le taux de rentabilité interne modifié de la *start-up* A sera donc de

$$\text{TRIM}_A = \left(\frac{29\,357}{18\,000}\right)^{\frac{1}{5}} - 1 = 10{,}28\ \%$$

La valeur future de la *start-up* B sera de

$$V_5 = 10\,000 \times (1+0{,}03)^4 + 5\,000 \times (1+0{,}03)^2$$
$$+ 8\,000 \times (1+0{,}03)^1 + 7\,000 \times (1+0{,}03)^0 = 31\,800$$

$$V_0 = 18\,000$$

L'investissement initial du projet B est de 18 000 €, donc

$$\text{TRIM}_B = \left(\frac{31\,800}{18\,000}\right)^{\frac{1}{5}} - 1 = 12{,}05\ \%$$

En prenant en compte les TRIM précédemment calculés, nous pouvons conclure que les deux projets avec une option de réinvestissement couvrent largement le coût du capital, qui est de 5 %. Clara a intérêt à se lancer dans sa propre *start-up* car

$$\text{TRIM}_B > \text{TRIM}_A.$$

L'apport du TRIM par rapport au TRI

En comparant les valeurs du TRIM et du TRI du projet B, nous constatons qu'il y a un écart de 1,77 point. Ceci s'explique par le fait que le TRI suppose un réinvestissement des flux générés au taux égal au TRI donc 16,23 % alors que le TRIM prend en considération un taux de réinvestissement différent, en l'occurrence 3 %. Dans la vie réelle, un investisseur place son argent dans différents projets pour diversifier ses risques, donc il ne peut pas exiger un taux de rentabilité égal au TRI. En effet, le TRIM est basé sur une hypothèse plus réaliste.

1.2.4 Le délai de récupération

Définition

Le **délai de récupération** ou de recouvrement ou encore délai de retour sur investissement (DR) (*Payback Period*) d'un capital investi est le temps au bout duquel la somme cumulée des flux futurs est égale au montant investi. Selon ce critère élémentaire, un projet est d'autant plus judicieux que le temps nécessaire pour récupérer les capitaux investis est court.

$$\sum_{t=1}^{DR} F_t - Inv = 0$$

Dans la pratique, les entreprises se fixent un délai de récupération maximal (DRM) pour un projet d'investissement et l'utilisent pour la prise de décision :
- si le DR > DRM le projet doit être refusé ;
- si le DR < DRM le projet sera acceptable.

La technique du délai de récupération prend en compte le risque de flux de trésorerie lié au projet. Plus le temps pour recouvrer l'investissement initial est long, plus nous courons le risque de rencontrer des aléas. Cette technique favorise le projet qui nous permet de récupérer l'investissement le plus tôt possible, donc le projet le moins risqué.

Exemple

Calculons le DR de nos deux projets.

	Start-up A		*Start-up* B	
Année	**Flux**	**Flux cumulés**	**Flux**	**Flux cumulés**
0	(18 000)	(18 000)	(18 000)	(18 000)
1	4 000	(14 000)	10 000	(8 000)
2	4 000	(10 000)	(2 000)	(6 000)
3	4 000	(6 000)	5 000	(1 000)
4	8 000	+ 2 000	8 000	+ 7 000
5	8 000	+ 10 000	7 000	+ 14 000

Le délai de récupération de la *start-up* A est entre 3 et 4 ans. À la fin de la troisième année, il nous manque encore 6 000 €, alors que la quatrième année nous rapporte 8 000 €. Nous pouvons donc conclure que le délai de récupération est entre 3 et 4 ans. Pour trouver la durée exacte au bout de laquelle l'investissement initial est récupéré, nous devons faire une hypothèse que la somme de 8 000 € est accumulée tout au long de l'année, autrement dit, que le projet génère $\frac{8\,000}{12}$ = 667 € par mois.

Vu qu'au bout de 3 ans il nous manque encore 6 000 € pour recouvrer entièrement l'investissement initial de 18 000 €, nous devons attendre $\frac{6\,000}{667} \approx 9$ mois pour récupérer le montant manquant. Plus précisément, au bout de 3 ans et 9 mois $\left(\frac{6\,000}{8\,000} \times 12 \approx 9 \text{ mois}\right)$ l'investissement initial de 18 000 € sera recouvré pour le projet A.

Le délai de récupération pour le projet B est également compris entre 3 et 4 ans. Après la troisième année, il nous manque encore 1 000 € pour récupérer les 18 000 € de l'investissement initial. Au bout de la quatrième année, nous aurons 8 000 €, donc le délai de récupération est de 3 ans et 45 jours $\left(\frac{1\,000}{8\,000} \times 12 \approx 1{,}5 \text{ mois}\right)$.

Les avantages du DR	Les inconvénients du DR
– Cette technique est très simple et très intuitive. – Elle prend en compte le risque de flux d'une manière indirecte. Un projet avec un délai de récupération plus court est considéré comme moins risqué.	– Cette technique ne prend pas en compte tous les flux de trésorerie. Elle ignore les flux qui surviennent après le délai de récupération. – Elle ne prend pas en compte la valeur temps de l'argent.

▲ Tableau 6.3 **Avantages et inconvénients du délai de récupération**

1.2.5 Autres techniques de choix d'investissement : indice de profitabilité et délai de récupération actualisé

Indice de profitabilité (IP). Un indice de profitabilité (*Profitability Index*) est une technique alternative de choix d'investissement. Il recourt aux mêmes données utilisées dans le calcul de la VAN mais il se présente comme un indice, ce qui rend son usage plus attractif pour les investisseurs et les directeurs financiers.

$$IP = 1 + \frac{VAN}{Inv} = 1 + \frac{\sum_{t=1}^{n} \frac{F_t}{(1+r)^t} - Inv}{Inv}$$

Si IP > 1, les bénéfices du projet dépasseront le coût de l'investissement, le projet sera en mesure de maximiser la richesse et donc sera retenu.

Si IP < 1, le raisonnement s'inverse et le projet est écarté.

Et si IP = 1, le projet n'apportera aucune valeur ajoutée au capital investi donc un décideur financier sera indifférent quant au choix de cette opportunité d'investissement.

Délai de récupération actualisé (DRA). Le délai de récupération actualisé (*Discounted Payback Period*) d'un capital investi tient compte de la valeur temps de l'argent et de l'incertitude des flux futurs. Il représente le temps nécessaire pour que la somme cumulée des flux futurs actualisés soit égale au montant investi. L'actualisation est faite au taux de rentabilité minimum exigé par l'entreprise.

$$\sum_{t=1}^{\mathrm{DRA}} \frac{F_t}{(1+r)^t} - Inv = 0$$

1.3 Bilan comparatif des différentes techniques

Le tableau 6.4 récapitule les critères pris en considération par chaque technique de choix d'investissement. Plus les critères pris en compte sont nombreux, plus la technique est fiable.

Critère pris en compte	VAN	TRI	TRIM	DR
La valeur temps de l'argent	✓	✓	✓	
Le risque de flux de trésorerie	✓	✓	✓	✓
Tous les flux de trésorerie	✓	✓	✓	
La maximisation de richesse des investisseurs	✓			

▲ Tableau 6.4 Bilan comparatif des techniques de choix d'investissement

2 Investissement et risques

2.1 Le rapport rendement-risque

Tout projet d'investissement induit un certain nombre de risques. Un investisseur redoute essentiellement l'incertitude quant à la réalisation des flux de trésorerie prévus tout au long de la durée de vie du projet. Pour juger de la pertinence de son projet d'investissement et donc pour calculer la valeur actuelle des flux futurs promis, l'investisseur intègre l'incertitude des flux à son calcul. Cette incertitude provient des conditions économiques, de l'évolution du marché et de la conjoncture internationale. Elle sera reflétée par le taux d'actualisation comme évoqué au début de ce chapitre. Par conséquent, le risque qui représente, entre autres, l'incertitude des flux, sera appréhendé de deux manières : soit en actualisant les flux avec un taux plus élevé pour les projets considérés plus risqués, soit en exigeant un rendement plus élevé des projets les plus risqués. Ainsi, pour prendre une décision d'investissement, il ne faut pas considérer uniquement la richesse créée par le projet, mais il faut surtout tenir compte du risque inhérent à ce projet.

Le risque sera toujours une des plus grandes préoccupations d'un directeur financier, étant donné que les investisseurs exigeront une compensation, appelée prime de risque (*risk premium*), en échange du risque encouru. En fait, si un projet d'investissement ne garantit pas un rendement à la hauteur du risque accepté, l'investisseur n'hésitera pas à retirer les fonds investis et à les placer dans un autre projet. C'est pour cette raison que le taux d'actualisation utilisé dans les techniques de choix d'investissement doit refléter non seulement l'incertitude des flux mais aussi le coût d'opportunité, la valeur temps de l'argent et les autres risques (risque de marché, risque de défaut...) (▶ chapitre 5).

Pour déterminer la valeur de la prime de risque exigée sur un investissement, il faut commencer par mesurer le risque.

2.2 La mesure du risque

Un projet d'investissement peut être considéré comme une valeur aléatoire. Le flux de trésorerie généré par ce projet peut prendre différentes valeurs avec différentes probabilités d'occurrence en fonction des hypothèses de conjonctures.

Exemple

En cas de boom économique qui a 20 % de chances de se produire dans un an, le projet générera 10 000 €. En cas de conjoncture économique normale, dont la probabilité est de 50 %, le projet générera 7 000 €. Et en cas de récession économique (probabilité de 30 %), un investisseur subira une perte de 2 000 €.

Conditions économiques	Flux de trésorerie	Probabilité d'occurrence
Boom	10 000 €	20 %
Normal	7 000 €	50 %
Récession	(2 000) €	30 %

▲ Tableau 6.5 **Le flux attendu d'un projet d'investissement**

Pour mesurer le risque de ce projet, il faut mesurer la dispersion de l'ensemble des flux par rapport à la moyenne espérée. Une dispersion plus élevée implique un risque plus élevé.

L'étendue est une première mesure de la dispersion. Elle est égale à la différence entre le meilleur résultat attendu et le pire.

Exemple

Pour le dernier projet, l'étendue est de 10 000 – (– 2 000) = 12 000.

La deuxième mesure de risque est la **variance**, qui prend en compte non seulement les résultats attendus extrêmes, mais également la dispersion des flux par rapport à leur moyenne espérée. La démarche est la suivante : calculer la moyenne espérée E(F) et ensuite la variance $\sigma^2(F)$. L'écart-type $\sigma(F)$ qui représente également le risque, est la racine carrée de la variance.

$$\text{Moyenne} = \text{E(F)} = \sum_{t=1}^{n} p_t \times F_t$$

$$\text{Variance} = \sigma^2(F) = \sum_{t=1}^{n} p_t \times (F_t - E(F))^2$$

$$\text{Écart-type} = \sigma(F) = \sqrt{\text{variance}} = (\text{variance})^{\frac{1}{2}}$$

Exemple

Moyenne = E(F) = 0,2 × 10 000 + 0,5 × 7 000 + 0,3 × (– 2 000) = 4 900

Variance = σ^2(F)

= 0,2 × (10 000 – 4 900)² + 0,5 × (7 000 – 4 900)² + 0,3 × (–2 000 – 4 900)²

= 21 610

$$\text{Écart-type} = \sigma(F) = \sqrt{21\,610} = 4\,657$$

La dernière mesure de risque, le **coefficient de la variation** (CV), nous permet de comparer le risque de projets de différentes tailles. Elle représente le rapport entre le risque et la moyenne espérée :

$$\text{CV} = \frac{\sigma(F)}{E(F)}$$

Exemple

$$\text{CV} = \frac{4\,657}{4\,900} = 0{,}95$$

Plus le coefficient de variation est élevé, plus le projet est risqué.

Exemple

Estimons maintenant le risque de nos deux *start-ups*. Supposons que chaque flux de trésorerie a la même probabilité d'occurrence, où *n* est la durée de vie du projet. Nous appliquons les formules suivantes pour calculer la moyenne espérée et l'écart-type :

$$\text{E(F)} = \frac{1}{n}F_1 + \frac{1}{n}F_2 + \ldots + \frac{1}{n}F_n + = \frac{F_1 + F_2 + \ldots + F_n}{n} = \frac{1}{n}\sum_{t=1}^{n} F_t$$

$$\sigma(F) = \sqrt{\frac{1}{n}\sum_{t=1}^{n}(F_t - E(F))^2}$$

Pour la *start-up* A, la moyenne espérée est de

$$\text{E}(\text{F}_\text{A}) = \frac{4\,000 + 4\,000 + 4\,000 + 8\,000 + 8\,000}{5} = 5\,600$$

Pour la *start-up* B, la moyenne espérée est de

$$E(F_B) = \frac{10\,000 - 2\,000 + 5\,000 + 8\,000 + 7\,000}{5} = 5\,600$$

Nous pouvons constater que la valeur moyenne attendue pour les deux projets est la même, 5 600 €.

Voyons maintenant le risque de chaque projet. L'étendue du projet A est de 8 000 – 4 000 = 4 000 €, l'étendue du projet B est de 10 000 – (– 2 000) = 12 000. Donc les flux de trésorerie de la *start-up* B sont plus étendus, par conséquent ils peuvent être considérés comme plus risqués. Nous pouvons maintenant calculer l'écart-type de chaque projet, qui est une mesure de la dispersion de flux.

$$\sigma_A(F) = \sqrt{\frac{1}{5}\left((4\,000-5\,600)^2+(4\,000-5\,600)^2+(4\,000-5\,600)^2+(8\,000-5\,600)^2+(8\,000-5\,600)^2\right)}$$
$$\approx 2\,000$$

$$\sigma_B(F) = \sqrt{\frac{1}{5}\left((10\,000-5\,600)^2+(-2\,000-5\,600)^2+(5\,000-5\,600)^2+(8\,000-5\,600)^2+(7\,000-5\,600)^2\right)}$$
$$\approx 4\,127$$

Vu que les projets ont la même espérance de 5 600 €, le coefficient de variation va valider le résultat de l'écart-type

$$CV_A = \frac{2\,000}{5\,600} \approx 0,36$$

$$CV_B = \frac{4\,127}{5\,600} \approx 0,74$$

Le projet B est plus risqué que le projet A comme son écart-type ainsi que son coefficient de variation sont respectivement deux fois plus élevés que ceux de A.

En observant toutes les techniques de mesure de risque, la *start-up* B est plus risquée que le projet A, donc il y a une probabilité plus forte que les flux de trésorerie prévus ne soient pas réalisés. Pour accepter un projet d'investissement plus risqué, un investisseur va exiger un rendement espéré plus élevé pour ce projet. Or le projet B garantit le même rendement espéré que celui de A. Par conséquent, le projet A, qui est le moins risqué, sera privilégié.

POUR ALLER PLUS LOIN
▶ Voir p. 157

Malgré l'apport considérable de ces techniques dans le choix d'investissement, il faut veiller à ce que ce ne soient pas les outils qui décident. Ils sont une aide incontournable sans laquelle la décision ne serait qu'un simple pari. Mais les décideurs doivent également prendre en compte d'autres critères non financiers dans leur prise de décision, par exemple :

- tenir compte d'orientations stratégiques majeures qui ne généreront des rentabilités élevées qu'à moyen terme ;
- lorsque l'entreprise intervient sur plusieurs secteurs d'activité et que l'un d'entre eux, pour des raisons conjoncturelles, voit sa rentabilité affaiblie, veiller à maintenir les investissements indispensables pour éviter que l'outil de production ne se dégrade par exemple.

3 questions à

Guy Sakelario

Partner de Meilleurinvestisseur.com

En tant que professionnel de la finance, quelle est pour vous l'importance des techniques de choix d'investissement ?

Ma trajectoire professionnelle m'a conduit à la direction de services financiers d'entreprises industrielles et de services, puis à la direction générale d'entreprises de distribution B to B filiales de groupes cotés au Nasdaq et adossées à des fonds d'investissements. Aujourd'hui, je suis *partner* de Meilleurinvestisseur.com, leveur de fonds pour projets d'amorçage et de développement : nos clients sont des porteurs de projets ayant besoin de fonds pour la création ou le développement de leur entreprise.

Pour Meilleurinvestisseur.com, l'objectif est de valoriser le projet de nos clients afin d'amener des investisseurs au capital de leur entreprise. Pour cela, nous croisons plusieurs techniques en fonction de la maturité du projet et des études de marché disponibles, et nous faisons en général une moyenne des valorisations trouvées servant de base à la négociation avec les investisseurs.

En tant que directeur financier ou directeur général, quelles étaient les techniques utilisées ?

Nous utilisions essentiellement la valeur actuelle nette du ou des projets avec des études de sensibilité de la VAN à chaque hypothèse, permettant de fixer des objectifs clairs au management sur les points clés du projet. Nous utilisions également la *discounted payback period* : le plan à moyen terme du groupe imposait parfois d'avoir du cash disponible à une date donnée, souvent N+2, pour un projet particulier.

Comment calculez-vous le taux d'actualisation et comment le justifiez-vous auprès des investisseurs ?

Si l'investisseur est un particulier ou une structure indépendante, le taux est calculé en fonction de son objectif (par exemple doubler la valeur de l'entreprise en 3 ou 4 ans). Il faut aussi apprécier si ce taux est raisonnable compte tenu de l'environnement économique, du mix de financement possible entre dette et capital, et des informations disponibles sur des sociétés du même type.

Si l'investisseur est un fonds d'investissement, nous proposons une approche avec un taux basé sur un historique de projets du même type et une sortie au bout de 3 à 6 ans. Mais ces investisseurs réalisent leur propre simulation et utilisent leurs taux qui dépendent de leurs objectifs et de leur appréciation du secteur d'activité : certains atteignent parfois 50 % ! ■

Les points **clés**

- Les critères dont les techniques de choix d'investissement doivent tenir compte sont : la considération de tous les flux futurs du projet d'investissement, la valeur temps de l'argent et le risque ou l'incertitude de ces flux futurs de trésorerie.

- La valeur actuelle nette est considérée comme la technique la plus pertinente dans le choix d'investissement. Bien que le TRI soit parfois privilégié par les entreprises, son usage est limité par la complexité et l'inefficience quant à son calcul, particulièrement lorsqu'il s'agit de projets mutuellement exclusifs ou d'ampleurs et de tailles différentes.

- Un projet sera considéré comme rentable et donc acceptable si sa valeur actuelle nette et son indice de profitabilité sont positifs, si son taux de rentabilité interne et son taux de rentabilité interne modifié sont supérieurs au taux d'actualisation. De plus, on privilégie les projets avec le délai de récupération et donc le délai de récupération actualisé les plus courts, bien évidemment inférieurs à la durée de vie du projet.

- En comparant deux projets, on choisira le plus rentable. Nous retiendrons donc celui qui a la valeur actuelle nette la plus élevée, le taux de rentabilité interne et le taux de rentabilité interne modifié les plus élevés ou l'indice de profitabilité le plus élevé. De plus, on préférera le projet avec le délai de récupération et le délai de récupération actualisé le plus court.

- Pour évaluer un projet d'investissement il ne suffit pas de se focaliser uniquement sur l'analyse de rentabilité dégagée, le risque est un élément clé dans un investissement. Les mesures statistiques de risque de projets sont l'étendue, l'écart-type et le coefficient de variation. Plus les flux sont dispersés par rapport à la moyenne espérée, plus le projet est risqué. Un écart-type plus élevé implique une forte probabilité que le flux réalisé ne corresponde pas au flux attendu.

APPLICATIONS

▶ Corrigés p. 286

QCM

Quelles sont les affirmations correctes ? Une seule bonne réponse par question est possible.

1 Le délai de récupération :

a. prend en considération tous les flux de trésorerie générés par un projet.
b. tient compte de la valeur temps de l'argent.
c. tient compte du degré de risque des flux de trésorerie.
d. nous informe sur la maximisation de la richesse de l'investisseur.

2 Le délai de récupération actualisé :

a. prend en compte l'ensemble des flux de trésorerie.
b. prend en considération la valeur temps de l'argent.
c. ne tient pas compte du degré de risque des flux de trésorerie.
d. nous informe sur la maximisation de la richesse de l'investisseur.

3 La valeur actuelle nette :

a. ne prend pas en compte tous les flux de trésorerie.
b. tient compte de la valeur temps de l'argent.
c. ne prend pas en compte le niveau de risque des flux de trésorerie.
d. ne nous informe pas sur la maximisation de la richesse de l'investisseur.

4 Le taux de rendement interne :

a. prend en compte tous les flux de trésorerie.
b. ne prend en compte la valeur temps de l'argent.
c. ne prend pas en compte le niveau de risque des flux de trésorerie.
d. ne nous informe pas sur la maximisation de la richesse de l'investisseur.

5 L'indice de profitabilité :

a. ne prend pas en compte tous les flux de trésorerie.
b. ne prend pas en compte la valeur temps de l'argent.
c. ne tient pas compte du degré de risque des flux de trésorerie.
d. ne nous informe pas sur la maximisation de la richesse de l'investisseur.

6 Le taux de rentabilité interne :

a. est unique.
b. est plus pertinent que la VAN.
c. ne peut être trouvé par tâtonnement.
d. peut être calculé par la méthode d'approximation linéaire.

7 La valeur actuelle nette :

a. peut être trouvée par tâtonnement.
b. est moins fiable que le TRI.
c. est une valeur absolue donc elle ne tient pas compte de la taille du projet.
d. n'est pas facile à calculer.

8 La différence entre le TRI et la VAN relève :

a. de la prise en compte du risque des flux futurs.
b. de l'hypothèse de réinvestissement.
c. de la prise en compte de la valeur temps de l'argent.
d. du montant de l'investissement.

Mises en situation

9 Calcul des différentes techniques et interprétation des résultats

La société Getko considère deux projets mutuellement exclusifs. Chacun nécessite un investissement de 80 000 €. Le délai de récupération maximal est fixé à 4 ans. Le taux d'actualisation est de 10 %. Les flux de trésorerie dégagés par les deux projets apparaissent dans le tableau suivant :

Flux de trésorerie futurs		
Années	Projet A	Projet B
1	20 000	40 000
2	20 000	20 000
3	30 000	20 000
4	40 000	20 000
5	10 000	20 000

1. Calculer la VAN, le TRI (13 % < TRI_A < 16 %, 15 % < TRI_B < 18 %), le TRIM avec un taux de réinvestissement de 5 %, le DR, le DRA et l'IP pour ces deux projets

2. Lequel des deux projets est le plus intéressant pour Getko ?

10 Controverse entre le TRI et la VAN

Supposons qu'un projet nécessite un investissement initial de 180 000 € et qu'il générera les flux futurs suivants : 55 000 €, 75 000 € et 100 000 € à la fin de chaque année durant trois ans. Le taux d'actualisation est de 10 %.

1. Calculez la VAN et le TRI de ce projet.

2. Calculez le TRIM en supposant que le taux de réinvestissement est égal :

a. au taux d'actualisation (10 %) ;

b. au TRI trouvé dans la question 1.

3. Qu'en déduisez-vous ?

11 Identification of projects generated cash flows and investment decision-making using the NPV

The company Globaprint would like to invest in a 3D printer for $40,000 payable immediately. The new printer would generate the following cash flows for the company: $15,000 in the first year of operation, $20,000 in the second and third years, $15,000 in the fourth year and $5,000 in the fifth year. During the last year, the printer needs to be repaired and would cost $8,000 but the company decided not to meet the repair cost. The machine is linearly depreciated over 5 years with no residual value.

Globaprint was given the opportunity to hire the same printer, paying $10,000 *per annum*, in advance, for the 5 years. The company would still expect to generate the same cash flows as in the purchase scenario, but the hire company would pay the repair cost of year 5. The generated cash flow of year 5 will rise then to $10,000.

■ As an undergraduate trainee at Globaprint, you are asked to advise the financial manager what would be the best scenario to acquire the printer. Use the NPV technique and the discount rate of 12 %.

12 Projets de tailles différentes

Un investisseur a le choix entre deux projets :

Projet 1 : Implanter un complexe de cinéma avec une mise initiale de 10 millions d'euros. Il estime qu'il récupérera son investissement au bout de 5 ans avec les flux de trésorerie suivants (en milliers) :

F_0	F_1	F_2	F_3	F_4	F_5
(10 000)	1 500	3 500	3 500	3 000	2 000

Projet 2 : Lancer une usine de cartons et de papiers recyclés en investissant 500 000 €, générant les flux suivants sur 5 ans (en milliers) :

F_0	F_1	F_2	F_3	F_4	F_5
(500)	100	150	250	200	175

1. En faisant appel au DR, que pensez-vous de ces deux projets ?

2. Sachant que le taux d'actualisation est de 10 %, lequel des deux projets recommanderiez-vous à l'investisseur d'entreprendre si vous adoptez la méthode de la VAN ?

13 Techniques d'aide à la décision et projets sans investissement initial

La société ITC vend des *commodities* (matières premières : blé, riz, bois,...), principalement sur le marché africain, qu'elle achète sur le marché européen. Le coût d'achat des marchandises vendues (CAMV) inclut des frais accessoires comme le fret qui représente à lui seul 3 % du chiffre d'affaires (CA).

Une opportunité se présente : acheter un bateau à 5 millions d'euros remboursables sur 10 ans et à un taux compétitif. La société arrêtera donc de payer les frais de fret et paiera les charges liées au bateau (salaires du personnel, électricité et maintenance), soit 7‰ du CA annuel, et au remboursement du crédit. Les dirigeants hésitent et se posent la question : faut-il réaliser cet investissement ? Ils souhaitent étudier la rentabilité d'un tel projet.

■ En tenant compte du tableau ci-dessous (chiffres en millions), et avec un taux d'actualisation de 13 %, quelle décision les dirigeants prendront-ils en se basant sur le calcul de la VAN ? Est-ce qu'ils opteront pour l'achat du bateau ou continueront-ils à payer le fret ?

	Année 1	Année 2	Année 3
CA	35	40	38
CAMV	29,05	33,2	31,54
Coût des intermédiaires	2,45	2,8	2,66

POUR ALLER PLUS LOIN

Alternative aux techniques d'évaluation classiques : les options réelles

Actuellement, l'évaluation des projets d'investissement par les techniques traditionnelles exposées dans ce chapitre apparaît de plus en plus controversée. Les limites de ces techniques, en particulier, celles liées à la modélisation du risque affectant les flux de trésorerie, pourraient être palliées par l'évaluation des « **options réelles** ».

Par analogie avec l'option financière d'achat (*call*) ou de vente (*put*) (▶ chapitre 10), une option réelle caractérise la position de l'entrepreneur ou de l'investisseur qui bénéficie d'une certaine flexibilité dans la gestion d'un projet d'investissement. Il a la possibilité de limiter ou d'accroître le montant de l'investissement en fonction de l'évolution des perspectives de rentabilité, ce qui ressemble au droit du financier d'exercer ou non son option sur un sous-jacent. La valeur de cette flexibilité est tout simplement la valeur de l'option réelle.

Cette technique présente l'avantage de modéliser de manière dynamique le risque et de contourner la difficulté de calculer le taux d'actualisation dont l'estimation est compliquée. Elle permet surtout de prendre en compte les actions stratégiques des dirigeants, en d'autres termes, de valoriser la *flexibilité managériale* associée à un projet d'investissement comme suit :

VAN stratégique = VAN traditionnelle + Valeur de l'option

Références

Allaz, B. (1990), « L'apport de la théorie des options à l'évaluation de projets d'investissement », *La Revue du Financier*, n° 74, mars-avril, p.28-32.

Brennan, M.J. (1973), « An approach to the valuation of uncertain income streams », *Journal of Finance*, 28 juin, p. 661-674.

Fabozzi, F.J. (2009), *Finance : Capital Markets, Financial Management and Investment Management*, Wiley.

Schier, G. (2005), « Apports et limites des options réelles à l'évaluation de projets d'investissement », *Vie & sciences de l'entreprise*, n° 3/2005 (n° 168-169), p. 95-107, www.cairn.info/revue-vie-et-sciences-de-l-entreprise-2005-3-page-95.htm

Chapitre 7

L'Office chérifien des phosphates (OCP), dont le siège est à Casablanca au Maroc, existe depuis 1920. Il était chargé d'extraire de la roche de phosphate dont le traitement permet de produire des engrais. En 2006-2007, un changement majeur se produit : l'OCP décide de devenir un acteur majeur sur la scène internationale en se repositionnant sur la totalité de la chaîne de valeur, de l'extraction de la roche à la production d'engrais.

Le challenge est considérable et s'appuie sur un programme d'investissements entre 2007 et 2020 de 115 milliards de dirhams, alors qu'en 2006, les capitaux propres sont négatifs (– 15,9 milliards de dirhams), le chiffre d'affaires s'élève à 23,5 milliards et la perte à 12,2 milliards.

Fin 2009, le résultat net atteint 12,2 milliards et les fonds propres 16,7 milliards de dirhams. Les investissements industriels de l'exercice 2012 s'élèvent à 12,6 milliards. Réussir ce pari a nécessité de recourir à des financements d'origine diverse :

– autofinancement : sur les 10,7 milliards de dividendes de cash flow net opérationnel (▶ chapitre 4) dégagés en 2012, l'OCP en a consacré 4,7 milliards à la distribution de dividendes et 6 milliards à l'autofinancement.

– emprunt bancaire : l'OCP emprunte en 2012 8,9 milliards et rembourse ses dettes à hauteur de 3,3 milliards ;

– emprunt obligataire : fin 2011, l'OCP émet sur les marchés financiers un emprunt obligataire de 2 milliards.

En quoi consistent ces modes de financement ? En existe-t-il d'autres ? Quel mode de financement une entreprise doit-elle privilégier pour faire face à ses ambitions stratégiques ? Comment planifier son financement ?

Choix de financement

Plan

Pré-requis

- → **Analyser** un compte de résultat.
- → **Construire** et analyser un bilan fonctionnel.
- → **Construire** et analyser un tableau de flux ou tableau de financement.

Compétences attendues

- → **Connaître** les différentes sources de financement.
- → **Identifier** leurs avantages et leurs contraintes.
- → **Choisir** un mode de financement en exploitant les critères pertinents.
- → **Établir** un plan de financement.

L'entreprise qui décide d'investir se pose deux questions : mon projet est-il rentable ? Comment le financer ? La réponse à la première question a été donnée dans le chapitre 6. L'objectif du présent chapitre est de répondre à la deuxième question, en présentant les types de financements existants, les critères de choix et leur planification.

Une des difficultés des entreprises, et en particulier des jeunes entreprises, est de trouver des ressources pour financer leurs investissements. Il existe plusieurs modes de financement : par ressource interne (autofinancement) ou par ressources externes (capitaux propres, dettes financières, crédit-bail et subvention). Une entreprise ne peut bénéficier de concours externes que si elle démontre sa capacité à créer par elle-même de la richesse.

1 L'autofinancement

Le chapitre 4 sur le tableau des flux de trésorerie a mis en évidence la manière dont l'entreprise génère de la trésorerie grâce à son activité. C'est le « flux net de trésorerie lié à l'exploitation » (partie 1 du tableau des flux de trésorerie).

La trésorerie provient de la différence entre les flux d'encaissement provenant principalement du règlement des ventes réalisées par l'entreprise et les flux de décaissements générés par le paiement des charges liées à l'exploitation. Le flux net de trésorerie lié à l'exploitation est également désigné par le terme cash flow net opérationnel (*operational cash flow*), employé par les analystes financiers.

Cette source de financement est appelée autofinancement (*self-financing*).

1.1 Les avantages de l'autofinancement

Cet apport de trésorerie a deux caractéristiques fondamentales :

- il est « reproductible », tant que l'entreprise reste en activité. Tous les ans, elle reproduira un flux net de trésorerie provenant de son exploitation. Il variera bien entendu en fonction des ventes, de la gestion des stocks, des créances clients et des dettes fournisseurs mais il a un caractère permanent ;
- il n'engendre aucun engagement vis-à-vis d'un tiers. Il provient essentiellement des ventes ; c'est bien une ressource à caractère définitif telle que définie par le plan comptable.

L'entreprise dispose donc de l'entière liberté de son emploi (au sens décrit dans le chapitre 3, tableau de financement). Une des utilisations possibles de cette ressource est de contribuer au financement des investissements, d'où le terme de

« capacité d'autofinancement » désignant la première étape de calcul du flux net de trésorerie lié à l'exploitation (► chapitre 4). Cette relation entre cette ressource et le financement des investissements a été mise en évidence au chapitre 4 par la notion de *free cash flow*.

1.2 Les contraintes et les limites de l'autofinancement

La première limite est fixée par une contrainte « technique » : le montant de la capacité d'autofinancement réalisée par l'entreprise.

La seconde limite est liée aux échéances des emprunts que l'entreprise a souscrits. Une entreprise ne peut prendre le risque de compter sur le renouvellement de ses emprunts pour éviter de payer ses dettes (mécanisme du crédit *revolving*).

La troisième limite est liée au niveau moyen de trésorerie que l'entreprise juge prudent de détenir :

- soit pour faire face à des besoins de trésorerie à court terme imprévus ;
- soit pour saisir toute opportunité d'investissements, en particulier l'acquisition d'autres entreprises. C'est le fameux « trésor de guerre ». Des enquêtes ont montré que les entreprises qui ont acquis d'autres entreprises par « autofinancement », l'ont fait à des conditions beaucoup plus avantageuses.

Pour une petite ou moyenne entreprise (PME) ou une entreprise de taille intermédiaire (ETI), l'autofinancement est utilisé avec parcimonie, soit pour financer des investissements de faible montant, soit pour participer au financement d'investissements plus importants avec le concours des banques.

Pour un groupe, la situation est différente. Les investissements de ses filiales sont cycliques. Mais les investissements des unes et des autres n'interviennent pas nécessairement aux mêmes périodes. Autrement dit le *cash flow* net opérationnel de celles qui sont en creux de cycle sert à financer celles qui sont en phase d'investissement. Le *free cash flow* d'un groupe peut rester positif sur de longues périodes.

2 Les capitaux propres

Le choix de financement par les fonds propres est le résultat d'un compromis entre les intérêts de l'entreprise et ceux des actionnaires. En effet, la rémunération qu'attendent les actionnaires de leur placement constitue un coût pour l'entreprise.

Définition

Les **capitaux propres** (*shareholder's equity*) sont une ressource stable, ils se situent dans le haut de bilan au passif. Au plan comptable, les capitaux propres englobent : le capital, les primes d'émission et primes assimilées, les réserves, le résultat de l'exercice, les subventions d'investissement, les provisions réglementées.

Le financement par capitaux propres se fait par un recours à l'actionnaire via une augmentation de capital en numéraire. Cette augmentation de capital permet de financer la croissance de l'entreprise ou de rétablir le cas échéant son équilibre financier dégradé par des pertes. C'est une opération très réglementée juridiquement.

2.1 Les principales motivations du recours à l'augmentation de capital

Le recours à l'augmentation de capital (*Share capital increase*) se justifie par la volonté de renforcer les capitaux propres, d'apurer des pertes, de financer de nouveaux investissements, de renforcer la confiance des tiers.

- **Financer de nouveaux projets.** Plus particulièrement, les projets qui s'avèrent rentables et pertinents pour les investisseurs, en proposant une VAN positive, par exemple.
- **Renforcer sa trésorerie.** Dans un environnement économique instable, les entreprises ont besoin d'une trésorerie suffisante pour faire face à des menaces et/ou des opportunités comme par exemple : racheter un concurrent, maîtriser ses coûts de fabrication.
- **Renforcer la confiance des tiers.** Des capitaux propres importants limitent les risques financiers. C'est une condition pour que les créanciers financiers acceptent d'accorder de nouveaux prêts.

Exemple

En novembre 2013, **Alcatel-Lucent** voit sa perspective de note de crédit relevée par Standard & Poor's et Moody's. S&P pense que l'augmentation de capital de 955 millions d'euros annoncée par l'équipementier aura un impact positif sur la structure du capital et le profil de liquidité du groupe. Les trois opérations de refinancement annoncées depuis le début 2013 doivent améliorer la liquidité et le profil de maturité d'Alcatel-Lucent, selon Moody's, qui estime que l'augmentation de capital permettra au groupe d'accroître sa flexibilité et de mener à bien son plan de restructuration.

- **Recapitaliser**. Si l'entreprise dégage des pertes qui se traduisent par une diminution de la moitié du capital social, la loi impose soit le dépôt de bilan soit une recapitalisation pour reconstituer le capital social. Les actionnaires ont donc le choix entre voir disparaître leur entreprise ou réinvestir.

– **Se désendetter**. Certaines entreprises sont paralysées par leur trop fort endettement. Pour retrouver de la flexibilité d'endettement, elles décident de rembourser leurs dettes financières en ayant recours à l'augmentation de capital.

Exemple

Solocal Group (ex-PagesJaunes) annonce en février 2014 qu'il souhaitait procéder à une augmentation de capital de 440 millions d'euros afin de refinancer sa dette. Solocal propose à ses créanciers de rembourser ainsi environ 30 % de sa dette en échange d'un prolongement de l'échéance de 2015 à 2018, voire à 2020 si un autre refinancement est trouvé d'ici là. Au total, à la fin de l'opération, la dette nette serait ramenée à 1,2 milliard d'euros, contre près de 2 milliards. Focalisé sur la réduction de son endettement depuis plusieurs années, le groupe espère pouvoir se consacrer pleinement au déploiement de son plan stratégique avec un niveau d'endettement moindre par rapport à sa rentabilité.

2.2 Les avantages du financement par l'augmentation du capital

L'augmentation de capital présente des avantages sur trois aspects.

L'échéance. L'augmentation du capital par émission de nouvelles actions ne présente aucun engagement de remboursement de la ressource mise à disposition par les actionnaires ni de paiement d'intérêts périodiques comme dans le cas d'un financement par emprunt classique (▶ chapitre 9). Les détenteurs des actions peuvent changer par l'effet de la négociation des actions sur le marché mais le capital souscrit et payé reste une ressource à caractère permanent.

Les capitaux propres sont une garantie de solvabilité. Plus ils sont importants, plus la capacité de l'entreprise à honorer ses engagements sur le long terme est forte. À l'inverse, une entreprise dont les capitaux propres sont négatifs est en situation de dépôt de bilan car elle doit plus qu'elle ne possède.

La rémunération. Les actionnaires ont droit aux bénéfices réalisés par l'entreprise proportionnellement à la part détenue dans le capital sous forme de dividendes (*dividends*). C'est pourquoi le résultat de l'exercice figure au passif du bilan : c'est une dette de l'entreprise vis-à-vis des associés. Mais il n'y a aucune obligation de distribuer entièrement les bénéfices aux actionnaires. Ce sont eux qui décident. Des entreprises comme Microsoft ou Apple n'ont, pendant très longtemps versé aucun dividende ; les actionnaires privilégiaient la plus-value sur la cession de leurs titres plutôt que le versement de dividendes.

Le risque. L'actionnaire assume le risque de perte. En cas de perte, aucun dividende ne sera versé.

2.3 Les contraintes de l'augmentation de capital

Les principales contraintes viennent des attentes et des exigences des actionnaires.

Dilution du capital et des bénéfices. L'augmentation de capital a un impact direct sur la répartition du capital et sa composition. En effet, si de nouveaux actionnaires entrent au capital de l'entreprise, les anciens actionnaires risquent de voir leur influence diminuer et de perdre le contrôle de la société. Si deux actionnaires souscrivent à l'augmentation de capital mais pour des montants différents l'un des deux actionnaires peut devenir majoritaire et l'autre minoritaire. On parle alors de dilution du capital qui s'explique mécaniquement par l'augmentation du nombre d'actions. De même, le bénéfice par action perçu par chaque actionnaire est alors réduit.

Exemple

Carlos et Natacha sont actionnaires à hauteur de 50 % chacun de la société qu'ils ont fondée. Leur société vaut 200 et ils décident de procéder à une augmentation de capital de 100 qui sera souscrite intégralement par Natacha. À l'issue de cette augmentation la société sera valorisée 300 avec la répartition suivante : Carlos détient maintenant 33 % du capital et Natacha 66 %. Le poids de Carlos a diminué et Natacha est devenue majoritaire. Ce nouveau partage modifie le pouvoir de décision. Il est susceptible aussi de générer des conflits.

Exemple

En janvier 2014, le conseil de surveillance de PSA Peugeot Citroën annonce l'entrée au capital du constructeur automobile de l'entreprise chinoise Dongfeng et de l'État français à l'occasion d'une augmentation de capital de 3 milliards d'euros. La participation de la famille Peugeot passerait de 25,4 % à 14 %, à égalité avec l'État français et Dongfeng. Dans une lettre à son cousin Robert Peugeot, rendue publique par le journal *Les Échos*, Thierry Peugeot critique l'ampleur de la dilution de la participation familiale. Selon le président du conseil de surveillance de PSA, les actionnaires et le marché seraient prêts à accompagner l'augmentation de capital, ce qui pourrait limiter la participation de l'État et de Dongfeng, sans les exclure.

Diminution du cours de Bourse. L'émission d'actions nouvelles entraîne une diminution de la rentabilité des actions. Les anciens actionnaires vendront leurs titres car à court terme les perspectives de gains sont faibles. Les projets financés par cette augmentation de capital ne porteront leurs fruits que dans le long terme, par conséquent, le cours de Bourse diminue à court terme.

Risque de non-souscription. Si l'augmentation de capital est jugée comme source d'instabilité ou sans intérêt dans le cas où elle ne permettra pas de renforcer la situation de l'entreprise ou d'accroître sa profitabilité, il y a un énorme risque que les nouvelles actions émises ne soient pas souscrites. Cette absence ou faiblesse de souscription traduira le manque de confiance des investisseurs envers l'entreprise. À la fois en termes financiers et d'image, le signal envoyé aux marchés peut être préjudiciable à l'entreprise.

Exemple

En septembre 2013 la Banca Monte Paschi di Siena souhaite lancer une augmentation de capital de 2,5 milliards d'euros. Selon Giuseppe Bivona, un ancien banquier d'investissement de Goldman Sachs et Morgan Stanley : « Il n'y a pas une chance au monde qu'ils puissent lever 2,5 milliards d'euros sur le marché dans les 12 mois. Ils se dirigent vers une nationalisation ». Le risque de non-souscription est un signe de défiance des actionnaires, qui compromet la survie de la banque.

Le coût élevé de l'augmentation de capital. Les actionnaires exigent une rentabilité élevée car ils sont rémunérés sous forme de dividendes qui dépendent des bénéfices réalisés au cours de l'exercice. L'actionnaire prend donc un risque en souscrivant à une augmentation de capital.

FOCUS

Dividendes et théorie du signal

Au-delà du coût, le dividende n'est pas anodin car il permet de fidéliser les actionnaires et d'autre part de véhiculer de l'information sur l'entreprise, c'est la théorie du signal. Le dividende est un outil de communication entre l'entreprise et le marché. Plus le dividende est élevé, plus le signal envoyé au marché est fort, ce qui signifie que l'entreprise a des informations privilégiées sur ses flux de trésorerie futurs. À titre d'exemple les entreprises du CAC 40 ont versé en 2013, 40,2 milliards d'euros de dividendes aux actionnaires. Ces versements sont perçus par le marché financier comme un signe de bonne santé.

3 Les dettes financières

Les dettes financières (*financial debt*) sont des ressources stables situées au passif et contractées auprès des banques ou des marchés financiers. Elles permettent à l'entreprise d'assurer son financement sur une période de long terme.

Près de 80 % du financement des entreprises françaises, 90 % pour les petites et moyennes entreprises (PME), est aujourd'hui de source bancaire.

3.1 L'emprunt bancaire

Définition

Souscrit auprès d'une banque ou d'un établissement de crédit, **l'emprunt bancaire** (*loan*) est la forme de dette financière la plus connue et la plus répandue.

En principe, cette dette n'a pas vocation à financer des projets risqués pouvant mettre en péril les dépôts des épargnants. Elle finance l'acquisition des immobilisations qui permettent à l'entreprise d'augmenter sa rentabilité.

3.1.1 Les avantages de la dette financière

Le coût de l'emprunt, fixé à l'avance, est, dans la plupart des cas, plus faible que le coût des capitaux propres, de sorte que l'emprunteur peut bénéficier d'un effet de levier (▶ section 4). Ceci est lié à un avantage fiscal qui permet de déduire du résultat le montant des intérêts versés. Toute entreprise, quelle que soit sa taille, peut avoir accès à l'emprunt.

3.1.2 Les contraintes de la dette financière

La dépendance vis-à-vis des banques. L'entreprise doit respecter les modalités du contrat de prêt ; en particulier, tout défaut de remboursement pourra entraîner la résiliation du contrat et le remboursement immédiat des sommes restant dues.

Il existe donc un risque financier. En cas de défaut de paiement ou de difficultés plus importantes, l'entreprise doit renégocier les conditions du contrat, en particulier l'étalement de la dette. En outre, l'accord des banques n'est pas toujours obtenu.

FOCUS

Les covenants bancaires

Les banques exigent souvent des covenants bancaires (*covenants*). Le covenant est une clause d'un contrat de prêt qui en cas de non-respect peut entraîner le remboursement anticipé du capital restant dû.

Il existe deux grands types de covenants :

- **Première catégorie** : les covenants qui contraignent la société à respecter des ratios financiers au moment de la clôture annuelle de ses comptes. Les ratios utilisés varient d'une banque à l'autre. Il est impossible de les lister tous. Les seuils ou les plafonds précisés dans les contrats peuvent différer selon les banques. Les covenants financiers les plus courants sont :

– Ratio $\dfrac{\text{Dette financière nette (1)}}{\text{Fonds propres}}$

– Ratio $\dfrac{\text{Dette financière nette (1)}}{\text{Excédent brut d'exploitation (2)}}$

– Ratio $\dfrac{\text{Frais financiers (3)}}{\text{Excédent brut d'exploitation (2)}}$

– Ratio de couverture des frais financiers : $\dfrac{\text{Résultat d'exploitation}}{\text{Frais financiers (3)}}$

– Ratio de couverture du service de la dette : $\dfrac{\text{Cash flow net (4)}}{\text{Frais financiers (3)}}$

– Ratio de levier : $\dfrac{\text{Dette financière nette (1)}}{\text{Résultat d'exploitation}}$

(1) Dette financière nette = dette à moyen et long terme + encours d'affacturage + crédits baux + concours à court terme + comptes courants d'associés bloqués – disponibilités et valeurs mobilières de placement.

(2) Excédent brut d'exploitation = résultat d'exploitation +/– dotations nettes aux amortissements et provisions d'exploitation.

(3) Frais financiers = coût de l'emprunt hors impact des effets de change et des mouvements de provisions financières.

(4) Cash flow net = résultat net + dotations nettes aux amortissements et aux provisions sur actifs immobilisés – variation du besoin en fonds de roulement.

- **Deuxième catégorie** : les clauses obligeant les dirigeants de l'entreprise à tenir la banque informée des modifications de structure juridique ou d'actionnariat de la société, ou de ses nouveaux projets stratégiques.

Une perte de confiance des partenaires de l'entreprise en cas d'endettement excessif. Cet endettement peut entraîner l'entreprise soit vers une détresse financière (l'incapacité de faire face à ses obligations financières : paiement de capital et des intérêts), soit à renoncer à des opérations financières.

Exemple

La société Porsche souhaite en mars 2009 prendre le contrôle de Volkswagen et emprunte 10 milliards d'euros pour racheter les titres Volkswagen. Pour boucler l'opération Porsche devait emprunter 2 milliards supplémentaires. Compte tenu de la baisse des ventes et de la dette colossale de Porsche, aucune banque ne souhaita apporter ce complément. Porsche a dû renoncer à prendre le contrôle de Volkswagen.

Le respect des ratios fixés par les prêteurs (banques et marchés financiers) tels : Les établissements de crédit pour limiter leurs risques fixent des règles et des limites contraignantes pour l'attribution des prêts.

Le **taux d'endettement** (*gearing*) : c'est le rapport entre les dettes financières et les capitaux propres. Il ne doit pas dépasser 100 %.

$$\text{Taux d'endettement} = \frac{\text{Dettes financières}}{\text{Capitaux propres}} \times 100$$

La **durée de désendettement** : c'est le nombre théorique d'années qui serait nécessaire pour assurer le désendettement de l'entreprise. Les analystes financiers considèrent que le nombre ne devrait pas dépasser 4 années.

$$\text{Durée de désendettement} = \frac{\text{Dettes financières}}{\text{Capacité d'autofinancement (CAF)}}$$

3.2 L'emprunt obligataire

L'emprunt obligataire (*bonds*) est une alternative à la dette bancaire (▶ chapitre 8).

L'entreprise émet des obligations qui sont souscrites par des investisseurs (particuliers, banques, fonds de pension, etc.). L'emprunt obligataire est une opération de crédit conclue avec des tiers (particuliers, fonds de pension…).

Il existe de nombreuses formes d'emprunts obligataires : emprunts obligataires convertibles en actions à taux fixe, à taux variable, etc. Chaque emprunt obligataire est caractérisé par une valeur nominale qui représente le capital emprunté, par son prix d'émission (souvent inférieur à la valeur nominale) et par son prix de remboursement qui est parfois fixé à un montant supérieur au pair, son taux d'intérêt nominal ou taux du coupon, sa durée ou maturité (le plus souvent, 5 à 15 ans pour les entreprises) et ses modalités de remboursement (le plus souvent, le capital est remboursé *in fine* et les intérêts sont payés périodiquement).

3.2.1 Les avantages de l'émission obligataire

Les principaux avantages de l'émission obligataire par l'entreprise sont les suivants :
- l'émission d'emprunts obligataires n'entraîne aucune perte de pouvoir pour les dirigeants ;
- au terme de cette émission, l'emprunt obligataire peut être converti en actions si les conditions du contrat le prévoient ;
- les intérêts versés aux obligataires sont déductibles fiscalement.

3.2.2 Les inconvénients de l'émission obligataire

L'inconvénient de l'emprunt obligataire est son coût élevé additionné à des coûts annexes : frais d'avocats, publications, banquiers. Il présente également divers risques financiers auxquels sont exposés les investisseurs détenteurs d'obligations mais qui se répercutent également sur l'émetteur (▶ chapitre 8).

4 L'effet de levier

4.1 Présentation

Le chapitre 6 a décrit les méthodes pour calculer la rentabilité d'un investissement, indépendamment de son mode de financement. Il a permis également de déterminer les critères de choix. Une fois l'investissement sélectionné, se pose la question de son financement.

Un des critères utilisé est de sélectionner le mode de financement qui va optimiser la rentabilité de cet investissement pour l'actionnaire. Autrement dit, la question est de savoir quel est le mode de financement qui va permettre d'obtenir la rentabilité des capitaux propres (*return on equity*) la plus élevée. Est-il préférable de financer l'investissement grâce à l'autofinancement (prélèvement sur la trésorerie de l'entreprise), une augmentation de capital, ou bien en faisant appel à l'emprunt ?

Exemple

Une entreprise a sélectionné un projet nécessitant un investissement d'un montant de 500 K€ composé d'un matériel pour 350 K€ et d'un besoin en fonds de roulement de 150 €.
Le taux d'impôt sur les sociétés est de 33,1/3 %.
La rentabilité économique de cet investissement est de 18 % avant impôts (90 K€ par an), soit 12 % après impôts (60 K€ par an).

Hypothèse n° 1
Les actionnaires financent la totalité de l'investissement.
Le revenu pour l'actionnaire est donc de 90 K€ avant impôt soit 60 K€ après impôt.

Investissement		Financement	
Matériel	350	Capitaux propres	500
Besoin en fonds de roulement	150	Emprunt	
Total	**500**	**Total**	**500**

Le retour sur capitaux propres est donc de (60 / 500) = 12 %.

Hypothèse n° 2
L'entreprise emprunte 250 K€ à 6 %.
L'emprunt engendre une charge financière de 15 K€. Cette charge est déductible du résultat. Elle engendre donc une économie d'impôt de 5 K€ (15 × 1/3).
Le résultat avant impôts pour les actionnaires devient donc : 90 – 15 = 75 K€.
L'impôt sur les sociétés est de 25 K€.
Le résultat après impôt pour les actionnaires est de 50 K€.

Investissement		Financement	
Matériel	350	Capitaux propres	250
Besoin en fonds de roulement	150	Emprunt	250
Total	**500**	**Total**	**500**

La rentabilité de capitaux propres investis (retour sur investissement pour l'actionnaire) sera donc de 50 / 250 = 20 %.
Mais comment obtient-on cet accroissement du retour sur investissement ? C'est ce qu'on appelle « **l'effet de levier** » (*leverage*).
La banque a fixé son propre « retour sur investissement » : il est de 6 %.
Or la rentabilité économique de l'investissement est de 18 %. L'écart profite donc à l'actionnaire, soit : (18 % – 6 %) × 250 = 30 K€.
De plus, les charges financières sont déductibles, l'impôt n'est plus que de (90 – 15) / 3 = 25 K€.
Le revenu pour les actionnaires est donc de : (45 + 30 – 25) = 50 K€.

Plus généralement :

$$\text{ROE} = r(1-t_{\text{IS}}) + (r-i)(1-t_{\text{IS}}) \times \frac{\text{DFN}}{\text{CP}}$$

Avec ROE : retour sur capitaux propres ; DFN : dettes financières nettes ; CP : capitaux propres ; i : taux de l'emprunt ; t_{IS} : taux de l'impôt sur les sociétés ; r : rentabilité économique.

Exemple

Ainsi, dans l'hypothèse n° 2 :
ROE = 18 % (1 – 1/3) + (18 % – 6 %) (1 – 1/3) × (250 / 250) = 12 % + 9 % = 20 %.

4.2 L'avantage et les dangers de l'effet de levier

4.2.1 L'avantage de l'effet de levier

L'effet de levier accroît le retour sur capitaux propres des actionnaires dès lors que le coût de l'emprunt est inférieur à la rentabilité économique de l'investissement. Donc l'entreprise a intérêt à s'endetter au maximum car plus la part de l'emprunt augmente, plus la rentabilité des capitaux propres s'accroît.

4.2.2 Les dangers de l'effet de levier

La rentabilité économique du projet est une estimation. Si elle s'avère insuffisante pour couvrir le coût de la dette, l'effet de levier sera inversé en un « **coup de massue** ».

L'accroissement du niveau d'endettement augmente l'exposition de l'entreprise au défaut de paiement si celle-ci ne peut plus faire face au règlement de ses échéances.

Dans la plupart des cas, l'effet de levier est utilisé dans des proportions très limitées pour deux raisons :

- les banques limitent leur concours. N'oublions pas que la majorité des sommes prêtées par les banques ont fait l'objet d'un emprunt sur les marchés financiers ;
- les investisseurs réagissent négativement à tout niveau d'endettement excessif des entreprises.

5 Le crédit-bail et les subventions

5.1 Le crédit-bail

Sous l'angle juridique, le crédit-bail (*lease purchase*) est un contrat de location suivi d'une option d'achat. Il n'est donc pas soumis à la législation sur les opérations de crédit. Sous l'angle financier, il s'agit d'un moyen de financement qui peut s'assimiler à un crédit bancaire (▶ chapitre 3).

Mentionnons le cas particulier de la cession-bail ou *lease-back* qui est une opération consistant pour une entreprise, à céder des biens immobiliers ou des biens d'équipement à une société de crédit-bail qui lui en laisse en contrepartie la jouissance du bien sur la base d'un contrat de crédit-bail prévoyant les conditions de rachat. C'est un moyen pour elle de se procurer des capitaux pour réaliser une opération d'investissement qu'elle ne pourrait financer autrement.

Le crédit-bail présente l'avantage de ne pas figurer au passif du bilan, contrairement à l'emprunt bancaire. L'accord de la société de crédit-bail est obtenu plus facilement, celle-ci demeurant propriétaire du bien jusqu'au terme du bail.

Les limites du crédit-bail sont un coût généralement élevé et le fait qu'il ne concerne que des biens matériels et immobiliers.

5.2 Les subventions d'investissement

Les subventions d'investissement (*investment grant*) représentent des aides financières accordées par l'État, par les collectivités publiques ou entre entreprises. Les subventions d'investissement ou d'équipements qui se situent dans les capitaux propres de l'entreprise, représentent des ressources financières destinées à financer un investissement.

La particularité des subventions d'investissement est qu'elles sont versées à titre définitif et ne sont pas destinées à être remboursées. Néanmoins, elles sont soumises à fiscalité.

Les subventions ont un caractère limité, aléatoire et ne peuvent donc constituer qu'un complément de financement.

6 Le plan de financement

Définition

Le **plan de financement** a pour objectif d'identifier et d'évaluer les besoins de financement prévisionnels à long et à moyen terme et de sélectionner les modes de financement appropriés. Le plan de financement exprime les choix de financement de l'entreprise.

6.1 Les domaines d'application

Le plan de financement est principalement utilisé dans le cadre de l'élaboration du *business plan*[1] d'une entreprise, aussi bien dans sa phase de création que dans des phases de développement. Il trouve également sa justification dans le cadre d'un investissement majeur.

6.2 Les finalités du plan de financement

Le plan de financement a plusieurs finalités :
- identifier les volumes et la durée des financements à mettre en œuvre (besoins de financements prévisionnels) ;
- vérifier la cohérence financière des choix stratégiques ;
- solliciter des financements auprès des banques ;
- constituer une base de négociation avec les partenaires financiers ;
- prévenir les difficultés financières (insuffisances de trésorerie) ;
- élaborer un outil de suivi, de pilotage et d'actualisation de la politique financière de l'entreprise.

1 Le *business plan* est un document qui décrit l'ensemble du projet d'une entreprise depuis la stratégie jusqu'aux prévisions financières.

6.3 La structure du plan de financement

Il existe un grand nombre de modèles dont les principaux sont dérivés des tableaux de financement (▶ chapitre 3) ou des tableaux de flux de trésorerie (▶ chapitre 4).

FOCUS

Les différents modèles de plan de financement

Le plan de financement de l'Agence pour la création d'entreprise (APCE)

Une première partie recense, pour chaque exercice, les nouveaux **besoins durables** de l'entreprise qui doivent apparaître au cours de cet exercice : programme d'investissements, augmentation du BFR, remboursement annuel des emprunts, dividendes distribués (si société).

Une deuxième partie recense toutes les nouvelles **ressources stables** qui interviennent sur ce même exercice : Capitaux propres, Comptes courants d'associés, Primes – subventions, Capacité d'autofinancement, Emprunts bancaires à moyen ou long terme.

Le plan de financement de l'ordre des experts comptables (OEC)

Ce plan de financement privilégie l'approche en termes de flux de trésorerie effective.

Ce tableau classe les flux selon les trois fonctions de l'entreprise : **activité**, **investissement** et **financement**.

Pour permettre une exploitation optimale du plan de financement et faciliter sa construction, il est recommandé d'adopter la même structure formelle entre le plan de financement et le tableau de financement ou le tableau des flux de trésorerie. Dans ce chapitre, le parti pris a été d'adopter le tableau des flux de trésorerie comme modèle de plan de financement. C'est le modèle du « tableau des flux de trésorerie prévisionnels » qui sera utilisé.

6.4 La démarche d'élaboration du plan de financement

L'élaboration du plan de financement comprend **deux phases distinctes** :

- l'étude préliminaire dans laquelle on détermine les besoins non couverts par les ressources (niveaux, date d'apparition, durées, etc.) ;
- le montage du plan effectif qui sélectionne les modes de financement choisis et intègre les flux de trésorerie correspondants (ressources nouvelles apportées et emplois nouveaux induits).

6.4.1 L'étude préliminaire

Elle consiste à saisir les éléments à partir desquels les besoins de financement seront estimés.

Il s'agit en premier lieu d'évaluer les *cash flows* que l'on peut attendre des prévisions d'activités et de résultats qui s'exprimeront à partir des Comptes de résultat prévisionnels pluriannuels (3 à 5 ans).

En second lieu, on déduit du plan d'investissement les flux de trésorerie correspondants (flux liés à l'investissement). On vérifie la cohérence entre les prévisions d'activité et de résultat avec le plan d'investissement.

Enfin, on détermine les flux de trésorerie liés au financement correspondant à des engagements passés, en particulier les remboursements d'emprunts.

POINT MÉTHODE

Technique d'évaluation des flux de trésorerie d'exploitation

Les flux de trésorerie prévisionnels pluriannuels sont calculés à partir de la méthode « indirecte » (► chapitre 4 : évaluation des flux de trésorerie liés à l'exploitation).

- On calcule la capacité d'autofinancement prévisionnelle à partir des comptes de résultats prévisionnels.
- On établit une projection de l'évolution des composantes du besoin de fonds de roulement à partir de la politique de gestion des stocks, des créances et des dettes que l'entreprise prévoit d'appliquer sur le futur.
- La somme des deux éléments constitue les flux nets de trésorerie liés à l'exploitation.

Exemple

Une entreprise établit en fin d'exercice son plan de financement pour les trois prochaines années.
Elle estime sa capacité d'autofinancement à 150 000 € la première année, 180 000 € la deuxième et à 250 000 € la troisième.
Elle évalue l'évolution de son besoin en fonds de roulement à – 20 000 € la première année, + 30 000 € la deuxième et +25 000 € la troisième.
Pour réaliser son projet, elle devrait investir dans des moyens de production pour 4 000 000 € la première année. Elle prévoit un investissement financier de 50 000 € la seconde année. Elle prévoit d'adapter son outil de production la troisième année en cédant des actifs pour un prix de cession de 100 000 € et en le remplaçant par un matériel d'un coût d'acquisition de 190 000 €.
Au titre d'un emprunt souscrit en N–1, elle doit rembourser 70 000 € la première année, 80 000 € la deuxième année, et 90 000 € la troisième année.
L'entreprise établit son « tableau préparatoire au plan de financement » :

	N+1	N+2	N+3
CAF	150 000	180 000	250 000
Variation du BFR	20 000	(30 000)	(25 000)
Flux net de trésorerie liés à l'exploitation	**170 000**	**150 000**	**225 000**
Investissements	(4 000 000)	(50 000)	(190 000)
Cessions			100 000
Flux net de trésorerie liés à l'investissement	**(4 000 000)**	**(50 000)**	**(90 000)**
Remboursement d'emprunts en cours	(70 000)	(80 000)	(90 000)
Flux net de trésorerie lié au financement	**(70 000)**	**(80 000)**	**(90 000)**
Besoin de financement résiduel	**(3 900 000)**	**20 000**	**45 000**

▲ **Tableau préparatoire au plan de financement**

6.4.2 Le montage du plan effectif

L'entreprise choisit alors les sources de financement optimisant la rentabilité des investissements d'une part, et réduisant les risques financiers d'autre part.

L'**optimisation des moyens** de financement s'appuie sur le calcul de la rentabilité de l'investissement indépendamment du mode de financement choisi (▶ chapitre 4) et du coût des moyens de financement qui pourraient être sollicités.

C'est dans cette logique que l'effet de levier trouve sa place. En effet, l'emprunt est actuellement une source de financement moins couteuse que l'augmentation de capital. D'une part, l'exigence de rémunération de l'établissement de crédit (intérêts) est plus modeste que celle exigée par les actionnaires, d'autre part son coût est déductible du résultat (avantage fiscal). Dès lors que la rentabilité de l'investissement prévu est supérieure au taux de l'emprunt, celui-ci devrait être retenu.

La **mesure du risque** consiste à prévenir les risques de défaut de paiement qui pourraient survenir d'évènements futurs pouvant contrarier la réalisation des prévisions. Cela conduit à limiter le niveau d'endettement.

POINT MÉTHODE

Sélectionner les bonnes sources de fonds

On partira de la trésorerie nette existante au départ du plan de financement pour évaluer le besoin de financement tant dans son montant que dans sa durée.

On sélectionnera les sources de fonds susceptibles d'être les mieux adaptées au besoin pour disposer en permanence du niveau de trésorerie nette fixé comme étant un minimum.

Exemple

L'entreprise dispose d'une trésorerie nette au départ du plan de financement de 185 000 €. Elle ne pourra pas bénéficier d'une subvention d'investissement.

L'objectif de rentabilité l'amènerait à choisir un financement par emprunt (le taux est de 3,5 %) pour financer la majeure partie de ses investissements de la première année. Mais elle ne pourra pas assurer les remboursements d'emprunts des premières années, sa montée en puissance étant insuffisante. Elle serait donc amenée à renégocier sa dette régulièrement ce qui engendre un risque important.

Elle choisit donc de solliciter ses actionnaires à hauteur de 40 % de son investissement, soit 1 600 000 €. Elle émet un emprunt obligataire sur 5 ans, au taux de 4,5 % pour un montant de 1 400 000 €. Elle prévoit d'emprunter le solde à la banque (1 000 000 €). Les charges de remboursement, frais financiers compris s'élèveraient à 20 000 € la première année, 55 000 € la seconde et 75 000 € la troisième.

Les actionnaires exigent des versements de dividendes d'un montant annuel de 15 000 €.

Projet de plan de financement	N+1	N+2	N+3
CAF	150 000	180 000	250 000
Var BFR	20 000	(30 000)	(25 000)
Flux net de trésorerie liés à l'exploitation	**170 000**	**150 000**	**225 000**
Investissements	(4 000 000)	(50 000)	(190 000)
Cessions			100 000
Flux net de trésorerie liés à l'investissement	**(4 000 000)**	**(50 000)**	**(90 000)**
Augmentation de capital	1 600 000		
Subvention d'investissement	0		
Emprunt obligataire	1 400 000		
Emprunt bancaire	1 000 000		
Remboursement d'emprunts précédents	(70 000)	(80 000)	(90 000)
Remboursements complémentaires	(20 000)	(55 000)	(75 000)
Versement de dividendes	(15 000)	(15 000)	(15 000)
Flux net de trésorerie lié au financement	**3 895 000**	**(150 000)**	**(180 000)**
Variation de la trésorerie	**65 000**	**(50 000)**	**(45 000)**
Trésorerie début	**185 000**	**250 000**	**200 000**
Trésorerie fin	**250 000**	**200 000**	**155 000**

▲ **Projet de plan de financement**

6.5 La finalisation du plan de financement

Le plan de financement doit être en cohérence avec la stratégie de l'entreprise à long terme et avec le plan de développement représenté par les prévisions d'activité et de résultat.

Il doit être réalisable, autrement dit les sources de fonds prévues doivent pouvoir être effectivement mobilisées.

L'entreprise pourra revoir ses hypothèses et ses prévisions si elle estime ne pas pouvoir obtenir les moyens de financement qu'exige son projet. L'élaboration du plan de financement est un processus itératif.

Si l'équilibre ne peut être obtenu, la stratégie devra être revue :
- redimensionner l'investissement, optimiser le BFR ;
- augmenter la CAF ;
- optimiser l'intervention des partenaires externes.

6.6 L'utilisation du plan de financement

En cas d'investissements importants au cours d'une période, il faut mettre sous contrôle certaines rubriques clés du plan de financement :
- vérifier si la capacité d'autofinancement des périodes suivantes est en augmentation (par l'effet des nouveaux investissements, sauf s'il s'agit d'investissements de remplacement) ;
- vérifier que l'évolution du BFR est en cohérence avec l'évolution des performances d'activité représentées par la capacité d'autofinancement ;
- vérifier comment évoluera le rapport entre les fonds propres et l'endettement sur les périodes analysées en mesurant l'évolution des capitaux propres (augmentation de capital + capacité d'autofinancement – dividendes distribués) et celle de l'endettement (emprunts nouveaux – remboursements d'emprunts) ;
- mesurer le risque financier par la capacité de remboursement.

Tout comme le tableau des flux de trésorerie, le plan de financement n'exprime qu'une évolution de postes. Il n'offre qu'une vision dynamique et ne donne pas d'informations, hormis la trésorerie nette de départ, sur la situation économique et financière de l'entreprise.

Il devra être combiné avec les autres états prévisionnels : performances d'exploitation réalisées provenant du compte de résultat et ses marges de gestion d'une part, et situation financière exprimée par le bilan fonctionnel de l'autre.

Les points **clés**

→ L'autofinancement correspond aux ressources résiduelles non prélevées par les actionnaires. Les capitaux propres renforcent l'indépendance financière de l'entreprise.

→ Les dettes financières ont un coût moins élevé que les capitaux propres. D'une part, le coût de la dette est généralement inférieur à la rémunération exigée par les actionnaires (qui prennent plus de risques). D'autre part, le coût de la dette est fiscalement déductible. Toutefois, les dettes impliquent une dépendance, par exemple vis-à-vis des banques qui imposent des engagements contraignants (covenants).

→ Le crédit-bail apporte une grande souplesse mais reste limité à certaines catégories d'investissement. Les subventions d'investissement représentent un complément de financement à caractère fortement aléatoire.

→ Le plan de financement s'intègre au processus de planification à moyen terme de l'entreprise. Il décrit la politique de financement que l'entreprise se propose de mettre en place. Il fait partie des outils de pilotage dont dispose l'entreprise pour mettre en œuvre son *business plan*.

APPLICATIONS

▶ Corrigés p. 290

Quiz

Vrai ou faux ?

1 L'exigence de rentabilité des actionnaires est supérieure à celle des banquiers.

a. Vrai **b.** Faux

2 L'emprunt est fiscalement plus avantageux que l'augmentation de capital.

a. Vrai **b.** Faux

3 Les seules sources de financement sont l'augmentation et l'emprunt.

a. Vrai **b.** Faux

4 La dilution du capital est inévitable en cas d'augmentation de capital.

a. Vrai **b.** Faux

5 Le plan de financement permet d'évaluer les besoins financiers prévisionnels de l'entreprise.

a. Vrai **b.** Faux

6 Pour établir le plan de financement on s'appuie essentiellement sur la CAF prévisionnelle.

a. Vrai **b.** Faux

7 Pour financer un investissement, la limite fixée par les banquiers est de 50 % de son montant.

a. Vrai **b.** Faux

8 On peut financer tout ou partie d'un investissement grâce aux réserves figurant au passif

a. Vrai **b.** Faux

9 Le dividende est une dette de l'entreprise à l'égard des actionnaires

a. Vrai **b.** Faux

10 Le *free cash flow* sert uniquement à financer les investissements.

a. Vrai **b.** Faux

Mises en situation

11 Plan de financement et choix de financement

La SA PLANFI, spécialisée dans la production de panneaux agglomérés, prévoit de développer son activité à l'export en créant une filiale : ASFI.
On vous communique les renseignements suivants :

Programme des investissements

– Achat d'un terrain au cours de l'année N : 300 000
– Rénovation d'un bâtiment en N : 900 000
– Aménagements et installations en N : 350 000
– Achats et installation des machines en N : 450 000
– Installation d'une ligne de production en N+2 : 850 000
– Les installations actuelles seront exploitées en N et cédées en N+1 pour 300 000

Les prévisions d'exploitation

Capacités d'autofinancement prévisionnelles sont les suivantes :

CAF N	CAF N+1	CAF N+2
200 000	400 000	600 000

Éléments pour le BFR

	Stock	Créances clients	Dettes fournisseurs
N	150 000	170 000	70 000
N+1	300 000	340 000	140 000
N+2	350 000	510 000	210 000

Financements envisageables

– Le *cash manager* demande par précaution une trésorerie de 200 000 minimum à la fin de chaque exercice.

– Une augmentation de capital

Le fonds Dredi, actionnaire principal du groupe exige un retour sur investissement de 10 % de ces apports au minimum, dont 5 % versés en dividendes.

– Un emprunt bancaire

L'emprunt sera remboursable en 5 fractions annuelles au taux de 5 % à compter de l'année N+1.

La banque ne financera pas plus de 50 % des investissements.

1. Vous êtes chargé(e) d'élaborer le plan de financement de la filiale ASFI pour les 3 prochains exercices. Complétez l'annexe ci-après.

2. Quel choix de financement envisagez-vous pour l'investissement N+2 ?

3. À votre avis, quelles remarques l'établissement de crédit porterait-il sur le plan de financement ?

	N	N+1	N+2
Capacité d'autofinancement (hors charges et produits financiers)			
Variation des stocks			
Variation des créances clients			
Variation des dettes fournisseurs			
Variation du besoin en fonds de roulement			
Flux nets de trésorerie d'exploitation			
Cessions d'immobilisations			
Acquisition d'immobilisations			
Flux nets de trésorerie d'investissement			
Augmentation de capital			
Emprunts souscrits dans l'exercice			
Produits financiers			
Charges financières			
Remboursement d'emprunts			
Dividendes versés			
Flux nets de trésorerie de financement			
Variation de trésorerie exercice N			
Trésorerie début			
Trésorerie fin			

▲ **Annexe – Plan de financement**

12 Choix de financement et effet de levier

Reprenez l'exemple cité dans le paragraphe traitant de l'effet de levier et vous répondez aux questions suivantes :

1. Quel serait le retour sur capitaux propres la première année si la banque finance 75 % de l'investissement ?

2. La rentabilité obtenue est négative (– 10 K€). Quel serait l'impact sur le résultat :

a. si l'investissement est financé à 100 % par les capitaux propres ?

b. si l'investissement est financé à 75 % par l'emprunt ?

POUR ALLER PLUS LOIN

Site de l'Ordre des experts-comptables – www.experts-comptables.fr

On consultera en particulier la rubrique « Développement économique », « Financement des TPE » et/ou « Financement des PME ». On y trouvera notamment le dossier type de demande d'accès aux fonds d'investissement auprès de BPIfrance avec l'ensemble des informations que les entreprises concernées doivent fournir.

Site de BPIfrance – Banque publique d'investissement – www.bpifrance.fr

BPIfrance finance les entreprises de l'amorçage jusqu'à la cotation en Bourse en passant par la transmission, en crédit, en garantie et en fonds propres. On pourra consulter la plaquette institutionnelle de cette organisation sur laquelle figurent en autres ses différentes missions et implantations.

Site de l'Association Française des Investisseurs pour la Croissance (AFIC) – www.afic.asso.fr

L'AFIC regroupe 270 sociétés de gestion de fonds qui apportent leur soutien financier ainsi que leurs compétences opérationnelles et stratégiques à près de 5 000 entreprises en France.

Site de l'Agence pour la création d'emploi (APCE) – www.apce.com

Créée en 1979 à l'initiative des pouvoirs publics, cette structure prend le nom d'Agence pour la création d'entreprises (APCE) en 1996. Elle intervient dans le processus d'aide à la création, à la transmission et au développement des entreprises. On pourra télécharger le guide du créateur sur lequel sont abordées notamment les questions du financement et du plan de financement.

Site de la Fédération bancaire française (FBF) – www.fbf.fr

La Fédération bancaire française (FBF) est l'organisation professionnelle qui représente toutes les banques installées en France. Elle compte 390 entreprises bancaires adhérentes de toutes origines (commerciales, coopératives ou mutualistes), françaises ou étrangères.

Simon E., Durand X., Le Business plan en 48 h, Eyrolles, 2011

Cet ouvrage pratique identifie notamment les principales sources de financement à l'usage des créateurs ou repreneurs d'entreprises et traite aussi de la question du plan de financement.

Partie 2

Finance de marché

Les marchés financiers sont essentiels au développement économique des entreprises. Les **chapitres 8 et 9** examinent les caractéristiques, l'évaluation et les risques des instruments financiers de base émis par les entreprises pour lever des capitaux : les obligations et les actions. Moyens de financement pour une société, ils constituent des instruments d'investissement ou de placement pour les acquéreurs.

Le **chapitre 10** s'intéresse à une autre catégorie d'actifs destinés à couvrir les risques financiers : les produits dérivés, lesquels prennent comme supports d'autres actifs, essentiellement les actions et obligations.

Enfin, le **chapitre 11** introduit la gestion de portefeuilles composés des instruments traités précédemment. Il met en évidence le rôle de la diversification dans la réduction du risque spécifique et présente notamment le modèle d'évaluation des actifs financiers (MEDAF).

Chapitre 8

À la mi-septembre 2013, l'opérateur américain de télécommunications Verizon a réussi à lancer une émission obligataire colossale de 49 milliards de dollars constituant un record à ce jour, après celui établi par Apple avec une émission obligataire de 17 milliards de dollars en avril 2013. Cet emprunt obligataire visait à financer le rachat, pour 130 milliards de dollars, de la participation du britannique Vodafone dans leur filiale commune Verizon Wireless. Les 49 milliards de dollars ont été levés par Verizon en 8 tranches et en différentes maturités allant de 3 à 30 ans. Les obligations à 10 ans représentaient 11 milliards de dollars du montant total de l'emprunt portant un rendement de 5,19 % alors que 15 milliards de dollars d'obligations avaient une maturité de 30 ans et affichaient un rendement de 6,56 %.

Quand une pareille opération fait la une de l'actualité, que devrait-on y comprendre ? Qu'est-ce qu'une obligation ? Est-ce que toute entreprise peut se financer *via* un emprunt obligataire ? Comment sera donc organisée cette émission ? Comment sont déterminés le taux de rendement et le prix d'une obligation ?

Les obligations

Plan

Pré-requis

- → **Connaître** les outils de mathématiques financières (▶ chapitre 4).
- → **Appréhender** correctement le concept d'évaluation d'un instrument financier en se basant sur les flux futurs attendus (▶ chapitre 4).
- → **Maîtriser** la notion d'actualisation, la valeur actuelle nette et le taux de rentabilité interne (▶ chapitres 3 et 5).

Compétences attendues

- → **Comprendre** la motivation d'une entreprise à émettre des obligations.
- → **Comprendre** le mécanisme et les différents types d'obligations.
- → **Apprendre** à évaluer le prix d'une obligation à l'émission sur le marché primaire, et sur le marché secondaire.
- → **Comprendre** le marché des obligations et les différents risques inhérents à ce type de financement.

1 L'organisation du marché obligataire

Faute de crédits bancaires, le marché obligataire explose. Ainsi, le marché asiatique, par exemple, a été multiplié par 45 entre 1995 et 2013 et il a presque doublé en 5 ans pour atteindre 6 500 milliards de dollars. Le marché obligataire mondial a atteint les 78 billions de dollars début 2013, selon les chiffres de la Banque des règlements internationaux (BRI). Cet engouement pour l'emprunt obligataire est exprimé par les États mais également par les entreprises.

Toutefois, le spectre d'un krach menace ce marché en raison de la hausse des taux d'intérêt, en particulier les taux longs des États-Unis et de pays européens solides comme la France et l'Allemagne, maintenus jusque-là à des niveaux historiquement bas. Pour comprendre l'évolution de ce marché, nous commençons par en décrire l'organisation et les acteurs.

1.1 L'organisation d'une émission obligataire

Définition

Une **obligation** (*bond*) ou un emprunt obligataire est un emprunt contracté par une société ou un gouvernement faisant appel à de nombreux prêteurs qui, en contrepartie des fonds prêtés, détiennent l'obligation. Celle-ci confère donc à son titulaire un droit de créance représentant la part de l'emprunt. L'obligation est un « titre de créance » librement négociable en Bourse.

1.1.1 Les parties éligibles à l'émission obligataire

Juridiquement, l'émission d'obligations est autorisée aux sociétés par actions dont le capital est intégralement libéré[1], les sociétés à responsabilité limitée (SARL), les groupements d'intérêt économique (GIE), les associations, les coopératives, les gouvernements ou États et certains établissements publics. Toute émission lancée par une **société par actions** qui n'a pas deux ans d'existence et deux bilans régulièrement approuvés, doit être précédée d'une vérification du passif et de l'actif de la société par un commissaire aux comptes désigné en justice.

L'émission d'obligations par une **société anonyme** relève de la compétence du conseil d'administration ou du directoire sauf si ce pouvoir est réservé par les

1 Sauf si le capital non libéré ou les actions non libérées sont réservées aux salariés de la société.

statuts à l'assemblée générale[1]. Dans ce type de société, l'émission peut être déléguée au directeur général ou, en accord avec ce dernier, à un ou plusieurs directeurs généraux délégués.

Les **SARL**, quant à elles, sont éligibles à l'emprunt obligataire lorsqu'elles dépassent à la clôture d'un exercice comptable au moins deux des trois critères suivants[2] :
- total bilan supérieur à 1 550 000 €,
- chiffre d'affaires hors taxe supérieur à 3 100 000 €,
- nombre moyen des salariés supérieur à 50.

En d'autres termes, les SARL peuvent lancer une émission obligataire lorsqu'elles sont tenues de désigner un commissaire aux comptes. Elles doivent donc mettre à la disposition des emprunteurs ou souscripteurs **un document d'information et une notice relative aux conditions de l'émission** avec, en annexe au document d'information, une copie du bilan approuvé par l'assemblée générale et certifiée par le gérant. Si le bilan a été arrêté à une date antérieure de plus de 10 mois à celle du début de l'opération obligataire, sera exigé l'établissement d'un état de la situation active et passive de la société datant de 10 mois au plus sous la responsabilité du gérant.

Quand la SARL ne remplit pas les conditions d'éligibilité à l'émission obligataire, l'emprunt obligataire fera l'objet plutôt d'un emprunt auprès d'investisseurs qualifiés.

1.1.2 Les formalités et procédures d'émission

L'émission de titres obligataires a lieu sur le marché primaire (*primary market*), ensuite les titres peuvent être échangés sur le marché dit secondaire (*secondary market*). Avant toute émission sur le marché primaire, l'émetteur doit respecter de nombreuses formalités et procédures pour mener à bien l'opération obligataire et pour garantir les intérêts des souscripteurs, prêteurs de fonds.

La protection des intérêts des obligataires. Les risques encourus par le porteur d'obligations sont limités relativement à ceux supportés par les détenteurs d'autres actifs financiers comme les actions (▶ chapitre 9). Nous aborderons les risques sur obligations plus loin mais nous soulignons à ce stade que le premier risque inhérent à l'investissement en obligations est le risque de défaut[3] de l'émetteur. Pour réduire ce risque dès l'émission, des clauses comme celles de sauvegarde et celles d'engagement limitent la capacité de l'émetteur à modifier,

1 Selon l'article L. 228-40 du Code de commerce.
2 Selon l'article L. 223-11 du Code de commerce.
3 Le risque de défaut est le risque que l'émetteur n'honore pas ses obligations, autrement dit, qu'il sera dans l'incapacité de rembourser le capital emprunté.

après l'émission, les conditions de paiement prévues dans le contrat ou à adopter d'autres comportements qui iraient à l'encontre des intérêts des prêteurs.

Parmi ces clauses, on trouve le **maintien de l'emprunt à son rang** (*pari passu*) qui garantit le traitement égal des obligations nées d'une émission en cours avec les obligations existantes ou les obligations éventuelles de l'émetteur. On trouve également la **clause de la limitation des sûretés attribuées aux prêteurs** (*negative pledge*) qui prévoit un engagement de la part de l'émetteur à ne pas consentir ultérieurement au profit de nouveaux créanciers certaines garanties ou conditions sans en faire profiter les obligataires du contrat de crédit en cours. Enfin, figure parmi les clauses d'engagement la **clause du défaut croisé** (*cross default*) qui entraîne automatiquement la déchéance et l'exigibilité de la dette de l'émetteur stipulée de cette clause si un défaut sur un autre crédit ou sur les obligations de l'émetteur est constaté.

Les formalités. Avant toute émission, l'émetteur doit réaliser un prospectus visé par l'Autorité des marchés financiers qui doit s'assurer que le projet d'émission respecte bien le guide des bonnes pratiques élaboré par l'AMF concernant les informations à communiquer aux investisseurs et que l'émission est conforme aux règles en vigueur. L'intervention de l'AMF dans ce cadre vise essentiellement à veiller à la protection de l'épargne investie dans les actifs financiers.

L'émission obligataire se fait soit par voie de souscription publique, soit par voie de souscription privée.

- **La souscription publique ou appel public à l'épargne** : elle donne lieu à une offre au public des titres financiers soit en exigeant de l'émetteur de communiquer une information suffisante à l'investisseur qui lui permettra de décider de souscrire ou non ces titres (communication par publicité, démarchage, ou internet), soit *via* un placement des titres financiers par des intermédiaires financiers ou prestataires de services d'investissement financier.
- **La souscription privée** : il s'agit d'une émission qui est classée en dehors du champ de l'offre au public et donc exemptée des obligations d'information du public. Ceci concerne les émissions dont le montant est inférieur à 100 000 € ou la contre-valeur de ce montant en devises, ou encore celles dont le montant est compris entre 100 000 et 2,5 millions d'euros mais portant sur des titres ne représentant pas plus de 50 % du capital de l'organisme émetteur. Il s'agit également de toute offre qui s'adresse uniquement à un public restreint comme les sociétés de gestion de portefeuille (SGP) pour compte de tiers, les investisseurs qualifiés[1]...

1 Il s'agit des investisseurs institutionnels agissant pour compte propre, les États membres de l'Organisation de coopération et de développement économiques (OCDE), la Banque centrale européenne (BCE), les banques centrales de l'OCDE et certaines entreprises ayant un effectif supérieur à 250 personnes, un bilan supérieur à 43 millions d'euros et un chiffre d'affaires supérieur à 50 millions d'euros.

Les procédures d'émission. Quand l'émetteur est un État, l'émission s'effectue au moyen de l'**adjudication**. Pour tout autre émetteur, la procédure adoptée est la **syndication**.

– Les obligations assimilables de Trésor (OAT), émises pour des durées de 7 à 50 ans, constituent la forme privilégiée du financement à long terme de l'État. L'émission de ces titres s'effectue par voie d'appels d'offre avec une fourchette globale (de capital levé) annoncée par l'Agence France Trésor (AFT) qui arrête le montant des soumissions retenues. Pour les OAT à taux fixe, l'AFT fixe une fourchette globale des montants à émettre et fixe 4 jours avant l'adjudication des titres sur lesquels porte l'émission. Si les OAT sont à taux variable, l'AFT indique une sous-fourchette d'émission.

  L'**adjudication** des titres au prix demandé consiste à servir les titres au taux effectif de soumission en servant en premier les titres aux taux d'intérêt les plus faibles payés par l'État puis les autres aux taux supérieurs jusqu'à hauteur du montant fixé par l'AFT. Une fois l'adjudication terminée, la Banque de France (BDF) initie un ordre de règlement/livraison par émetteur et par ligne de titres adjugés. Les résultats (des informations comme les volumes demandés, les quantités servies, le prix marginal sur chaque titre…) sont affichés sur les écrans des agences spécialisées (Bloomberg, Reuters…).

– Pour émettre des obligations par un émetteur non étatique, il faut procéder par **syndication**. Les sociétés font donc appel aux banques qui doivent publier la note de crédit[1] qui influence fortement les investisseurs pour faciliter l'investissement dans ces titres. À chaque nouvelle émission, seules seront ajoutées les caractéristiques particulières des obligations émises.

2 Les caractéristiques et types d'obligations

2.1 Les caractéristiques d'une obligation

Nous présentons ici les caractéristiques générales d'une obligation. Il s'agit principalement des informations que l'émetteur doit communiquer aux investisseurs dans le souci de protéger les intérêts de ces derniers. Une fois le prospectus d'émission visé par l'AMF, ces caractéristiques seront distribuées aux guichets bancaires et publiées dans la presse.

1 Une opinion émise par une banque sur le risque de crédit, autrement dit, le risque de non-remboursement de l'entité émettrice.

Dans la description d'une obligation (▶ figure 8.1) seront indiquées les informations suivantes :

- **le nombre d'obligations émises** ;
- **le type de l'obligation** (*type*) : obligation à taux fixe, variable… ;
- **la date de souscription** (*announcement date*), qui fixe la date de paiement pour le souscripteur ;
- **la date de jouissance** (*interest accrued date*), date à partir de laquelle, les intérêts commencent à cumuler. Elle peut coïncider avec la date de règlement à laquelle les prêteurs versent les fonds prêtés ;
- **le pays, la monnaie et le marché de l'émission** (*country, currency and market of issue*) ;
- **la valeur faciale ou valeur nominale ou pair** (*face value*) qui sert de base de calcul des intérêts ou coupons. En général, elle est égale à ce que l'emprunteur perçoit au début et rembourse par la suite par obligation ; le plus souvent la valeur faciale des obligations est égale à 1000. Elle sera notée ici VN ;
- **la durée de l'emprunt ou maturité** (*maturity*) : notée T, elle correspond à la période qui sépare l'émission d'une obligation de son remboursement (de 1 an à 50 ans). À l'échéance, l'émetteur doit rembourser le **principal** ou montant de l'emprunt et éventuellement le dernier coupon ;
- **le prix d'émission** (*issue price*) : noté P, c'est le prix que les souscripteurs (investisseurs) paient pour obtenir une coupure ou, en d'autres termes, une obligation. Si le prix d'émission est égal à la valeur nominale, on parle d'emprunt émis « au pair ». Si le prix d'émission est inférieur à la valeur nominale, la différence entre ces deux derniers s'appelle la « prime d'émission ». Elle a pour objet d'attirer les investisseurs parce qu'elle se traduit par une augmentation du taux de rendement réel de l'investissement (▶ section 3) ;
- **le prix de remboursement** (*redemption amount or redemption price*) : en général c'est au pair (*par value*) ;
- **le taux du coupon et sa fréquence** (*coupon rate and coupon frequency*) :

– le taux du coupon, noté c, est la valeur du taux d'intérêt qui permet de calculer les paiements d'intérêts ou coupons dus aux investisseurs prêteurs de fonds. Ces coupons notés C sont calculés ainsi :

$$C = c \times VN$$

et correspondent donc au montant versé par l'émetteur périodiquement pour rémunérer les prêteurs de fonds. Le taux du coupon peut être fixe ou variable. S'il est fixe, l'obligation sera appelée « obligation à taux fixe » et le taux fixe constitue son principal avantage. Pour les « obligations à taux variable », le taux du coupon varie en fonction d'un taux de référence ; par conséquent, les montants des intérêts payés aux investisseurs sont eux aussi variables ;

– la fréquence du coupon est la périodicité du versement des coupons (appelé aussi détachement de coupons). Elle peut être annuelle comme sur le marché de l'euro ou semestrielle, comme sur les marchés britannique, américain et japonais ;

- **la méthode ou convention adoptée pour le calcul des intérêts** (*day count convention and calculation type*) : il s'agit de la convention appliquée pour déterminer le nombre de jours pour le calcul des intérêts.

Les quatre conventions les plus employées sont :

– la base Exact/Exact ou *bond basis* : la durée d'un coupon est le nombre réel de jours (le nombre exact) et une année comporte 365 ou 366 jours lors d'une année bissextile (365/365 ou 366/366) ;

– la base Exact/365 : la durée d'un coupon est le nombre réel de jours et une année comporte 365 jours ;

– la base Exact/360 ou *money market basis* : la durée d'un coupon est le nombre réel de jours et on considère qu'une année comporte 360 jours (365/360 ou 366/360) ;

– la base 30/360 : la durée d'un coupon est calculée avec des mois de 30 jours et une année comporte 360 jours) ;

- **les modalités de remboursement** (*redemption terms*) : le plus souvent le remboursement du principal est *in fine* ou à l'échéance. On trouve également le remboursement par conversion des obligations en actions dans la société émettrice (obligations appelées convertibles), ou encore (mais rarement) le remboursement annuel par annuités constantes ;

- **le taux de rentabilité actuariel ou la rentabilité à l'échéance**, noté *r*, représente le coût actuariel du financement. Ce taux d'actualisation égalise la valeur actuelle des flux futurs espérés et le prix actuel de l'obligation.

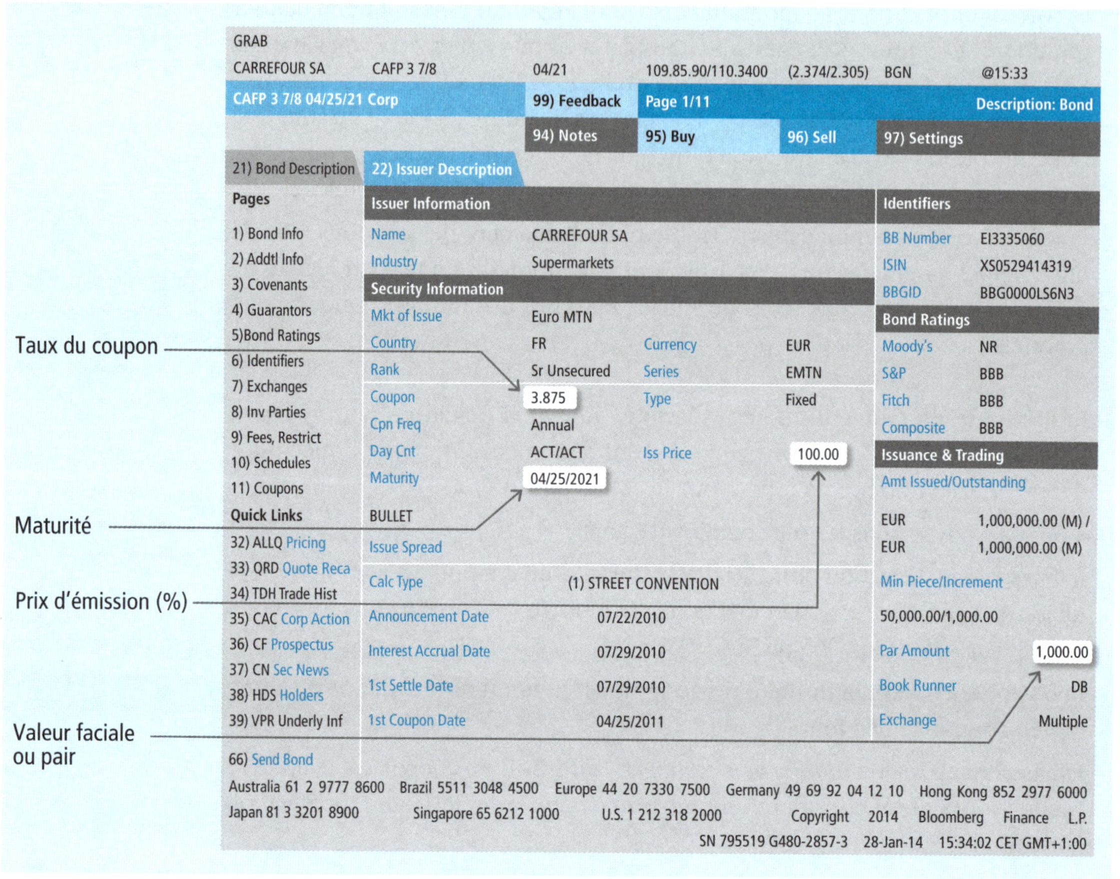

Source : Bloomberg.

▲ **Figure 8.1** Description d'une obligation Carrefour

2.2 Les types d'obligation

Si vous achetez une obligation, l'émetteur s'engage à vous payer des intérêts fixes ou variables jusqu'à la maturité de l'obligation en question. Si vous la gardez jusqu'à la maturité, vous récupérez l'investissement initial (le montant prêté à l'émetteur) ainsi que les intérêts.

L'investissement en obligations est l'un des plus sûrs parmi les investissements en produits financiers. Mais, avant d'envisager de souscrire des obligations, un investisseur devrait répondre à certaines questions :

- Quel niveau de rentabilité exigerait-il sur cet investissement ?
- Quel flux de trésorerie souhaiterait-il recevoir dans l'avenir ?
- Quelle est la probabilité de défaut de l'entreprise dont il achèterait les obligations, ou en d'autres termes à laquelle il prêterait les fonds ?

– A-t-il une forte aversion au risque, est-il neutre ou plutôt avide du risque ? En d'autres termes, quel est son goût pour le risque ?

En effet, en répondant à ces questions, vous serez guidé dans votre choix du type d'obligation. Par exemple, si vous êtes averse au risque, vous serez tenté plutôt par une obligation à taux variable (moins risquée). Si vous êtes avide du risque, vous préférerez éventuellement l'obligation à taux fixe. Quels sont donc les différents types d'obligation et quelles en sont les caractéristiques ?

2.2.1 Les obligations à taux fixe

Définition

Une **obligation à taux fixe** est caractérisée par son **taux de coupon fixe**. Il est déterminé définitivement dans le contrat dès l'émission et apparaît dans la fiche de description de l'obligation. Les coupons sont fixes et versés selon une périodicité prédéfinie jusqu'à la maturité de l'obligation.

Il s'agit donc d'un investissement sûr avec des flux futurs connus (coupons et remboursement du principal). Cette obligation est la plus classique des obligations et la plus populaire.

Exemple

Vous achetez une obligation d'État française à taux fixe de 1,49 %, d'échéance 10 ans et d'une valeur nominale de 1 000 €. Cette obligation vous rapportera un coupon de 14,9 € chaque année (14,9 % × 1 000) donc 10 coupons d'un total de 149 €. À l'échéance, vous recevrez en plus de votre investissement initial (1 000 €), le dernier coupon de 14,9 €. Votre revenu total sur 10 ans sera de 149 €.

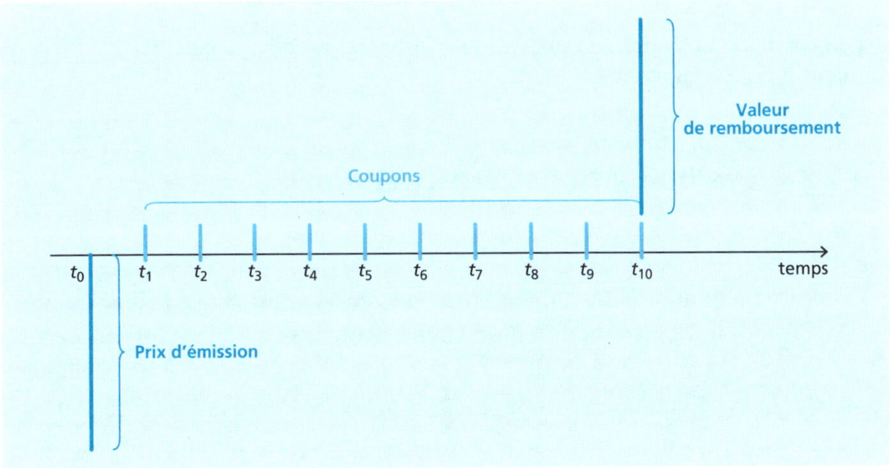

▲ Figure 8.2 Le flux de trésorerie lié à une obligation à taux fixe

2.2.2 Les obligations à taux variable

Définition

Une **obligation à taux variable** présente un coupon qui varie en fonction du niveau de taux d'intérêt en vigueur sur le marché. L'avantage pour l'émetteur de ce titre est qu'à tout instant, il est endetté au taux du marché, ni plus cher ni moins cher.

Par contre, un investisseur est en pleine incertitude quant à la valeur du coupon qu'il ne connaîtra jamais à l'avance. Le taux du coupon au temps *t* est égal au taux de référence (ou taux du marché) auquel on ajoute une marge :

$$i_t = \text{référence}_t + \text{marge}$$

La référence correspond au taux d'intérêt prévalant sur le marché au moment *t*, la marge est fixée à l'émission, elle est déterminée en fonction du risque de défaut de l'émetteur. Par conséquent, nous constatons que le coupon est révisé en fonction des conditions économiques.

Une obligation à taux variable est généralement cotée au pair au moment des détachements des coupons ou des paiements des coupons.

Exemple

Considérons une obligation à taux variable de maturité égale à trois ans et de valeur faciale de 100 €. Le taux dans un an est de 2 %, celui dans deux ans est de 3 %, et la troisième année, le taux s'élève à 4 %. Le prix de l'obligation est calculé ainsi :

$$P = \frac{100 \times 2\,\%}{1{,}02} + \frac{100 \times 3\,\%}{1{,}02 \times 1{,}03} + \frac{100 \times 4\,\% + 100}{1{,}02 \times 1{,}03 \times 1{,}04} = 100$$

Le prix d'une obligation à taux variable reste très proche du pair (ici 100 % de la valeur faciale ou nominale).

2.2.3 Les obligations zéro-coupon

Définition

Comme son nom l'indique, une **obligation zéro-coupon** ne distribue aucun coupon tout le long de la durée de vie de l'obligation. L'émetteur ne verse qu'un seul flux à l'échéance qui est la valeur de remboursement ou la valeur faciale. Les obligations zéro-coupon sont négociées avec une décote, autrement dit, le prix d'émission payé par l'investisseur est toujours inférieur à la valeur nominale remboursée à l'échéance par l'émetteur.

Exemple

Considérons une obligation zéro-coupon de maturité égale à 10 ans avec un taux actuariel de 10 % et une valeur nominale de 100 €. Cette obligation offre un seul flux futur, survenant à l'échéance : la valeur faciale. Pour compenser l'absence d'intérêts sur cet investissement tout le long des 10 années, le prix à l'émission de cette obligation doit être largement inférieur à la valeur nominale récupérée par l'investisseur dans 10 ans (donc négocié avec une décote). Le prix actuel de l'obligation est égal au flux survenant dans 10 ans actualisé donc à la valeur nominale actualisée :

$$P = \frac{100}{1{,}1^{10}} = 38{,}55\ €$$

L'investisseur paie donc 38,55 € à l'émission et récupère 100 € dans 10 ans s'il garde l'obligation jusqu'à maturité.

3 L'évaluation du prix d'une obligation

3.1 L'évaluation d'une obligation sur le marché primaire

Pour comprendre l'évaluation de l'obligation sur le marché primaire, nous considérons une émission obligataire lancée par l'entreprise Barra et nous supposons plusieurs cas de figure dans lesquels nous cherchons à calculer le prix de l'obligation.

3.1.1 Au pair

L'entreprise Barra veut emprunter 1 000 000 € pour une durée de 30 ans. Pour cela, elle émet 1 000 obligations de valeur nominale égale à 1 000 €. Le taux d'intérêt sur le marché pour un emprunt de ce type est de 12 % annuel. Barra devra payer 1 000 × 0,12 = 120 € d'intérêts ou coupons tous les ans pour chaque obligation. Le montant de 1 000 € (ou 1 000 000 € pour l'ensemble des 1 000 obligations) remboursé à l'échéance de l'emprunt est la valeur nominale ou faciale de l'obligation. La durée de l'emprunt ou sa maturité est de 30 ans.

L'évaluation d'une obligation se base sur le principe de la valeur temps de l'argent (► chapitre 5). Les coupons d'une obligation et sa valeur nominale remboursée à l'échéance sont considérés comme les flux de trésorerie générés par le projet d'investissement.

Valeur d'une obligation = valeur actuelle des coupons
+ valeur actuelle de la valeur nominale

La valeur d'une obligation est le prix auquel le titre est vendu à un moment donné. Elle est obtenue par la somme actualisée de tous les flux de trésorerie liés à cet instrument financier.

$$P_0 = \frac{C}{(1+r)} + \frac{C}{(1+r)^2} + \ldots + \frac{C}{(1+r)^T} + \frac{VN}{(1+r)^T} = \sum_{t=1}^{T} \frac{C}{(1+r)^t} + \frac{VN}{(1+r)^T}$$

Où P est le prix de l'obligation, r le taux d'actualisation (le taux d'intérêt sur le marché), $C = c \times VN$ représente le montant du coupon, c le taux coupon, VN la valeur nominale, T le nombre de périodes avant la maturité, t est la période spécifique.

Comme il s'agit de la somme de flux futurs constants (les coupons), nous pouvons faire appel à la formule d'annuité avec des flux constants (▶ chapitre 5), ce qui réduira considérablement le temps de calcul du prix pour des maturités ou périodes assez longues :

$$P_0 = \sum_{t=1}^{T} \frac{C}{(1+r)^t} + \frac{VN}{(1+r)^T} = \frac{C}{r} \times \left(1 - \frac{1}{(1+r)^T}\right) + \frac{VN}{(1+r)^T}$$

Vous pouvez constater que le prix d'une obligation au pair, en année pleine et après détachement du coupon, est égale à sa valeur nominale si le taux du coupon (appelé encore taux nominal) est égal au taux de marché donc si

$$C = r \times VN$$

Le prix de l'obligation sera obtenu ainsi :

$$P_0 = \frac{C}{r} \times \left(1 - \frac{1}{(1+r)^T}\right) + \frac{VN}{(1+r)^T} = \frac{r \times VN}{r} \times \left(1 - \frac{1}{(1+r)^T}\right) + \frac{VN}{(1+r)^T} = VN$$

Exemple

Estimons à présent les obligations de l'entreprise Barra. Vu que le taux de coupon est égal au taux d'intérêt de marché de 12 %, une obligation de Barra va être vendue au prix égal à sa valeur nominale 1 000 €. L'obligation est vendue au pair.

3.1.2 Au-dessus du pair

Supposons maintenant que le taux de marché est de 10 % pour le même type de produit, alors que Barra paye 12 % d'intérêt pour ces obligations. Que devient le prix d'une obligation Barra ?

$$P = \frac{120}{(1+0{,}1)} + \frac{120}{(1+0{,}1)^2} + \ldots + \frac{120}{(1+0{,}1)^{30}} + \frac{1\,000}{(1+0{,}1)^{30}}$$

$$= \frac{120}{0{,}1} \times \left(1 - \frac{1}{(1+0{,}1)^{30}}\right) + \frac{1\,000}{(1+0{,}1)^{30}} = 1\,188{,}54 \text{ €}$$

Le titre est actuellement vendu **au-dessus du pair**. L'obligation de Barra est plus intéressante pour les investisseurs aujourd'hui puisque le flux généré par cette obligation est supérieur par rapport à celui exigé pour le même risque pris. L'obligation qui paye 12 % d'intérêt alors que le taux de marché est de 10 % est très attractive pour les investisseurs, ils vont l'acheter massivement. Par conséquent, la demande va être plus élevée que l'offre et le prix augmentera. Les investisseurs vont payer jusqu'à 1 188,54 € pour être remboursés 1 000 € par obligation dans 30 ans. En échange, ils recevront 120 € d'intérêt (12 % au lieu de 10 %) tous les ans. Le rendement final d'un tel investissement va être égal au taux actuariel de 10 % si l'obligation est portée jusqu'à la maturité et si le taux de marché ne change pas.

3.1.3 En-dessous du pair

Supposons maintenant que le taux de marché est de 10 % pour le même type de produit, alors que Barra paye 8 % d'intérêt pour ces obligations. Que devient le prix d'une obligation Barra ?

$$P = \frac{80}{(1+0{,}1)} + \frac{80}{(1+0{,}1)^2} + \ldots + \frac{80}{(1+0{,}1)^{30}} + \frac{1\,000}{(1+0{,}1)^{30}}$$

$$= \frac{80}{0{,}1} \times \left(1 - \frac{1}{(1+0{,}1)^{30}}\right) + \frac{1\,000}{(1+0{,}1)^{30}} = 811{,}46 \text{ €}$$

Le prix de l'obligation est inférieur à sa valeur nominale, donc l'obligation est vendue **au-dessous du pair.** Les investisseurs ne voudront pas payer 1 000 € aujourd'hui et être remboursé 1 000 € dans 30 ans, pour une obligation dont le taux d'intérêt est inférieur au taux d'intérêt sur le marché. Par conséquent la demande sera moins importante que l'offre et le prix baissera jusqu'à 811,46 €. De cette manière, les investisseurs pourraient réaliser une plus-value, donc accepteraient d'être payés moins que le taux de marché chaque année. Le rendement final de cette opération d'investissement sera égal au taux actuariel de 10 % si l'obligation est gardée jusqu'à la maturité et si le taux de marché ne change pas.

Condition	Conséquence	L'obligation est vendue…
$c > r$	$P_0 > VN$	Au-dessus du pair
$c = r$	$P_0 = VN$	Au pair
$c < r$	$P_0 < VN$	En-dessous du pair

3.2 La cotation d'une obligation au marché secondaire

Les obligations occupent une place importante dans le portefeuille des investisseurs individuels et institutionnels. D'après une enquête de l'Association française des investisseurs institutionnels (AF2I) en 2013, les obligations représentent plus de 72 % du portefeuille total des fonds de pension des compagnies d'assurance interrogées.

En supposant que les taux d'intérêts restent stables entre les détachements de deux coupons, la valeur de l'obligation augmente régulièrement au cours de cette période jusqu'à la date de paiement du coupon où la valeur de l'obligation chute d'un montant équivalent au coupon payé. Pour illustrer ce phénomène, estimons le prix d'une obligation Barra un an après l'émission de cette obligation et tout juste avant le détachement du premier coupon.

Nous rappelons que cette obligation verse un coupon de 10 %, pour une valeur nominale de 1 000 €. Cet emprunt a initialement une maturité de 30 ans. Le taux d'intérêt sur le marché pour un emprunt de ce type est également de 10 %.

Tout juste avant le premier détachement de coupon, l'investisseur s'attend à percevoir 30 coupons : le premier très imminent dans quelques secondes et les 29 restants pendant 29 ans. Donc, la valeur de cette obligation à cet instant t est de

$$P = 120 + \frac{120}{(1+0{,}1)} + \frac{120}{(1+0{,}1)^2} + \ldots + \frac{120}{(1+0{,}1)^{29}} + \frac{1000}{(1+0{,}1)^{29}}$$

$$= 120 + \frac{120}{0{,}1} \times \left(1 - \frac{1}{(1+0{,}1)^{29}}\right) + \frac{1\,000}{(1+0{,}1)^{29}} = 1\,307{,}39 \text{ €}$$

Estimons la valeur de cette obligation un an après son émission, quelques secondes après le premier détachement du coupon.

$$P = \frac{120}{(1+0{,}1)} + \frac{120}{(1+0{,}1)^2} + \ldots + \frac{120}{(1+0{,}1)^{30}} + \frac{1\,000}{(1+0{,}1)^{29}}$$

$$= \frac{120}{0{,}1} \times \left(1 - \frac{1}{(1+0{,}1)^{29}}\right) + \frac{1\,000}{(1+0{,}1)^{29}} = 1\,187{,}39 \text{ €}$$

La valeur d'une obligation chute de la valeur du coupon qui vient d'être détaché.

Estimons le prix de cette obligation 8 mois après l'émission de cet instrument financier. À ce moment-là, l'investisseur attend le premier coupon dans 4 mois, le deuxième dans 4 mois et 1 an, le troisième dans 4 mois et 2 ans… le dernier coupon et la valeur de remboursement dans 4 mois et 29 ans.

$$P = \frac{120}{(1+0{,}1)^{4/12}} + \frac{120}{(1+0{,}1)^{1+4/12}} + \ldots + \frac{120}{(1+0{,}1)^{29+4/12}} + \frac{1\,000}{(1+0{,}1)^{29+4/12}} = 1\,266{,}5 \text{ €}$$

On peut décrire la valeur de cette obligation comme sa valeur le jour de l'émission plus la partie de coupon due après les 8 mois écoulés $\left(120 \times \frac{8}{12}\right)$. L'intérêt dû depuis le dernier versement du coupon, mais non encore payé, s'appelle le *coupon couru*. Si le paiement de coupon est annuel, l'obligation rapporte à son détenteur 1/365 d'intérêt chaque jour.

Que se passe-t-il si l'obligation est vendue avant le versement du coupon ? Le vendeur ne recevra pas le coupon à la date de paiement, parce qu'il n'en sera plus le détenteur. Il va toutefois percevoir les intérêts courus pour la période qui s'étend du dernier paiement de coupon jusqu'à la date de vente. Cet intérêt sera intégré dans le prix de vente de façon à ce que l'acheteur de l'obligation paie au vendeur la partie des intérêts auxquels il a droit. Le jour du versement du coupon, le nouveau détenteur du titre va recevoir la totalité des intérêts de la part de l'entreprise émettrice.

Revenons à notre exemple Barra. Le montant d'intérêt couru ou le coupon couru sera de $100 \times \frac{8}{12}$.

$$\text{Prix de l'obligation} = \text{Prix au pied du coupon} + \text{Coupon couru}$$

Le **prix au pied de coupon** (*clean price*) est le prix courant sans l'effet de coupon couru. Si le taux actuariel d'une obligation reste constant, son prix au pied de coupon tend progressivement vers sa valeur nominale. La cotation des obligations au pied de coupon permet une comparaison des cours des obligations ayant des dates différentes de paiement du coupon.

Le **coupon couru** (*accrued interest*) est l'intérêt cumulé depuis le détachement du dernier coupon.

Si le taux d'intérêt est constant dans le temps, le prix d'une obligation appelé « prix sale » (*dirty price*) augmente régulièrement au cours du temps jusqu'à la date du détachement du coupon où la valeur de l'obligation chute du montant du coupon payé.

Le prix au pied de coupon d'une obligation émise au-dessus du pair baisse au fil du temps pour regagner le niveau de la valeur de remboursement ou valeur nominale à la maturité (courbe au-dessus du pair). Les dents de scie qui apparaissent sur la figure 8.3 montrent l'effet de l'augmentation du prix de l'obligation entre deux détachements de coupons. À la date du détachement, le prix chute de la valeur de ce coupon.

Le prix au pied du coupon d'une obligation émise en-dessous du pair augmente au fil du temps pour regagner le niveau de la valeur nominale à la date de maturité (courbe en-dessous du pair). Les dents de scie au-dessus de cette courbe montrent la variation du prix de l'obligation entre deux détachements de coupons, le prix chute toujours de la valeur du coupon à la date de son détachement.

L'augmentation du prix entre deux détachements et la baisse du prix induite par le détachement du coupon n'ont pas la même ampleur pour les obligations émises au-dessus du pair et en-dessous du pair. Ceci est conditionné par la taille du coupon (le coupon de l'obligation émise au-dessus du pair est forcément plus élevé que celui de l'obligation émise en-dessous du pair).

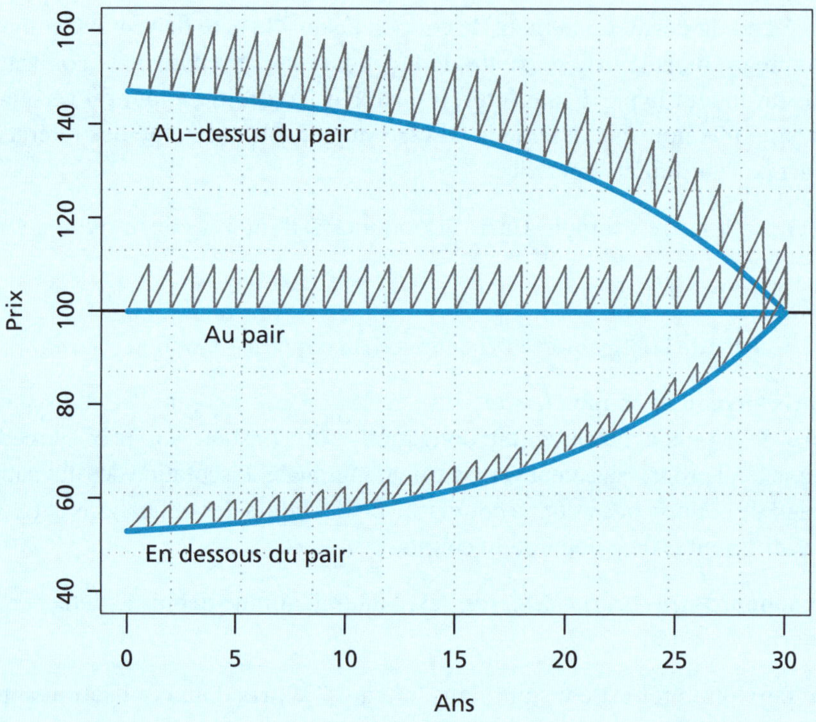

Figure 8.3 ▶ L'évolution des prix des obligations avec le temps

3.3 Le taux de rentabilité d'une obligation

Le rendement sur un investissement en obligation provient de trois sources : les coupons, le gain ou la perte en capital suite à la revente d'une obligation avant sa maturité et le réinvestissement des coupons.

- En effet, le détenteur d'obligation est rémunéré par des intérêts fixes périodiques sous forme de coupons (première source de rendement). Plus l'incertitude quant à la capacité de remboursement des souscripteurs est élevée, plus la rémunération est élevée. Pour rendre une émission plus attractive, l'émetteur peut proposer une prime d'émission ou une prime de remboursement.
- Le cours de l'obligation, quant à lui, fluctue sur le marché secondaire durant la durée de vie de l'obligation, donc un investisseur peut réaliser une plus-value

ou une moins-value. Autrement dit, l'obligation pourra gagner ou perdre en capital (deuxième source de rendement) s'il la revend avant maturité.

– Les intérêts perçus sur l'obligation sont réinvestis au taux de marché au fur et à mesure de leur réception. Si le taux de marché baisse, la performance finale de l'investissement obligataire baisse aussi, si le taux augmente, elle augmente (troisième source de rendement).

Exemple

Considérons une obligation à 3 ans avec un taux actuariel de 10 %, une valeur nominale de 100 € et un coupon de 10 %. Si au détachement du premier coupon, le réinvestissement se fait à 6 % et au second à 5 %, la valeur acquise au bout de 3 ans est de

$$V_3 = 10 \times (1+0{,}06)^2 + 10 \times (1+0{,}05)^1 + (100+10) = 131{,}73$$

Le rendement à l'issue de cet investissement, compte tenu du réinvestissement des coupons est obtenu grâce au calcul du taux de rentabilité interne modifié (TRIM) à l'échéance (▶ chapitre 6 pour les techniques de choix d'investissement).

$$TRIM_N = \left(\frac{VN}{P}\right)^{\frac{1}{N}} - 1$$

$$TRIM_3 = \left(\frac{131{,}73}{100}\right)^{\frac{1}{3}} - 1 = 9{,}61\ \%$$

Toutefois, l'impact sur la rentabilité d'une obligation de la variation des taux de rendement sur la période en question peut être très significatif.
Illustrons-le dans un cas pratique.

Exemple

Le 15 septembre 2007, un investisseur achète une obligation au pair, avec une option de réinvestissement des coupons et les caractéristiques suivantes :
- taux nominal ou taux du coupon : 6 % ;
- taux actuariel : 6 % ;
- valeur nominale : 100 € ;
- échéance : le 15 septembre 2013 ;
- date de jouissance (date de versement des coupons) : le 15 septembre de chaque année.

À la date de versement du premier coupon, le taux de marché est de 7 %, et l'investisseur vend ce titre le 15 septembre 2009, juste après le détachement de coupon. Quel est le taux de rentabilité réalisé par l'investisseur, sachant que le taux actuariel de l'obligation était de 7 % ?

La valeur acquise au bout de 2 ans est la valeur de revente de ce titre, les coupons ainsi que le réinvestissement de ces coupons.

$$P_2 = \frac{6}{1{,}07} + \frac{6}{1{,}07^2} + \frac{6}{1{,}07^3} + \frac{106}{1{,}07^4} = 96{,}6$$

Réinvestissement des coupons :

$$6 \times 1{,}07 + 6 = 12{,}42 \text{ €}$$

$$TRI = \left(\frac{V_n}{V_0}\right)^{1/n} - 1 \qquad TRI = \left(\frac{12{,}42 + 96{,}6}{100}\right)^{1/2} - 1 = 4{,}4\ \%$$

L'investisseur paie 100 € pour un titre, et le revend au bout de 2 ans au prix de 96,6 € donc il subit une perte en capital suite à la revente de cette obligation comme le taux de marché a augmenté. Par contre, il a pu réinvestir les coupons fixes à un taux plus élevé par rapport au taux actuariel à l'émission. Son taux de rendement sur cet investissement est de 4,4 %.

Nous en retenons la déduction suivante : le détenteur d'une obligation ne sait pas à quel taux ses coupons seront réinvestis sur toute la durée de son titre ni le prix auquel il pourra revendre. En cas de hausse des taux, l'investisseur subit une perte en capital, mais il réinvestit les coupons à un taux supérieur au taux actuariel initial. Une baisse des taux d'intérêt se traduit pour un investisseur par un gain en capital mais une perte sur le réinvestissement des coupons.

En conclusion, l'investisseur ne peut garantir le taux actuariel promis à l'achat que s'il reste engagé dans l'obligation jusqu'à la date de maturité, et si le taux de marché ne fluctue pas pour ne pas influencer le réinvestissement des coupons. Cette situation n'est pas toujours possible, ce qui nécessite pour l'investisseur de surveiller constamment le risque de taux sur son obligation.

FOCUS

Les règles d'or du taux actuariel

Règle 1 : Plus la maturité est longue, plus le taux d'intérêt est élevé

Pour une maturité plus longue, l'investisseur exige un taux d'intérêt plus élevé de la part de l'émetteur. En effet, c'est une condition nécessaire pour que l'investisseur accepte de se séparer de ses fonds : cela compense son coût d'opportunité, autrement dit les gains qu'il aurait pu enregistrer en investissant ses fonds dans d'autres projets.

Règle 2 : Plus l'investissement est risqué, plus le taux d'intérêt est élevé

Un investisseur doit être récompensé pour le risque encouru. Plus le projet est risqué, plus le taux d'intérêt exigé est élevé.

Règle 3 : Plus l'inflation est élevée, plus le taux d'intérêt est élevé

Les investisseurs s'attendent à ce que le rendement réalisé sur leur investissement tienne compte du taux d'inflation. Ils intègrent une prime appelée « prime d'inflation » dans le taux d'intérêt exigé. Par exemple, si l'investisseur s'attend à une rentabilité de 3 % alors que l'inflation est de 3 %, il exigera un taux de 6 % de la part de l'émetteur.

4 Les risques des obligations

Le prix des obligations est souvent moins volatile que le prix des actions. Pour autant, l'investissement dans les obligations n'est pas sans risque. Toutes les obligations portent un risque qui varie avec le type d'emprunt et d'émetteur. Nous présentons ici les différents risques sur les obligations.

CONTROVERSE

Les obligations sont-elles vraiment les titres financiers les moins volatiles ?

Bien que souvent considérées comme des titres financiers peu risqués, les obligations peuvent avoir une volatilité supérieure à celle des actions. L'indice de volatilité des rendements des obligations émises par les entreprises de long terme (obligations 20 ans, cotées AAA, c'est-à-dire considérées comme les plus sûres par les agences de notation) est beaucoup plus élevé que celui du marché des actions (par exemple le portefeuille des actions américaines Standard & Poors S&P 500) dans les années 1980 aux États-Unis (*The Wall Street Journal*, 15 mai 1987). La volatilité du cours est liée à la volatilité du taux d'intérêt sur le marché obligataire. ■

4.1 Le risque de taux

Après l'émission d'une obligation sur le marché primaire et son achat par un investisseur (qui en devient le premier détenteur), tout échange portant sur cette obligation aura lieu sur le marché secondaire où son prix fluctue en fonction du taux en vigueur sur le marché. À partir du moment où l'investisseur cède son obligation sur le marché secondaire, le taux actuariel qu'il aurait pu atteindre s'il avait détenu l'obligation jusqu'à sa maturité n'est plus garanti.

Définition

Le **risque de taux d'intérêt** est une possibilité de perte suite à la revente d'une obligation avant sa maturité alors que le taux de marché a augmenté.

Exemple

Supposons que vous achetez une obligation au pair de valeur nominale 1 000 €, avec un taux de coupon de 5 % et une maturité de 10 ans. Un an plus tard le taux de marché augmente à 5,25 %. Cela veut dire que les nouvelles obligations du même risque sont émises au marché primaire au taux 5,25 %. Cela étant, l'acquéreur ne voudra pas payer votre obligation à 1 000 € parce qu'il a l'opportunité de payer 1 000 € pour une obligation sur le marché primaire et recevoir des coupons annuels de 5,25 % au lieu de 5 %. De plus, une partie des investisseurs vendront leurs anciennes obligations pour investir dans les nouvelles sur le marché primaire avec un taux plus avantageux. De cette manière, le prix de l'obligation à un taux de 5 % baissera forcément pour garantir le taux d'intérêt de 5,25 %. Par conséquent, si vous voulez toujours vendre votre obligation, son prix sera de

$$\frac{50}{0,0525}\times\left(1-\frac{1}{0,0525^{9}}\right)+\frac{1\,000}{1,0525^{9}}=982$$

Dans ce cas, quel sera le taux de rendement de votre investissement ? Un an plus tôt, vous avez versé 1 000 € pour l'achat de votre obligation, aujourd'hui vous recevrez 50 € d'intérêts et revendez ce titre au prix de 982 €, le taux de rendement qui prendra en considération ces différents *cash flows* est égal à :

$$\left(\frac{982+50}{1\,000}\right)^{1/1}-1=3,2\ \%$$

En revanche, si vous gardez votre obligation jusqu'à sa maturité, vous ne réalisez pas de pertes sur la valeur de cette obligation.

POUR ALLER PLUS LOIN
▶ Voir p. 211

L'évolution des taux d'intérêt a un effet inverse sur les prix des obligations : si le taux d'intérêt du marché augmente, le prix de l'obligation baissera et *vice versa*.

4.2 Le risque de liquidité

Définition

Le **risque de liquidité** se traduit par la capacité de l'investisseur à acheter/vendre facilement et rapidement une obligation sur le marché secondaire.

Il dépend du volume d'émission, de la qualité de crédit, de la période à courir jusqu'à l'échéance et du nombre d'investisseurs qui détiennent les titres en question. Il s'agit d'un risque très important pour les obligations des entreprises jeunes ou méconnues ainsi que pour les obligations émises en quantité limitée.

4.3 Le risque de défaut

Définition

Le risque de crédit concerne la capacité de l'émetteur à effectuer les paiements d'intérêts périodiques et à rembourser la valeur nominale en temps voulu.

Si vous envisagez d'investir en obligations, vous devrez prendre en compte le risque de défaut des entreprises évalué par les agences de notation (► chapitre 1). Les agences attribuent une note à une entreprise ou à un État en fonction de sa capacité à satisfaire ses engagements envers ses créanciers.

	Moody's	S&P
Très grande qualité de crédit	Aaa à Aa	AAA à AA
Grande qualité de crédit	À à Baa	À à BBB
Obligation spéculative	Ba à B	BB à B
Très faible qualité de crédit	Caa à C	CCC à D

▲ **Tableau 8.1 Cotation du risque de crédit**

Les agences de notation utilisent plusieurs critères d'évaluation de la qualité d'émetteur, par exemple, son niveau de levier financier, son niveau de liquidité, ses flux de trésorerie relativement aux dettes pour évaluer sa capacité à payer périodiquement les coupons et rembourser la valeur nominale à l'échéance.

En revanche, les agences de notation sont sollicitées par les clients qui souhaitent être notés. Cette notation leur donne une meilleure visibilité de la qualité de leur crédit. Toutefois, dans certains cas, on observe des conflits d'intérêts qui se traduisent par l'attribution d'une note élevée non représentative du risque réel de l'émetteur de l'instrument financier (ou l'inverse). D'ailleurs, c'est ce dont témoigne la crise financière de 2008.

4.4 Le risque de rachat anticipé

Définition

Le **risque de rachat anticipé** est, pour l'investisseur, le risque d'être contraint à revendre son obligation à l'émetteur à un prix prédéterminé dans le contrat et qui s'avère moins avantageux parce qu'il est accompagné d'un taux sur le marché qui diminue.

En fait, ce risque est rencontré par l'investisseur quand il possède des obligations comportant une option de rachat anticipé permettant à l'émetteur de racheter les obligations à un prix fixe à une date antérieure à la date d'échéance. Comme vous pouvez le constater, cette option est très intéressante pour l'émetteur en cas de baisse du taux de marché parce qu'il a le droit de racheter les anciennes obligations et d'en émettre de nouvelles à un coupon plus faible. Ainsi, l'émetteur sera sûr d'être toujours endetté au taux du marché.

4.5 Risque de réinvestissement

Définition

Le **risque de réinvestissement** est celui de la baisse du taux de marché auquel sont réinvestis les coupons, ce qui se traduit en une perte de rendement ou de rentabilité.

Les coupons étant réinvestis au taux de marché, le taux de réinvestissement impacte le rendement final jusqu'à l'échéance. Le risque de réinvestissement est lié à la potentialité de réinvestir les coupons à un taux inférieur à celui initialement prévu.

« 3 questions à

Rémy Estran

Directeur des Services quantitatifs chez Spread Research, agence de notation. »

Est-ce que les obligations sont vraiment moins volatiles que les autres actifs financiers, en particulier les actions ?

De façon générale, oui. Les obligations sont moins volatiles que les actions. Cela pour la simple raison qu'avec les obligations, nous connaissons à l'avance la maturité, le coupon et la valeur nominale. Tout cela limite les variations trop importantes du prix des obligations. À l'inverse, les actions ordinaires ont une durée de vie illimitée, une rémunération inconnue, et une valeur nominale nulle ou inexistante, autant d'inconnues qui rendent les actions plus risquées, et donc plus volatiles.

Toutefois, Spread Research travaillant principalement sur des obligations risquées donc à rendement élevé, le coupon et la valeur nominale sont alors incertains, par conséquent, plus volatiles que les actions.

Est-ce que les gérants de portefeuilles prennent en considération les ratings attribués par les agences de notation dans l'initiation de leurs transactions sur obligations?

Non sauf quand les contraintes règlementaires dictent les contraintes de gestion. En clair, pour protéger l'investisseur, certains fonds obligataires sont contraints par leur prospectus (visé par l'AMF) à ne détenir que des obligations notées AAA (représentant la meilleure qualité de crédit), d'autres ont juste l'interdiction de détenir des obligations dans la catégorie spéculative (*speculative grade*) – c'est-à-dire ▸▸

dont le rating est inférieur à BBB–. Ainsi, les gérants de fonds se détacheront des obligations dont le rating se rapproche de la catégorie spéculative.

Cependant, dans le processus de sélection des investissements, et d'allocation des fonds du portefeuille, le gérant utilisera d'autres indicateurs (rémunération, risque, niveau des taux, duration...).

Est-ce que le gérant de fonds applique la sensibilité et la duration comme des outils de gestion de portefeuilles obligataires ?

Oui, tout à fait. Les mesures comme la sensibilité et la duration des obligations ne sont pas que des concepts académiques. Ces outils sont utilisés dans la pratique par le gérant de fonds.

Par exemple, s'il considère le marché comme étant davantage risqué, il cherchera à réduire la duration de son portefeuille.

Quant à la convexité, elle fait partie des outils qui permettent de répondre à la question : « Quel serait le prix de l'obligation si les taux varient de X % dans un sens ou dans l'autre ? ». Question que se pose sans cesse le gérant de portefeuilles obligataires. ■

Les points **clés**

- Une obligation est un titre de créance émis par un État, un établissement public ou une entreprise qui souhaite emprunter des capitaux auprès de plusieurs prêteurs. Elle est achetée par un investisseur qui, en échange du montant prêté à l'émetteur, détient l'obligation et reçoit la promesse de flux futurs (les coupons, ou intérêts, et le remboursement de la valeur nominale prêtée).

- Il existe plusieurs types d'obligations : les obligations à taux fixe, celles à taux variable et l'obligation zéro-coupon. Les obligations le plus fréquemment négociées sont les obligations à taux fixe.

- La valeur du coupon est égale à la valeur nominale multipliée par le taux du coupon. Le taux actuariel à l'émission est garanti à l'investisseur comme taux de rendement s'il garde l'obligation jusqu'à sa maturité.

→ L'obligation est émise au pair si son prix à l'émission est égal à sa valeur nominale ou si son taux de coupon est égal au taux actuariel à l'émission.

→ Le prix actuel d'une obligation est la somme des flux futurs (coupons + valeur de remboursement ou valeur nominale) actualisés au taux actuariel à l'émission. Le taux de rendement sur une obligation est le taux d'actualisation qui égalise le prix actuel de l'obligation à la valeur actuelle des flux futurs promis sur cette obligation :

$$TRI_N = \left(\frac{VN}{P}\right)^{\frac{1}{N}} - 1$$

Trois sources de rendement contribuent à la rentabilité d'une obligation : les coupons, le réinvestissement des coupons et la variation du prix de l'obligation (gain ou perte en capital).

Le prix de l'obligation converge vers sa valeur nominale à mesure que l'obligation s'approche de la date d'échéance.

→ L'obligation est considérée comme étant un titre moins volatile que les autres actifs financiers mais l'investissement obligataire n'est pas sans risque. Le risque de défaut de l'émetteur est un des premiers risques à considérer. Le risque de taux en est le plus important. L'évolution du prix d'une obligation dépend de la fluctuation du taux d'intérêt sur le marché.

APPLICATIONS

▶ Corrigés p. 291

QCM

Quelles sont les affirmations correctes ? Une seule bonne réponse par question est possible.

1 Une obligation zéro-coupon :

a. est vendue au pair.
b. ne paie pas d'intérêt.
c. est vendue au-dessous du pair.
d. ne paie pas d'intérêt et est vendue au-dessous du pair.

2 Si une obligation est émise au pair, sa valeur dans un an, après détachement du coupon, sera :

a. moins élevée.
b. plus élevée.
c. inchangée.

3 Au fil du temps, la valeur d'une obligation s'approche de :

a. zéro.
b. valeur nominale.
c. valeur de coupon.

4 Comment la valeur d'une obligation est affectée par le taux d'intérêt de marché ?

a. si le taux d'intérêt baisse, la valeur d'une obligation baissera aussi.
b. une obligation émise en dessous du pair n'est pas affectée par les variations du taux d'intérêt.
c. une obligation émise au-dessus du pair n'est pas affectée par les variations du taux d'intérêt.
d. si le taux d'intérêt augmente, la valeur d'une obligation baisse.

5 Considérons deux obligations, l'obligation X et l'obligation Y, avec la même valeur nominale de 1000 € et la même maturité de 5 ans. L'obligation X a le coupon de 5 % et l'obligation Y n'a pas de coupon. Elles portent également le même risque. Dans ce cas :

a. la valeur de l'obligation X est égale à la valeur de l'obligation Y.
b. la valeur de l'obligation Y est supérieure par rapport à la valeur de l'obligation X.
c. la valeur de l'obligation X est supérieure par rapport à la valeur de l'obligation Y.

6 La valeur d'une obligation est de 1 081,11 €, sa valeur nominale est de 1 000,00 €, le coupon est de 10 % et sa maturité de 5 ans. Quel est son taux actuariel ?

a. $r < 10\ \%$.
b. $r = 10\ \%$.
c. $r > 10\ \%$.

7 La valeur d'une obligation est de 1 081,11 €, sa valeur nominale est de 1 000,00 €, le coupon est de 10 % et sa maturité de 5 ans. Si le taux d'intérêt sur le marché ne change pas, quelle sera la valeur de cette obligation dans un an ?

a. V1 < 1 000 €.
b. 1 000 € < V1 < 1 081,11 €.
c. V1 > 1 081,11 €.

Problèmes

8 Calcul de prix d'obligation avec changement de taux sur le marché

Le 1er janvier 2002, l'entreprise Sigma a émis une obligation de valeur nominale égale à 100 €, de coupon 13,29 % payé annuellement, de taux actuariel 11 % et de maturité 5 ans.

1. Quelle est le prix d'émission de cette obligation ?

2. Si le taux de marché pour ce genre d'obligation baisse à 10 % juste avant le détachement du premier coupon et reste constant ensuite, quel taux de rendement réalisera un investisseur qui achète cette obligation le jour de son émission et la revend en 2006 juste après le détachement du coupon ?

3. Si le taux de marché pour ce genre d'obligation augmente à 12 % juste avant le détachement du premier coupon et reste constant ensuite, quel taux de rendement réalisera un investisseur qui achète cette obligation le jour de son émission et la revend en 2006 juste après le détachement du coupon ?

4. Nous considérons des variations multiples du taux de marché : une première entre l'achat et le premier coupon où le taux de marché passe à 10 %, une deuxième entre le premier et le deuxième coupon où le taux de marché passe à 9 %, et une troisième entre le deuxième et le troisième coupon où le taux passe à 8 %. L'investisseur revend cette obligation au bout de 4 ans alors que le taux de marché est de 7 %. Quel taux de rendement réalisera-t-il sur cet investissement obligataire ?

9 Calcul du prix d'obligation avant et après détachement de coupon

On considère une obligation émise au pair avec une maturité de 3 ans et quelques secondes. Cette obligation a une valeur nominale de 500 € et un taux nominal de 4 %.

- Quelle est la valeur (*prix sale*) de cette obligation quelques secondes avant le détachement du coupon sachant qu'à ce moment-là le taux de marché est de 4 % ?

10 The trading price of a bond at a discount, at par or at premium

Suppose a 7-year, $1,000 bond issued by Apple Inc. with a 9 % coupon rate and semiannual coupons is trading with a yield to maturity of 6.75 %.

1. Is Apple's bond currently trading at a discount, at par, or at a premium? Explain.

2. If the yield to maturity of the bond rises to 7 % (with semiannual compounding), what price will the bond trade for?

POUR ALLER PLUS LOIN

Outils de gestion de risque par la sensibilité, la duration et la convexité

Le prix d'une obligation est sensible aux variations du taux d'intérêt (augmentation de prix suite à la baisse du taux et baisse des prix suite à la hausse du taux). Ces variations risquent d'occasionner aussi bien des gains que des pertes pour un investisseur. La variation de prix en pourcentage pour la même variation de taux n'est pas égale pour toutes les obligations. Pour cette raison, il existe une mesure appropriée de la sensibilité d'une obligation aux variations des taux d'intérêt.

La **sensibilité** est une mesure de perte/gain de valeur d'une obligation en pourcentage suite à une variation du taux d'intérêt (taux actuariel) de 1 %.

La sensibilité d'une obligation est d'autant plus élevée que sa maturité est longue, son taux de coupon et son taux actuariel sont faibles.

La **duration** est la période à laquelle, si l'obligation est vendue, la moins-value (plus-value) est compensée par le réinvestissement régulier des coupons à un taux du marché plus élevé (moins élevé). Quelle que soit la variation du taux, en vendant l'obligation à la période correspondant à la duration, l'investisseur se garantit le niveau de rendement correspondant au taux actuariel à l'achat.Références

La **convexité** est un indicateur du risque de taux qui permet une estimation assez précise du prix d'une obligation lorsque le taux de marché varie.

Jacquillat B., Solnik B. et Perignon C., *Marchés financiers : Gestion de portefeuille et des risques*, Dunod. p. 95-107, 2014.

Chapitre 9

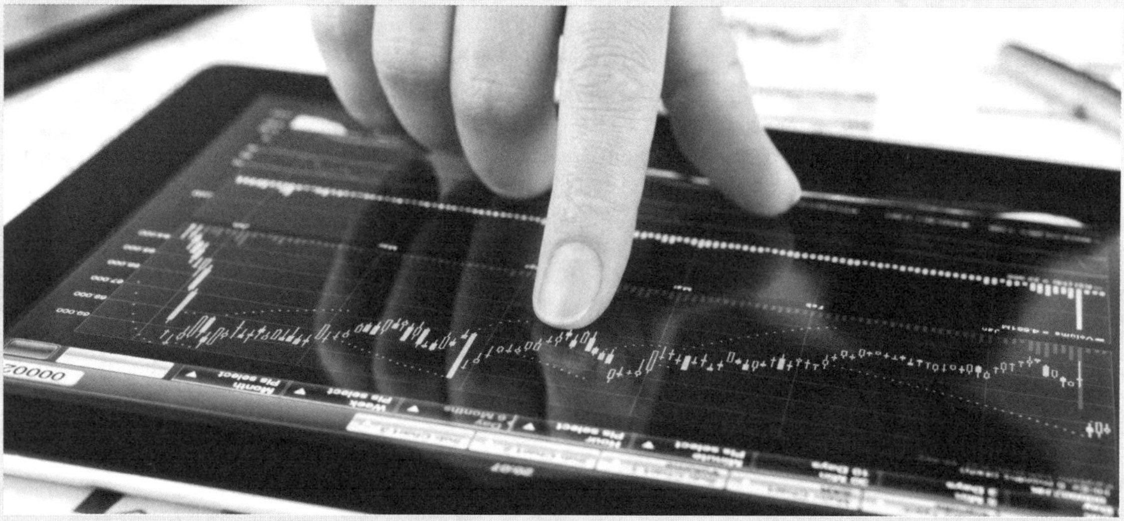

Le 19 mars 2012, pour la première fois depuis 1995, Apple annonce le versement de dividendes trimestriels à ses actionnaires. Cette annonce spectaculaire, qui revient pour la firme de Cupertino à se séparer de quelques centaines de milliards de dollars, s'accompagne du projet de rachat d'actions aux investisseurs.

Ainsi, courant juillet 2012, Apple détache le premier de ses dividendes trimestriels fixés à 2,65 dollars par action. Puis, à partir d'octobre 2012, la société lance un programme de rachat sur trois ans de 10 milliards de dollars de ses propres actions. Apple estime que cette opération va absorber un total de 45 milliards de dollars sur trois ans.

Cela marque un grand changement pour l'entreprise. À l'époque de Steve Jobs, ancien directeur général et co-fondateur visionnaire d'Apple, l'idée de verser un dividende était taboue. Ces décisions prises par Tim Cook ouvrent de nouvelles voies stratégiques que les investisseurs du monde entier scrutent de près.

Que doit-on comprendre de ces opérations de paiement de dividendes et de rachat d'actions ? Que représente une action ? Qu'est-ce qu'un dividende ? Quel en est l'impact sur l'entreprise et sur les investisseurs ?

Les actions

Plan

Pré-requis

→ **Connaître** les outils de mathématiques financières (▶ chapitre 5).

→ **Appréhender** correctement le concept d'évaluation d'un instrument financier en se basant sur les flux futurs attendus (▶ chapitre 5).

→ **Maîtriser** la notion d'actualisation et le calcul du taux de rentabilité ou de rendement (▶ chapitres 5 et 6).

Compétences attendues

→ **Comprendre** l'intérêt pour une entreprise de financer son activité par émission d'actions.

→ **Connaître** les différents types d'actions.

→ **Évaluer** le prix d'une action à l'aide des modèles les plus fréquemment utilisés.

→ **Acquérir** des connaissances en matière d'investissement en actions pour comprendre l'engouement des investisseurs financiers pour ce type d'actifs.

1 L'organisation du marché des actions

Lorsqu'une entreprise se crée ou veut se développer, elle a besoin de capitaux. Outre la voie d'émission d'obligations qui est une forme d'endettement (▶ chapitre 8), l'entreprise dispose d'un autre moyen pour acquérir des capitaux : elle augmente son capital. Pour ce faire, elle peut choisir de se financer en émettant des actions sur les marchés financiers. Dans les deux cas de financement, l'entreprise émet des titres financiers donnant des droits à leurs porteurs.

1.1 Le marché des actions

Définition

Une **action** (*stock* ou *share*) est une participation ou un titre de propriété, librement négociable, représentant une part du capital d'une société et conférant à son porteur des droits spécifiques. Ces droits varient en fonction du type de l'action.

Ainsi, à la différence d'une obligation qui est un titre de créance (*debt instrument*) émis par l'entreprise, l'action est un titre de propriété (*equity instrument*). En plus des intérêts perçus, le montant prêté par le détenteur d'une obligation lui est remboursé, le plus souvent périodiquement, comme dans un emprunt classique. En revanche, le détenteur d'une action appelé actionnaire (*shareholder* ou *stockholder*) n'est pas considéré comme un prêteur de fonds à l'entreprise mais comme copropriétaire disposant de droits.

Bien que ces deux titres soient différents, ils ont un point commun : leurs détenteurs financent directement l'entreprise.

À l'instar de l'émission obligataire, pour financer son activité, une entreprise peut émettre des actions sur le **marché primaire** où l'action est souscrite (ou acquise) pour la première fois par un investisseur. Cette émission est généralement soutenue et organisée par les banques contre rémunération. Le détenteur de l'action peut choisir de la céder à tout moment et ce, sur le **marché secondaire**. Par conséquent, dès leur mise en circulation sur le marché primaire, les nouvelles actions sont négociées et donc trouvent de nouveaux acquéreurs sur le marché secondaire.

À l'émission, le prix de l'action est encaissé par l'entreprise. Lorsque le titre est cédé sur le marché secondaire, le montant de la transaction est échangé entre l'ancien détenteur et l'acheteur qui devient le nouveau copropriétaire de l'entreprise. Cette dernière ne perçoit pas d'argent à l'occasion de ces transactions.

Après leur émission, le négoce des actions peut se dérouler en Bourse (*stock exchange*) ou hors Bourse. Si elles sont négociées **en Bourse**, l'échange a lieu sur des marchés organisés, régis par des règles strictes et donnant lieu à une activité transparente sans collisions. Tout investisseur qui souhaite acheter ou vendre des actions à la Bourse doit placer un mandat correspondant auprès d'un négociant agréé (généralement une banque). Le cours des actions est déterminé par le jeu de l'offre et de la demande, comme sur les autres marchés.

Dans le négoce hors Bourse, également appelé négoce **de gré à gré** (*over the counter* ou OTC), l'échange se fait en recourant à un intermédiaire financier, le plus souvent, une banque, et fréquemment par téléphone.

Exemple

Les actions des entreprises familiales sont souvent détenues par la famille fondatrice et ne sont pas négociées sur le marché de gré à gré.

FOCUS

Les frais du négoce en Bourse

Le négoce d'actions en Bourse occasionne des frais divers : tout achat et toute vente d'actions est facturé par les banques suscitant des **frais de courtage**. La gestion des titres engendre également des frais appelés **frais de dépôt**. Ces frais varient d'un établissement à l'autre. On observe aussi des frais comme les **taxes** boursières et les taxes légales versées à l'État qui, elles, varient selon la Bourse et le pays. Théoriquement, plus les transactions sur titres (achat et vente) sont nombreuses, plus les frais sont importants.

1.1.1 Les droits de l'actionnaire

L'actionnaire détient une part de l'entreprise donc, à ce titre, il dispose des droits suivants :

– Il peut participer à la vie de l'entreprise à travers le **droit de vote** (*voting right*) que l'action lui confère proportionnellement à ses parts. Il a la possibilité de participer aux assemblées générales de l'entreprise et de voter les grandes décisions, tout en ayant un droit à l'information sur la gestion de la société via la communication des comptes annuels.

– L'actionnaire a également des **droits sur les bénéfices dégagés** par l'entreprise proportionnellement à sa participation dans le capital. Toutefois l'entreprise a le choix, et non l'obligation, de distribuer ses bénéfices. Si elle décide de le faire, l'actionnaire percevra un dividende (*dividend*). Si l'entreprise décide de reporter ses bénéfices en réserve (compte report à nouveau ou RAN en comptabilité) pour financer l'expansion de son activité, l'actionnaire aura des droits sur les bénéfices dégagés par l'exploitation des capitaux mis en réserves. En cas de dissolution de l'entreprise, l'actionnaire aura droit à une part du produit de la liquidation. Certaines actions appelées actions privilégiées sont dotées d'une rémunération fixe ou d'un dividende fixe, ce qui n'est pas le cas des actions ordinaires (► section 1.2).

1.1.2 Les sources de revenus de l'actionnaire

L'actionnaire profite de deux sources de revenu sur son investissement en actions : le dividende et la plus-value sur le prix de l'action. Ainsi, pour calculer le rendement total de son action, il doit tenir compte du rendement de dividende (*dividend yield*) et du rendement du capital (plus ou moins-value sur le capital investi en actions) (*capital yield*). Le rendement total est la somme de ces deux derniers.

En effet, si la distribution de dividende est importante pour l'actionnaire, cela se traduit par un bon **rendement de dividende**. Il s'agit d'un ratio financier surveillé régulièrement par les investisseurs sur les marchés d'actions. Il est obtenu en divisant le montant du dividende D_1 par le cours actuel de l'action concernée P_0 :

$$R_{\text{Dividende}} = \frac{D_1}{P_0}$$

> Le cours d'une action représente sa valeur actuelle sur le marché. Il ne reflète ni sa valeur nominale, ni son prix d'émission.

Si l'avoir fiscal attaché aux dividendes est pris en compte dans le calcul, nous obtenons le rendement net. Dans le cas contraire, on parle de rendement brut.

Par ailleurs, le cours des actions fluctue au cours du temps. Si l'investisseur actionnaire ne garde pas son action et qu'il la vend sur le marché secondaire, il réalisera une plus ou moins-value. Le **rendement du capital** ou le taux du gain en capital n'est autre que la variation du prix de l'action. Il est donc obtenu en divisant la différence entre le prix futur et le prix actuel par le prix actuel de l'action :

$$R_{\text{Capital}} = \frac{P_1 - P_0}{P_0}$$

La **rentabilité espérée ou rendement total** d'une action est égale à la somme du rendement de dividende et du rendement du capital (ou % de gain en capital ou encore taux de plus-value) :

$$\text{Rentabilité} = \frac{D_1}{P_0} + \frac{P_1 - P_0}{P_0}$$

Exemple

Considérons une action Total au 14 mars 2014. Son cours est de 30,44 $, le montant du dernier dividende est de 0,40 $, le rendement de dividende de Total est de $R_{\text{Dividende}} = \frac{0,40}{30,44} = 1,31\ \%$. Le prix de l'action étant de 32,03 $ le 14 janvier 2014, le rendement du capital sur les deux derniers mois est de $R_{\text{Capital}} = \frac{30,44 - 32,03}{32,03} = -5\ \%$.

Le rendement total sur une action Total pour la période 14 janvier 2014-14 mars 2014 est négatif :
Rentabilité = 1,31 % – 5 % = –3,69 %.

1.1.3 Les facteurs influençant le cours d'une action

Le cours d'une action fluctue sans cesse sur le marché, influencé par différents facteurs. Il s'agit principalement de l'environnement économique et financier (national et international), du secteur d'activité dans lequel opère l'entreprise émettrice d'actions, et enfin de sa situation financière.

L'environnement économique et financier. Les variables économiques comme le taux de croissance, les taux d'intérêt, le taux de change, l'inflation, etc. ainsi que les événements géopolitiques affectent les résultats de l'entreprise, d'autant plus que ces variables sont liées entre elles. Les cycles économiques (croissance, stagnation, récession, etc.) influencent nettement le cours des actions.

Exemple

Pendant une phase de récession, on a globalement une baisse du chiffre d'affaires des entreprises, ce qui conduit à une détérioration des résultats et donc à une chute des cours des actions.

Les entreprises qui ont des activités à l'international sont assez sensibles aux variations des taux de change. Leurs résultats évoluent en fonction de cette variable économique. Une entreprise de la zone euro traitant à l'international est susceptible d'augmenter son résultat net suite à une appréciation du dollar par rapport à l'euro.

Le secteur d'activité. La conjoncture économique n'affecte pas de la même manière toutes les entreprises. D'où l'importance de classer les entreprises par secteur d'activité et d'examiner à quels indicateurs économiques chaque secteur est particulièrement sensible.

Exemple

Dans l'industrie pétrolière, nous suivrons le cours du dollar et le cours du baril de pétrole brut alors que dans l'industrie automobile, nous nous intéresserons à la consommation des ménages.

Ce classement permet de prévoir la trajectoire de l'évolution de l'entreprise. On classe les secteurs selon leur caractère plus ou moins cyclique et selon leur taux de croissance.

Exemple

L'industrie pharmaceutique n'est pas un secteur cyclique donc les résultats seront moins affectés par les variables économiques comme le taux de croissance de l'économie. Ainsi, les cours des actions des entreprises appartenant à ce secteur seront moins sensibles à un cycle de récession de l'économie. L'industrie automobile présente le cas opposé.

Le diagnostic financier de l'entreprise. Après avoir étudié l'impact de la conjoncture économique sur l'évolution de l'entreprise, nous devrons analyser son bilan et son compte de résultat pour juger sa santé financière. Il s'agit de vérifier si elle dégage un niveau de rentabilité suffisant, si elle est capable d'honorer ses engagements à court et à long termes, etc. Nous pouvons également établir des comparaisons entre les entreprises en faisant appel aux ratios financiers (▶ chapitres 2 et 3) pour analyser les comptes et prévoir l'évolution des cours boursiers de ces dernières.

1.1.4 Principaux indicateurs de performance sur l'investissement en actions

Pour évaluer la santé financière d'une entreprise, un investisseur qui détient des actions ou envisage d'en acquérir, va étudier les indicateurs du niveau d'endettement et de rentabilité. Il s'intéressera aussi au bénéfice par action et au *price-to-earning ratio* :

– Le **bénéfice par action** (BPA) (*earning per share*, EPS) : il se traduit par le rapport entre le bénéfice net de l'entreprise et le nombre d'actions en circulation

$$BPA = \frac{\text{Bénéfice net}}{P_0}$$

– Le PER (*price-to-earning ratio*, terme anglais utilisé également en français) : il constitue le rapport entre le cours de l'action P_0 et le bénéfice net par action (cours/BPA). Un PER élevé traduit les anticipations positives du marché sur les bénéfices futurs alors qu'un PER faible traduit un désintérêt du marché pour l'action

$$PER = \frac{P_0}{BPA} = \frac{P_0 \times \text{nb d'actions en circulation}}{\text{Bénéfice net}} = \frac{\text{Capitalisation boursière}}{\text{Bénéfice net}}$$

Exemple

Pour une société dont le bénéfice net prévisionnel est de 300 millions d'euros et dont le nombre moyen d'actions en circulation est de 10 millions, le BNPA sera de 30 € par action. Pour un cours de Bourse de 120 € à une date donnée, le PER sera de 4. Ce résultat est interprété ainsi : le cours de l'action représente 4 fois les bénéfices attendus.

La taille d'une entreprise est mesurée par sa capitalisation boursière. C'est la valeur, au prix du marché, de l'ensemble des titres en circulation de l'entreprise. Elle est égale au nombre des titres en circulation multiplié par le cours de l'action.

1.1.5 L'indice et les principaux marchés d'actions

Définition

Un **indice boursier** est un portefeuille fictif composé d'un panier ou de l'ensemble des titres d'un pays, d'un secteur, des sociétés de grande taille d'un secteur, etc. Il représente la moyenne (simple ou pondérée) des cours de l'échantillon des valeurs qui le composent.

Outil de mesure de la performance des actions, il sert d'étalon ou *benchmark* : c'est un point de repère pour mesurer la performance d'un gérant de portefeuille de titres.

Les principaux indices d'actions d'Euronext Paris sont le CAC 40, le SBF 120 et le SBF 250. Chacun des pays d'Euronext possède ses indices nationaux comme BEL 20 en Belgique. À l'international, nous trouvons le S&P 500 (indice américain le plus connu), le SMI, le Dow Jones, etc.

1.2 Les types d'actions

Les deux principaux types d'actions sont les suivants : les actions ordinaires et les actions privilégiées. Les droits que chacune de ces catégories attribue à l'actionnaire sont différents.

1.2.1 Les actions ordinaires

La majorité des actions sont émises par les entreprises sous cette forme. En général, quand on parle d'actions, c'est à ce type que l'on fait référence. Une action ordinaire, conformément à la définition générale d'une action, est un titre de propriété de l'entreprise et donne droit à une participation dans les profits distribués, proportionnellement à la part détenue dans le capital de la société (le dividende). L'action ordinaire donne également à l'investisseur un droit de vote par action détenue pour élire les membres du conseil d'administration et voter les grandes décisions prises par la direction.

À long terme, les actions ordinaires procurent un rendement plus élevé que la plupart des autres actifs financiers, grâce à la croissance du capital (rendement du capital). Le rendement supérieur procuré par une action ordinaire est supposé compenser le niveau élevé du risque qu'elle comporte.

Si la société fait faillite et qu'elle est liquidée, les détenteurs d'actions ordinaires ne sont pas prioritaires, ils ne recevront pas leurs droits financiers avant que les créditeurs, les détenteurs d'obligations et les détenteurs d'actions privilégiées aient été remboursés.

Plus risquées que les obligations, les actions sont aussi plus rémunératrices. Cette observation est validée empiriquement presque tout le temps, mais pas systématiquement (▶ Focus).

FOCUS

Les actions sont-elles toujours plus rémunératrices que les obligations ?

Pour les actions, les investisseurs reçoivent des dividendes uniquement si l'entreprise dégage des bénéfices. Dans le cas des obligations, les intérêts sont payés périodiquement quel que soit le dernier résultat financier de l'émetteur en plus du remboursement de la valeur nominale. Les obligations étant plus sûres, leur rendement est moins élevé que celui des actions. Ceci a été validé empiriquement par de nombreuses études. Néanmoins, pour certaines périodes, l'évidence empirique a montré que cette observation peut être inversée.

Examinons le cas de fonds d'épargne salariale proposés par CM-CIC Asset management, une société de gestion d'actifs. Ce plan d'épargne d'entreprise (PEE) propose aux salariés des fonds de placement présentant plusieurs compartiments nourriciers (composés de types différents d'actifs). Parmi ces compartiments, on trouve le compartiment d'actions « social active actions », le compartiment « social active diversifié » (portefeuille diversifié d'actifs, ▶ chapitre 11), le compartiment « social active monétaire », le compartiment d'obligations « social active obligations » et le compartiment « social active tempéré solidaire ».

Si nous nous intéressons plus particulièrement aux compartiments d'actions et d'obligations de 2005 à 2012, nous remarquons que la crise financière de 2008 a été marquée par la chute drastique du marché des actions : le rendement des actions était négatif, alors que le rendement des obligations pour la même période était le plus élevé de tous les autres compartiments (▶ figure 9.1 et 9.2).

Néanmoins, en moyenne sur le long terme, les actions restent toujours plus rentables que les produits obligataires. En effet, une étude empirique menée par Garnier et Thesmar (2009) sur la période de 1872-2008, montre qu'une obligation offre un rendement moyen de 2,4 % alors que pour la même période, les actions offrent un rendement moyen de 6 %.

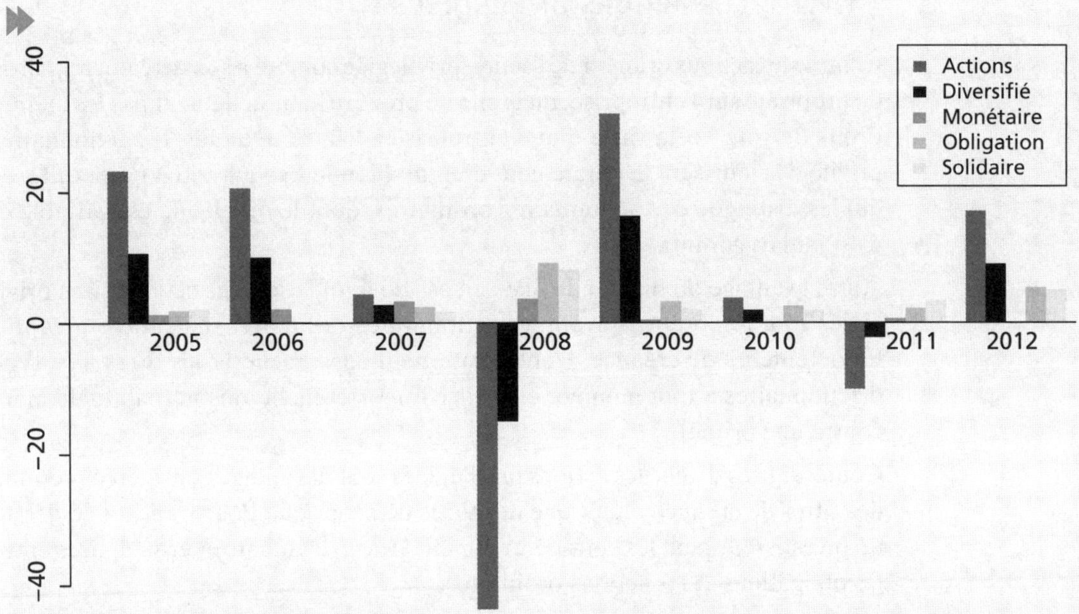

▲ Figure 9.1 **Histogramme des rendements des différents compartiments nourriciers du PPE – période 2005-2012**

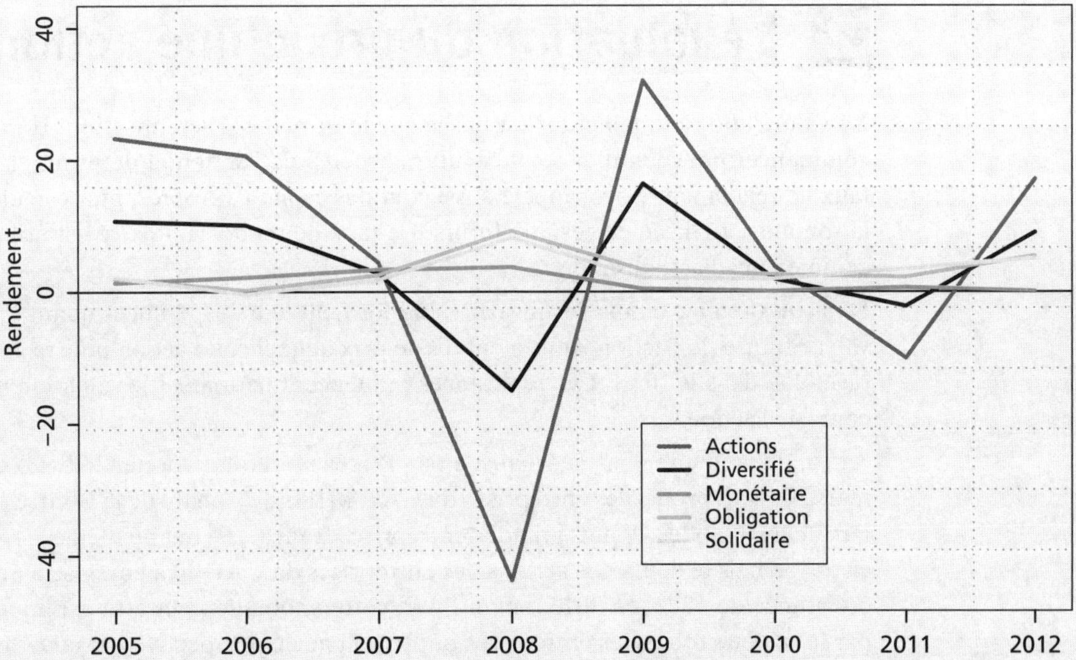

▲ Figure 9.2 **Évolution des rendements des différents compartiments nourriciers du PEE – période 2005-2012**

1.2.2 Les actions privilégiées

Comme les actions ordinaires, l'action privilégiée confère à son détenteur un droit de propriété sur l'entreprise, mais elle ne procure habituellement pas les mêmes droits de vote : cela varie d'une entreprise à l'autre. De plus, les actionnaires privilégiés jouissent généralement d'un **dividende fixe** garanti à perpétuité, ce qui les distingue des actionnaires ordinaires, dont le dividende est variable et n'est jamais garanti.

Autre avantage du dividende fixe : en cas de liquidation, les actionnaires privilégiés sont remboursés avant les actionnaires ordinaires mais toujours après les détenteurs de créance. L'entreprise peut aussi racheter les titres à ce type d'actionnaires à tout moment et pour n'importe quelle raison (habituellement contre une prime).

Conférant ces droits, les actions privilégiées sont davantage considérées comme des titres de créance plutôt que des titres de propriété. Pour trancher ce débat, un investisseur peut les considérer comme des instruments intermédiaires entre les obligations et les actions ordinaires.

2 L'évaluation du prix d'une action

La valorisation d'une action est basée sur le principe d'actualisation. Il faut commencer par identifier les flux futurs espérés de l'action et déterminer le taux de rendement exigé, appelé aussi coût des capitaux propres, puis calculer la somme actualisée de ces flux futurs. Le taux de rendement exigé est utilisé comme taux d'actualisation.

Dans un premier temps, les investisseurs forment leurs espérances quant à la valeur future de l'action, autrement dit, le prix auquel cette action pourra être revendue dans le futur. Ces espérances influencent nettement l'évaluation du cours de l'action.

Ainsi, d'après une analyse, réalisée par PricewaterhouseCoopers (PwC) en mars 2014, les profits des entreprises du CAC 40 (l'indice phare de la Bourse de Paris constitué des 40 plus grandes entreprises françaises) ont reculé de 9,4 % en 2013, mais le cours des actions des entreprises du CAC 40 a enregistré une croissance de 18 % en 2013. Selon PwC, cette anomalie peut être expliquée par le fait que toutes les entreprises ont témoigné de perspectives positives de croissance pour l'année 2014. Par conséquent, la confiance est au rendez-vous au marché financier et les investisseurs affichent leur envie d'investir dans ces actions à nouveau.

Exemple

Malgré le changement de Direction et un plan de redressement drastique, Alcatel-Lucent a enregistré 1,3 milliard d'euros de perte de résultat net en 2013. Mais, étant donné que les efforts de redressement ont été bien perçus par les investisseurs, le cours de l'action Alcatel-Lucent a progressé de 224,83 %. Cet exemple confirme que les investisseurs attachent plus d'importance au potentiel de l'entreprise et à sa capacité de générer de la valeur qu'aux résultats actuels.

Revenons à la valorisation des actions par les investisseurs en fonction de leurs espérances. En réalité, il existe deux flux de trésorerie futurs liés à une action : le prix futur de revente de l'action (la valeur future) et les dividendes. Si un investisseur compte revendre une action au bout d'un an, il doit prendre en compte le prix P_1 auquel il pourra revendre cette action et les annonces de l'entreprise concernant le dividende D_1. Le prix actuel est donc obtenu par l'équation suivante

$$P_0 = \frac{P_1 + D_1}{1+r}$$

où P_0 est le prix qu'un investisseur devra payer aujourd'hui pour garantir le niveau de rendement exigé r.

Définition

Le **taux de rendement exigé** est le taux d'actualisation utilisé pour le calcul de la valeur d'une action. Il représente le niveau de rendement exigé par les investisseurs pour couvrir la valeur temps de l'argent et le risque supporté, compte tenu des aléas dans les activités de l'entreprise (risque spécifique) et les facteurs macroéconomiques qui affectent la santé financière de l'entreprise (risque systémique). Ce même taux peut être considéré comme le coût de fonds propres pour l'entreprise.

2.1 Le modèle d'actualisation des dividendes

En considérant qu'une action a une durée de vie illimitée (la durée de vie de l'entreprise étant indéfinie) et que les dividendes sont constants, la valeur d'une action est la valeur actualisée de flux illimités de dividendes, autrement dit des dividendes perpétuels. Le prix de revente de l'action, appelé valeur future de l'action (*terminal value*) n'est pas aisément connu à cet horizon, nous considérons donc qu'il n'y a pas de valeur future explicite. La valeur actuelle de l'action se réduit à la valeur actualisée des flux de dividendes.

$$P_0 = \frac{D}{(1+r)^1} + \frac{D}{(1+r)^2} + \ldots = \sum_{t=1}^{\infty} \frac{D}{(1+r)^t} = \frac{D}{r}$$

où P_0 le prix d'une action, D les dividendes, r le rendement exigé.

C'est la forme générale du modèle d'actualisation des dividendes.

À un horizon de temps N plus court, pour lequel le prix de revente est connu, le prix actuel de l'action est la somme actualisée des flux de dividendes et de la valeur de revente ou valeur future actualisée elle aussi. Le prix actuel de l'action est ainsi obtenu par l'équation suivante

$$P_0 = \frac{D_1}{(1+r)^1} + \frac{D_2}{(1+r)^2} + \ldots + \frac{D_N + P_N}{(1+r)^N}$$

Exemple

L'entreprise Sigma promet de payer des dividendes annuels de 2 € par action en perpétuité. Si les investisseurs exigent le rendement de 10 % pour accepter le risque de ce genre d'investissement, le prix qu'ils seront prêts à payer pour une action de Sigma est de

$$P_0 = \frac{D}{r} = \frac{2}{0{,}10} = 20 \text{ euros}$$

2.2 Le modèle de Gordon-Shapiro

Le modèle d'actualisation des dividendes fait l'hypothèse que les dividendes restent constants tout au long de la détention de ce titre. Pourtant, en réalité les dividendes varient chaque année.

Si on considère le scénario le plus simple qui suppose que les dividendes croissent à un taux constant tous les ans, le prix de l'action sera

$$P_0 = \frac{D_0(1+g)^1}{(1+r)^1} + \frac{D_0(1+g)^2}{(1+r)^2} + \ldots = D_0 \sum_{t=1}^{\infty} \frac{(1+g)^t}{(1+r)^t} = \frac{D_0(1+g)}{r-g} = \frac{D_1}{r-g}$$

où P_0 le prix d'une action, D_0 le dernier dividende, D_1 le dividende futur, qui sera versé dans un an, r le rendement exigé, g le taux de croissance constant.

Ce modèle porte le nom des auteurs qui l'ont conçu à la fin des années 1950 au Massachussetts Institute of Technology (MIT) : M.J. Gordon et E. Shapiro.

Exemple

Dividendes croissants à un taux constant

L'entreprise Sigma promet de payer un dividende de 2 € par action dans un an. Selon les analystes financiers, le dividende progressera de 5 % annuellement. Si les investisseurs exigent un rendement de 10 % pour ce genre d'investissement, le prix qu'ils seront prêts à payer pour acquérir une action Sigma est de 40 €.

$$P_0 = \frac{D_1}{r-g} = \frac{2}{0{,}10 - 0{,}05} = 40$$

Selon ce modèle, la valeur d'une action dépend des actifs que l'entreprise possède à un moment donné et de tous les flux de trésorerie futurs qu'elle est capable de générer dans l'avenir.

Exemple

Dividendes décroissants à un taux constant

L'entreprise Sigma promet de payer un dividende de 2 € par action dans un an. Les analystes prévoient une baisse constante des dividendes de 3 % annuel. Si les investisseurs exigent un rendement de 10 % pour ce genre d'investissement, le prix qu'ils vont payer pour une action Sigma est de

$$P_0 = \frac{2}{0,10 + 0,03} = 15,38$$

Le modèle Gordon-Shapiro permet d'envisager un autre scénario où la variation des dividendes est multiple, c'est-à-dire qu'elle connaît de plusieurs taux de croissance.

Exemple

Dividendes croissants à des taux multiples

L'entreprise Sigma promet de payer un dividende de 2 € par action dans un an. Les analystes prévoient une hausse du dividende de 2 % annuel pendant 5 ans, ensuite une augmentation constante de 4 % à l'infini. Les investisseurs exigent le rendement de 10 % pour ce genre d'investissement. Pour évaluer le prix d'une action Sigma, nous commençons par déterminer les flux futurs espérés de cette action :

D_1	2
D_2	2 × (1 + 0,02) = 2,04
D_3	2,04 × (1 + 0,02) = 2,08
D_4	2,08 × (1 + 0,02) = 2,12
D_5	2,12 × (1 + 0,02) = 2,16
D_6	2,16 × (1 + 0,04) = 2,25

Le prix de revente espéré ou attendu de cette action dans 5 ans est

$$P_5 = \frac{2,25}{0,10 - 0,04} = 37,5$$

La valeur de cette action dans 5 ans est donc de 37,5 €. Le prix de l'action Sigma aujourd'hui est la somme actualisée de tous les flux futurs liés à cet instrument financier, à savoir, les dividendes et la valeur future ou prix de revente de l'action

$$P_0 = \frac{2}{(1+0,1)} + \frac{2,04}{(1+0,1)^2} + \frac{2,08}{(1+0,1)^3} + \frac{2,12}{(1+0,1)^4} + \frac{2,16}{(1+0,1)^5} + \frac{37,5}{(1+0,1)^5} = 31,14$$

Les investisseurs accepteront de payer 31,14 € pour une action avec l'hypothèse de dividendes croissants à des taux multiples.

2.3 Autres méthodes d'évaluation d'une action

En plus de la méthode d'actualisation des flux futurs (dividendes futurs) et du modèle de Gordon-Shapiro, d'autres méthodes d'évaluation existent. Une méthode fréquemment utilisée par les investisseurs et les analystes financiers est la **méthode des comparables** : c'est une méthode d'évaluation fondée sur la comparaison de l'entreprise avec des actifs ou entreprises de même nature (activité, zone géographique)[1].

3 Comment investir en actions ?

3.1 Déterminer l'horizon de placement

De nos jours, le taux d'intérêt du livret A, depuis toujours le plan d'épargne préféré des Français, est assez bas. Cette situation incite les ménages à chercher d'autres modalités d'épargne, par exemple, le plan épargne action (PEA), l'assurance-vie, le plan d'épargne retraite, etc. Mais, avant d'investir en actions, un investisseur doit déterminer les objectifs de son investissement et surtout la date à laquelle il aura besoin de ses fonds. Certaines personnes souhaiteraient investir pour épargner pour la retraite dans 20 ans, pour acheter une maison dans 5 ans, pour acheter une voiture dans 3 ans ou encore pour compléter leurs revenus dans le futur… Chacun de ces objectifs implique un horizon de placement différent. Ensuite, il faut que l'investisseur détermine son aversion au risque. Est-il très prudent ? Est-il prêt à prendre des risques ? Serait-il très anxieux si la valeur de son investissement venait à chuter brutalement de manière significative ? L'aversion au risque n'est pas une valeur constante, elle évolue avec l'âge.

Un jeune cadre, qui envisage l'achat d'un premier appartement prochainement, aura une forte aversion au risque, donc il évitera le placement, très rentable mais très risqué, dans des actions de petite capitalisation. Il privilégiera les instruments moins risqués comme les obligations.

Avec l'âge, son niveau de salaire va augmenter, il pourra envisager un horizon de placement plus important et appliquer des stratégies plus agressives (placer son argent dans des instruments plus rémunérateurs et forcément plus risqués).

À l'approche de l'âge de la retraite, l'aversion au risque augmentera, puisque l'investisseur devra épargner pour cette période où il n'aura plus de revenus tirés de son activité professionnelle.

1 Voir : J. Berk and P. De Marzo (2011), *Corporate Finance*, ed. Pearson.

3.2 Investir à long terme

La stratégie qu'un investisseur sera tenté d'appliquer dépend de sa perception de l'efficience du marché.

Définition

L'**efficience** est la capacité du marché à refléter rapidement toutes les nouvelles informations dans le prix des actifs. L'efficience du marché signifie que peu d'investisseurs sont capables de « battre » régulièrement le marché, c'est-à-dire de réaliser un rendement supérieur à la moyenne du marché.

Les stratégies passives. Si l'investisseur croit que le marché est efficient, il privilégiera une stratégie *passive.*

Les investisseurs croyant à l'efficience du marché investissent dans l'indice boursier, qui représente une sélection de titres en fonction de différents critères : la capitalisation, la liquidité, la taille de l'entreprise, le secteur, etc. Avec cette stratégie ils doivent avoir un horizon de placement assez important pour augmenter leur chance de gagner.

En effet, d'après une analyse sur l'indice américain S&P500 de 1926 à 2001, menée par Ibbotson Associates (une entreprise de recherche à Chicago), un investisseur a 29 % de probabilité de perdre sa mise s'il investit sur une période d'un an. L'investisseur a 10 % de probabilité de perdre s'il investit sur une période de 5 ans. Il a 3 % de chance de perdre s'il investit sur une période de 10 ans. L'investisseur a 0 % de chance de perdre s'il investit sur une période de 15 ans.

Un investisseur avec un long horizon de placement ne doit pas être découragé par les petites pertes précédemment enregistrées par une action, il doit se focaliser sur le cumul de gains. Un long horizon de placement est nécessaire pour réduire le risque de perte. La probabilité de réaliser un gain augmente avec l'horizon de placement.

Exemple

Pour 1 $ investi au moment de l'introduction en Bourse d'Amazon (introduit le 15/05/1997), on pouvait gagner en mars 2014 1 837 $, avec Yahoo (12/041996) 502 $, avec Ebay (23/09/1998) 72,5 $, avec Google (18/08/2004) 13,7 $, avec Facebook (19/05/2011) 1,51 $, avec LinkedIn (19/05/2011) 2,34 $. L'investissement en actions LVMH permet la réalisation d'une plus-value d'environ 114 € par action pour une période de 14 ans, le cours étant en mars 2000 de 13,42 € et passe en mars 2014 à 128 € (source : Bloomberg).

De plus, les actions des petites entreprises (de petite capitalisation) garantissent un rendement supérieur par rapport à celui des grandes entreprises (de grande capitalisation) sur un long horizon de placement.

CONTROVERSE

L'effet de l'horizon de placement

D'après Kritzman (2000), pour un placement dont le rendement annuel est de 10 % et l'écart-type de 20 %, la probabilité de perte diminue avec le temps en passant de 30,85 % pour un placement d'un an à 1,27 % pour un placement de 30 ans. En revanche, le montant potentiel de perte augmente avec le temps d'une manière significative de 40,50 % pour un placement d'un an à 73,92 % pour un placement de 30 ans. Si on retient la probabilité de perte comme une mesure de risque d'investissement, effectivement ce risque diminue avec l'horizon de placement plus important. En revanche, si on se focalise sur l'ampleur de la perte, on devrait favoriser l'horizon de placement plus court. ■

Les stratégies actives. Les investisseurs, qui ne croient pas en l'efficience du marché, estiment qu'il existe des actions sous-évaluées et des actions surévaluées. Ces traders appliquent l'analyse financière et l'analyse technique ou chartiste basée sur l'analyse des graphiques de l'évolution des prix historiques des actions pour détecter les titres sous-évalués avec un grand potentiel de croissance.

Les idées fondatrices de l'analyse technique sont :

1) le marché n'est pas efficient, l'information fondamentale n'étant pas la seule à affecter le cours boursier, le passé influence aussi le cours des titres ;

2) les cours des titres suivent des tendances ;

3) l'histoire se répète ;

4) le cours de prix est le reflet de l'humeur commune des investisseurs.

Les investisseurs se penchent sur les prolongements de tendances et sur les retournements possibles des cours boursiers, en fonction de leurs trajectoires antérieures. Ils pensent pouvoir y déceler des régularités, ils recherchent donc dans le passé (moyennant les graphiques et les indicateurs techniques des cours) des schémas qui seront valables aujourd'hui et demain pour anticiper les évolutions des cours boursiers et engranger des profits. Ainsi, les graphiques sont considérés comme une synthèse visuelle du comportement du marché.

L'indicateur technique, quant à lui, est un modèle mathématique qui fait appel aux séries de cours, des rendements et des volumes pour déterminer des tendances et leurs forces afin d'anticiper le cours futur. Est-ce que les données techniques indiquent que l'achat d'une action est absolument opportun ? Non, un indicateur technique nous signale un bon moment « théorique » pour l'achat d'un titre. Le problème inhérent aux indicateurs techniques réside dans le fait que la plupart des temps, ils génèrent des transactions en perte. Il est important que le reste des transactions génère des bénéfices pour compenser ces pertes.

Sur le marché boursier, il est très important de comprendre les anticipations des autres traders. Il vaut mieux avoir tort avec la majorité du marché qu'avoir raison tout seul. En effet, c'est une interaction entre les agents qui créent les tendances.

Selon la théorie de Dow, chaque tendance a trois phases :

1) l'**accumulation**, quand les grands fonds informés réalisent une transaction de vente/achat de grand volume et déclenchent donc une tendance baissière ou haussière ;

Charles H. Dow est l'un des fondateurs de l'indice Dow Jones.

2) la **participation**, qui est une phase initiée par les suiveurs qui analysent l'information fondamentale ;

3) la **distribution**, qui est la dernière phase caractérisée par l'influence importante de petits traders, qui rentrent en jeu, une fois la force de la tendance est confirmée par les indicateurs techniques.

Ainsi, la patience, la détermination et la discipline sont les caractéristiques psychologiques nécessaires pour pratiquer l'analyse technique et en profiter. On ne peut pas accepter de suivre certains signaux et ignorer les autres parce que l'on ne sait jamais à l'avance laquelle des transactions sera la plus rentable.

Le trading haute fréquence (THF). L'évolution des technologies de l'information et de la communication a favorisé l'augmentation de fréquence de trading et de réaction des investisseurs aux variations du cours de prix (une fréquence à la microseconde). L'être humain ne peut pas avoir un temps de réaction si élevé, donc il a été remplacé par les automates. Aujourd'hui, les automates ont battu le record de vitesse de trading. D'après *Les Échos* du 4 février 2014[1], qui reprennent les travaux du chercheur Alexandre Laumonier, ils atteignent 96 % de la vitesse de la lumière. C'est ce que l'on appelle le *flash trading* (trading à la vitesse de l'éclair). Mais les stratégies THF peuvent interagir entre elles et avoir un effet négatif sur la stabilité du marché.

1 N. A.-K., « Les marchés lancés dans une folle course à la vitesse », *Les Échos*, 4 février 2014.

3 questions à
Robert **Haddad**

Président de l'Association française des analystes techniques et du Centre de formation d'analyse technique et de trading

Quels sont les avantages pratiques de l'analyse technique sur l'analyse fondamentale ?

Vaste débat ! La réponse « bateau » est de vous dire que l'analyse technique est complémentaire à l'analyse fondamentale, mais ce n'est pas du tout mon opinion. L'investisseur et le trader ont besoin de décider rapidement et ne peuvent pas attendre les réponses plutôt lentes (et souvent coûteuses) de l'analyste financier. L'analyste technique, quant à lui, évalue les probabilités de hausse ou de baisse et attend les signaux techniques pour réagir rapidement.

J'ai exercé le métier de *private banker* durant 25 ans au Crédit suisse et à la RNB de New York ; j'ai par conséquent pratiqué l'analyse financière que je jugeais très insuffisante. Depuis que je me suis « converti » à l'analyse technique, je ne me pose plus de questions : je trouve des solutions !

Vous êtes responsable d'une salle de marchés. Quel est votre horizon de placement ?

Je suis en effet responsable de la salle des marchés de la Banque SBA à Paris, filiale de la Banque libano-française du Liban. La vocation première de notre banque n'est pas de faire de la « spéculation », mais nous sommes amenés à faire du trading pour compte propre sur le marché des changes (Forex) car les opérations de notre clientèle sont en chute libre depuis la guerre en Syrie. Dans le trading pour compte propre, la grande majorité des opérations sont débouclées à l'intérieur de la séance (*trading intraday*). Les positions que nous engageons peuvent être débouclées en 5 minutes quand la volatilité est vive ou en quelques heures quand la volatilité est plus contenue… Sinon, il nous arrive d'utiliser une partie de notre limite de trading (30 %) pour des swings plus longs, de quelques jours à quelques semaines… Mais nous préférons de loin boucler notre journée sans positions ouvertes, étant donné l'incertitude ambiante.

Le THF implique aujourd'hui la présence des automates : que devient le rôle de l'humain ?

Je dirais pour plaisanter qu'il est là pour s'enrichir… Plus sérieusement, son rôle est très limité. Le THF est une nébuleuse incomprise : je vous défie de trouver un spécialiste qui pourrait démontrer son impact réel sur les marchés financiers et sur l'économie réelle. La part des opérations automatisées, incluant le THF, sur le Forex aurait enregistré, au plus haut de 2013, quelques 70 % de ce marché gigantesque. Devant mes écrans toute la journée, je ne perçois toujours pas les effets de cette technique sur l'évolution des cours. ■

Les points **clés**

→ Pour financer son activité et acquérir des capitaux, une entreprise peut émettre des obligations (forme d'endettement) ou des actions (augmentation de son capital).

Une action est un titre de propriété qui confère au porteur un droit de participation à la vie de l'entreprise (droit de vote) et un droit aux bénéfices de l'entreprise proportionnellement à la part détenue du capital.

Le cours d'une action fluctue sur le marché en lien avec l'environnement économique national et international, avec le secteur d'activité et avec la santé financière de l'entreprise.

→ La rentabilité d'une action est égale à la somme du rendement de dividende et du rendement du capital (ou % de gain en capital)

$$\text{Rentabilité} = \frac{D_1}{P_0} + \frac{P_1 - P_0}{P_0}$$

Les deux ratios financiers les plus utiles dans l'investissement en actions sont le bénéfice par action (BPA) et le PER (*price-to-earning ratio*)

$$BPA = \frac{\text{Bénéfice net}}{P_0}$$

$$PER = \frac{P_0}{BPA} = \frac{P_0 \times \text{nb d'actions en circulation}}{\text{Bénéfice net}} = \frac{\text{Capitalisation boursière}}{\text{Bénéfice net}}$$

→ Différents modèles d'actualisation des dividendes permettent d'évaluer le prix d'une action.

Hypothèse de durée de vie illimitée de l'action et de dividendes constants :

$$P_0 = \frac{D}{(1+r)^1} + \frac{D}{(1+r)^2} + \ldots = \sum \frac{D}{(1+r)^t} = \frac{D}{r}$$

où P_0 le prix d'une action, D les dividendes, r le rendement exigé.

Hypothèse d'un horizon court où le prix de revente de l'action est connu :

$$P_0 = \frac{D_1}{(1+r)^1} + \frac{D_2}{(1+r)^2} + \ldots + \frac{D_N + P_N}{(1+r)^N}$$

Hypothèse de croissance constante au taux g des dividendes (modèle de Gordon-Shapiro) :

$$P_0 = \frac{D_1}{r - g}$$

→ Les stratégies d'investissement dépendent de l'horizon de placement, de l'aversion au risque, de la rentabilité espérée et de la croyance de l'investisseur dans l'efficience du marché.

APPLICATIONS

► Corrigés p. 292

QCM

Quelles sont les affirmations correctes ? Une seule bonne réponse par question est possible.

1 Une action est :

a. un titre de propriété qui donne à son porteur un droit aux bénéfices et un droit au remboursement du montant investi.
b. un titre de propriété qui confère à son porteur un droit de vote et un droit aux bénéfices.
c. un titre de créance qui donne à son porteur le droit à des paiements d'intérêts et le remboursement de la valeur nominale.

2 Pour évaluer une action selon le modèle d'actualisation des flux futurs, il faut tenir compte :

a. seulement des dividendes futurs.
b. seulement de la valeur future ou valeur de revente de l'action.
c. des dividendes attendus et de la valeur future de l'action.

3 Les actions privilégiées sont :

a. des actions avec un double droit de vote par rapport aux actions ordinaires.
b. des actions donnant droit à un dividende fixe qui est prioritaire aux paiements dus aux créanciers de l'entreprise.
c. des actions donnant droit à un dividende fixe qui est dû après avoir payé les dettes dues aux créanciers de l'entreprise y compris les porteurs d'obligations.

4 Le bénéfice par action est :

a. le ratio du dividende divisé par le cours actuel de l'action.
b. le ratio de la somme du gain en capital et du dividende divisée par le cours actuel de l'action.
c. le ratio du dividende divisé par la capitalisation boursière de l'entreprise.

5 La rentabilité espérée d'une action est :

a. la somme du rendement de dividende et du coût des capitaux propres de l'entreprise.
b. la somme du rendement de dividende et du gain en capital.
c. la différence entre le coût des capitaux propres et le taux de croissance des dividendes.

Question de réflexion

6 Action et obligation

Dressez un tableau comparatif entre les actions et les obligations en ce qui concerne : le type des titres, les droits que chacun confère à l'investisseur, le cours du titre, la maturité, les sources de revenus et le risque supporté par l'investisseur acquéreur.

Problèmes

7 Calcul du rendement d'une action

En tant qu'investisseur détenant 10 actions Cap Gemini, vous observez une augmentation du cours de l'action de 44,56 € à 47,50 €. Le dernier dividende versé est de 0,75 € par action.

1. Calculez le pourcentage de gain en capital de l'action Gemini.

2. Calculez la rentabilité espérée ou le rendement de votre portefeuille d'actions.

8 Calcul du prix et de la rentabilité d'une action

Vous comptez investir dans des actions LVMH parce que vous anticipez un versement de dividende de 0,80 € par action dans un an et vous estimez que le cours de l'action dans un an passera à 48,60 €. Si la rentabilité espérée des autres placements financiers ayant un risque identique est de 5,5 %.

1. À quel prix achèterez-vous l'action LVMH ?

2. Quelle sera la rentabilité de cette action ?

9 Évaluation du prix d'une action par le modèle d'actualisation des dividendes avec un taux de croissance constant

La société KPG prévoit de verser un dividende de 2,60 € par action dans un an. Le taux de rendement exigé (ou coût des capitaux propres de l'entreprise) s'élève à 6 %. Le taux de croissance annuel des dividendes est de 1,5 % jusqu'à l'infini.

■ Calculez le prix actuel d'une action KPG.

10 Estimation du prix d'une action par le modèle d'actualisation des dividendes avec un taux de croissance variable des dividendes

La société CapVert compte verser un dividende de 0,6 € dans un an. On anticipe une croissance des dividendes à un taux de 8 % pendant les 4 prochaines années puis à un taux de 3 % par an à l'infini. Les investisseurs exigent un rendement de 7 % pour ce genre d'investissement.

■ Évaluez l'action CapVert.

Conseil *Identifiez les flux futurs attendus de l'action CapVert.*

11 Computation of the required rate of return of a stock

Harrington & Co has a stock price of $25 today. Its stock is expected to pay a dividend of $0.70 this year, and the price is expected to grow to $27 at the end of the year.

■ Calculate the company's dividend yield and the expected rate of return.

Chapitre 10

La flambée des cours du pétrole constitue une préoccupation majeure des compagnies aériennes car elle impacte directement leur rentabilité. Le prix du baril de pétrole a fluctué de 26 $ en 2003 à 99,74 $ à fin mars 2014, atteignant un record de plus de 140 $ en 2008. Pour compenser une partie de cette hausse des prix, certaines compagnies comme British Airways et Singapore Airlines ont imposé des surtaxes à leurs passagers, ce qui s'est soldé par une baisse du trafic passagers et des pertes nettes.

Pour se prémunir contre le risque de fluctuation du cours de brut, les compagnies font appel à des instruments financiers dits instruments de couverture, comme les options d'achat. Ainsi, elles obtiennent la possibilité, et non l'obligation, d'acheter, à une date future, un volume prédéterminé de kérosène, à un prix prédéfini. Si le cours monte, le droit d'achat sera exercé permettant des économies à la compagnie. Si le cours baisse, la compagnie s'approvisionne sur le marché sans exercer son option. Ces stratégies de couverture s'avèrent bénéfiques, mais pas indéfiniment : lorsque la montée des prix persiste, elles se révèlent plus coûteuses.

L'option d'achat représente un type de produits dérivés parmi d'autres. Quels sont les autres produits permettant des stratégies de couverture ? Comment évaluer ces produits pour identifier si leur coût est compensé par la couverture qu'ils assurent ?

LES GRANDS AUTEURS

John C. Hull (né en 1946)

Professeur de finance quantitative à la Rotman School of Management de l'Université de Toronto, **John C. Hull** a acquis une renommée internationale grâce à sa rigueur, sa pédagogie et son aisance à transmettre à un large public les grands concepts de la finance de marché et de ses dérivés. Ses ouvrages sont devenus incontournables, aussi bien dans les salles de cours pour les étudiants que dans les salles de marché pour les praticiens. John C. Hull a été élu en 1999 ingénieur financier de l'année par l'Association internationale des ingénieurs financiers. La modélisation en finance quantitative est toujours au cœur de sa recherche scientifique, il collabore avec des auteurs comme Alan White, avec qui il a créé en 1990 un modèle baptisé de leurs noms « Hull-White ». ■

Les produits dérivés

Plan

Pré-requis

- **Avoir quelques notions** sur le fonctionnement des marchés financiers (▶ chapitre 1).
- **Connaître** les principaux actifs sous-jacents aux contrats dérivés (▶ chapitres 8 et 9).
- **Appréhender** correctement le concept d'actualisation des flux futurs attendus (▶ chapitre 5).

Compétences attendues

- **Comprendre** la nature et les caractéristiques des marchés dérivés.
- **Comprendre** le mécanisme et l'usage des produits dérivés.
- **Apprendre** à évaluer les principaux produits dérivés tels les options, les contrats à terme et les swaps de taux.
- **Comprendre** les risques liés aux transactions sur les marchés dérivés.

1 Introduction au marché des produits dérivés

Le paysage du marché des produits dérivés (ou plus simplement « dérivés », en anglais *derivatives*) s'est remarquablement transformé ces dernières décennies, enregistrant des chiffres astronomiques en valeurs et en nombre de transactions ou contrats. On note également l'émergence de nouvelles formes de contrats dérivés.

Définition

Un **produit dérivé** est un instrument financier dont la valeur (somme des flux attendus) est dérivée de la valeur d'un autre actif sous-jacent plus basique (comme l'action, l'obligation, des matières premières… même la météo : *dérivé climatique*). Le dérivé est un contrat, donc il n'a pas d'existence propre.

1.1 Les types de marché

Communément, on distingue deux types de marchés dérivés : les marchés organisés ou standardisés (*organized markets*) et les marchés de gré à gré (OTC).

Les marchés organisés. Ce sont des marchés sur lesquels s'échangent les contrats de dérivés préparés par les autorités de marché jouant le rôle d'**intermédiaires** entre les deux parties du contrat (telles les chambres de compensation). Les règles de fonctionnement sont bien définies. Les échanges sont donc sécurisés et le risque de défaut de la contrepartie (ou risque de contrepartie) est pratiquement nul sur ces marchés. Les dérivés négociés sur ces marchés sont les *futures* et les options.

Les principaux marchés organisés de dérivés sont le *Chicago Board of Trade* (CBOT) aux États-Unis, et en Europe, le NYSE Liffe et l'Eurex.

Les marchés de gré à gré. Un volume très important des transactions sur dérivés a lieu sur les marchés de gré à gré (OTC). Ce sont des marchés sur lesquels les contrats de dérivés sont négociés et conclus par téléphone ou par le biais de réseaux informatiques entre les parties du contrat, le plus souvent, entre des institutions financières ou entre les institutions et leurs clients. Les conversations téléphoniques sont enregistrées pour pouvoir trancher en cas de litige. Les institutions concluant les contrats les plus courants jouent le rôle de **teneurs de marchés** (*market-makers*), autrement dit, elles cotent des prix d'achat (prix demandé ou ***bid***) et de vente (prix offert ou ***ask***) auxquels elles seront prêtes à acheter ou vendre. Les règles n'étant pas définies sur ces marchés, les parties peuvent échanger des produits sur mesure. Le risque de contrepartie y est important.

Les contrats à terme (*forward*) et les *swaps* sont traités sur des marchés de gré à gré.

FOCUS

Marchés organisés : trading électronique

Sur les marchés organisés, les traders négociaient dans un endroit unique, à la criée, utilisant un langage de signes complexe. Avec l'évolution de la technologie et au regret des adeptes des marchés à la criée, cette pratique a été remplacée au fur et à mesure par la **négociation** électronique ou ***trading* électronique**. Depuis, les ordres sont saisis directement sur ordinateurs et transmis à un système central qui fait se rencontrer acheteurs et vendeurs.

1.2 La taille du marché

Dans son rapport annuel de novembre 2013 couvrant les données jusqu'au mois de juin 2013, la Banque des règlements internationaux (BRI) suggère que la taille globale des marchés des dérivés, y compris les dérivés de gré à gré (*OTC derivatives*) et les produits négociés sur les marchés organisés ou en Bourse (*exchange-traded derivatives*), a augmenté sensiblement en 2013.

Le montant des transactions de dérivés **de gré à gré** a atteint 693 billions (mille milliards) de dollars en 2013 alors qu'il ne dépassait pas les 80 mille milliards en 1998 (année à laquelle la BRI a commencé à collecter des données). De 2006 à 2013, l'industrie des dérivés de gré à gré a connu un pic en juin 2008 (période de crise financière) puis en juin 2011 (► figure 10.1).

Le marché des dérivés négociés **en Bourse** présente des chiffres plus timides mais croît constamment pour atteindre fin 2013 un montant de 25,93 mille milliards de dollars environ.

Ces montants représentent la valeur des contrats dérivés négociés, et non celle de leurs actifs sous-jacents.

Les produits dérivés les plus prisés sur les marchés financiers sont les dérivés sur taux d'intérêt, suivis par les dérivés sur devises. Parmi les dérivés de crédit, le *Credit Default Swap* (CDS) est le produit le plus populaire.

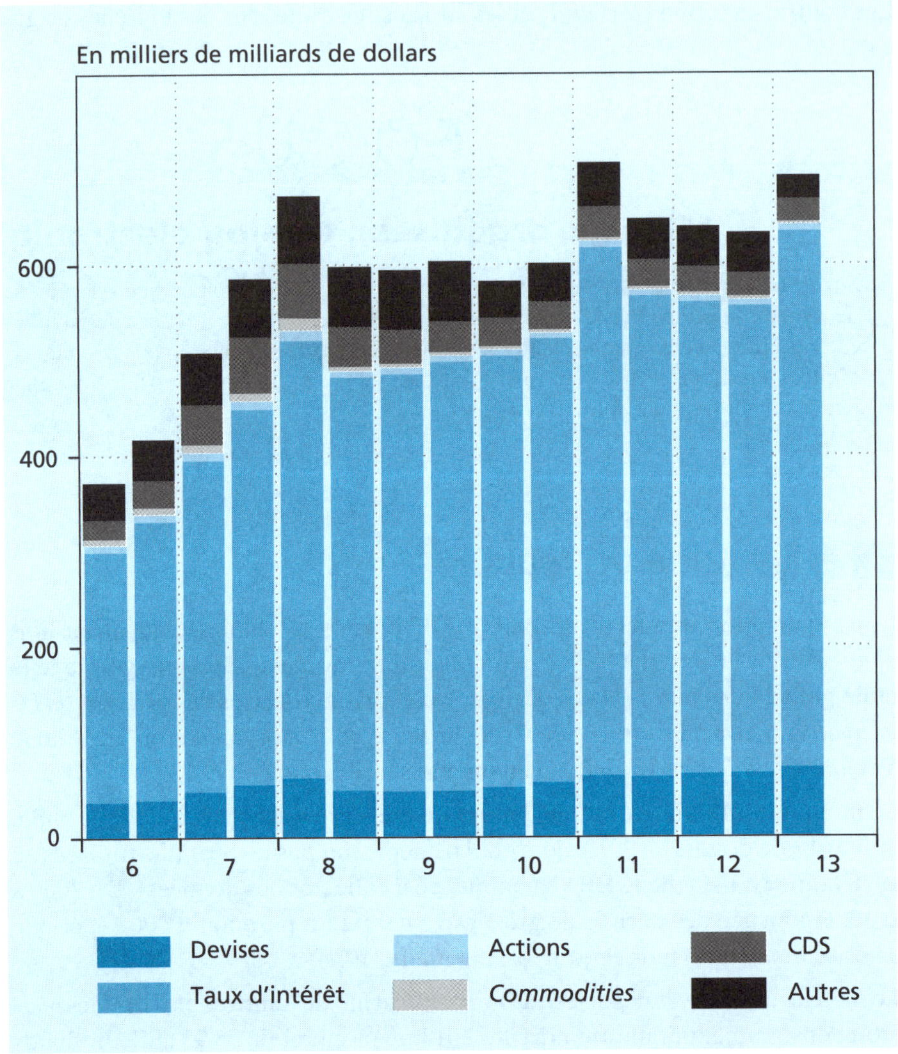

Figure 10.1 ▶ **Taille globale du marché de gré à gré des produits dérivés (par type) (2006-juin 2013)**

Source : Banque des règlements internationaux (BRI).

1.3 L'utilité des produits dérivés et les intervenants

Les marchés dérivés attirent diverses catégories d'investisseurs parce qu'ils leur permettent des échanges mutuellement bénéfiques. Ils sont surtout connus pour leur capacité à **transférer de façon dynamique les risques**. Nous distinguons trois usages principaux de ces produits (▶ chapitre 1). Ils servent principalement à la gestion et à la **couverture des risques financiers** comme le risque de taux de change (ou risque de change), le risque de taux d'intérêt, le risque des prix de matières et le risque de crédit. L'**arbitrage** et la **spéculation** sont deux autres usages que font les investisseurs des dérivés. En décrivant l'utilisation de ces produits par les intervenants sur ce marché, leurs différents rôles seront explicités.

FOCUS

Les risques financiers

Le **risque de change** reflète l'incidence de la fluctuation du cours des devises (ou change) sur la structure des prix, sur les coûts d'un agent économique ainsi que sur ses opérations commerciales et financières libellées en devises, ce qui se répercute également sur ses états financiers.

Le **risque de taux d'intérêt** est le risque de dépréciation ou de dévalorisation du patrimoine d'un agent économique ou de baisse de ses revenus liée à la variation des taux d'intérêt.

Le **risque des prix de matières** reflète le risque de fluctuation des prix de matières sur les résultats d'un agent économique.

Le **risque de crédit** reflète la détérioration de la capacité d'un agent économique emprunteur à honorer ses obligations en valeur et en temps voulu.

Logiquement, nous distinguons trois grands types d'intervenants : les **opérateurs en couverture** ou couramment appelés par les praticiens ***hedgers***, les **spéculateurs** (*speculators*) et les **arbitragistes** (*arbitrageurs*). Chacun de ces types d'intervenants utilisent les dérivés pour des finalités différentes.

Les *hedgers*. Ce type d'investisseurs utilise les contrats dérivés pour se prémunir contre la fluctuation des prix des actifs sous-jacents à ces contrats. Prendre des positions d'achat dites positions longues (*long position*) ou des positions de vente dites positions courtes (*short positions*) dans les dérivés permet de réduire leur exposition au risque de la variation du prix du sous-jacent.

Les spéculateurs. Ces investisseurs prennent des positions dans les dérivés pour parier sur le sens de l'évolution future des cours des sous-jacents à ces contrats pour réaliser des bénéfices. Leurs anticipations (en forme de paris) sont auto-réalisatrices. En effet, en imitant les traders qui spéculent et qui réussissent, les prix vont suivre l'évolution anticipée.

Les arbitragistes. Les arbitragistes prennent des positions simultanées sur plusieurs contrats pour profiter des incohérences passagères des prix. L'arbitrage a l'avantage de rétablir l'équilibre des prix. Quand il existe des opportunités d'arbitrage (incohérences de prix dont on peut profiter), les arbitragistes vont tout de suite en profiter. Leurs transactions font ramener le prix à l'équilibre.

EN PRATIQUE

Les *hedge funds*, acteurs essentiels des marchés dérivés

Les fonds d'investissement ou la gestion alternative, couramment appelés *hedge funds*, jouent un rôle central sur les marchés dérivés. Ils sont grands consommateurs de dérivés, les utilisant à des fins de couverture (fonds de couverture), de spéculation (fonds spéculatifs) et d'arbitrage (fonds d'arbitrage). Comme ils sont peu réglementés (en comparaison avec les fonds de placement classiques), leurs prestations ne sont offertes qu'aux investisseurs institutionnels ou aux grandes fortunes. Les montants d'investissement minimum vont d'une dizaine de milliers de dollars à une centaine de milliers selon les fonds. Leurs managers jouissent de grandes marges de manœuvres dans l'usage des produits dérivés et exigent de leurs clients des commissions importantes en fonction de la performance du fonds (parfois allant jusqu'à 20 à 30 % du montant investi). Le recours aux produits dérivés est un outil fréquemment utilisé par les *hedge funds*. Des exemples : Bridgewater Associates, J.-P. Morgan AM, le fonds français Ardian, etc.).

2 Les principaux types de produits dérivés

Comme les dérivés peuvent être utilisés pour spéculer en Bourse, leur manipulation exige de la prudence et quelques connaissances techniques sur les types des produits.

Il existe trois grandes familles de produits dérivés : les contrats à terme, les options et les *swaps*.

Nous présentons dans ce chapitre les principaux produits de ces trois catégories : les contrats *forward* et *futures* de la première catégorie, l'option d'achat et l'option de vente de la seconde et le *swap* de taux.

2.1 Les contrats à terme

Les contrats à terme sont des produits dérivés très simples. Ce sont des contrats bilatéraux fermes qui consistent à acheter ou à vendre une quantité d'un actif (le sous-jacent) à une échéance future prédéterminée pour un prix prédéfini. Ils sont dits « à terme » parce qu'ils concernent des transactions réalisées à une date future alors que les contrats au comptant (*spot*) concernent des transactions qui sont conclues immédiatement. Nous distinguons deux familles de contrats à terme : les *forward* et les *futures*.

2.1.1 Les *forward*

Un *forward* est un contrat à terme qui est échangé **sur un marché non organisé ou de gré à gré**, le plus souvent entre deux institutions financières ou entre une institution financière et un client. La partie qui s'engage à acheter l'actif sous-jacent prend une **position dite longue** et celle qui s'engage à vendre prend une **position dite courte**. Les produits *forward* permettent de se couvrir contre le risque de taux, le risque de change, le risque de hausse des prix de matières ou des cours d'actions, etc. Ils reposent sur des sous-jacents comme les taux de change, les taux d'intérêt, les actions, les obligations, les matières premières, etc.

Les contrats *forward* sont surtout utilisés sur le marché des changes mais aussi sur le marché des taux d'intérêt.

Sur le marché des changes, un contrat *forward* permet à l'entreprise de se couvrir contre le risque de change sur ses opérations commerciales ou financières libellées en devise.

Exemple

Un importateur français devra régler, dans 2 mois, une facture d'achat de 1 000 000 $. Pour éviter d'avoir à subir une éventuelle appréciation du dollar, il peut aujourd'hui, dans le cadre d'un *forward* sur taux de change, acheter à terme, en l'occurrence, dans 2 mois les 1 000 000 $ à un taux de change déterminé. Ce contrat lui procure un double avantage :
- le coût de son achat peut être calculé de façon certaine ;
- il est à l'abri de toute appréciation du cours du dollar.

Sur le marché des taux d'intérêt, un des produits *forward* les plus prisés est le *forward rate agreement* (FRA). Il s'agit d'un contrat *forward* qui consiste à fixer aujourd'hui, le taux d'intérêt d'un emprunt ou d'un placement futur. Le contrat doit prévoir le montant de l'emprunt (ou placement), le taux garanti, la date de départ et la durée du contrat. Aucune somme n'est échangée à la signature du contrat. À la date de maturité du contrat, donc date de l'emprunt, seul un échange du différentiel d'intérêt a lieu. Les durées de contrats FRA les plus courantes sont 3 mois dans 3 mois (c'est-à-dire l'emprunt aura lieu dans 3 mois pour une durée de 3 mois), 3 mois dans 6 mois, 6 mois dans 12 mois.

Exemple

Supposons que l'entreprise Nestlé doit emprunter 3 millions d'euros dans 3 mois pour 6 mois. Comme elle anticipe une hausse du taux d'intérêt, elle préfère fixer aujourd'hui le taux auquel elle s'endettera. Elle conclut donc un FRA avec sa banque.

À la date $t = 0$, le contrat est signé avec un taux garanti de 4 %.

À la date $t = 3$, date d'emprunt, on compare le taux garanti au taux de marché (Euribor en général).

Si le taux de 4 % est supérieur au taux de marché, la banque versera à l'entreprise le différentiel d'intérêt multiplié par le montant emprunté de 3 millions sur 6 mois (le prorata sera calculé en multipliant par 6/12). Supposons que le taux de marché est égal à 3 %, le montant versé par la banque s'élève à 15 000 € :

$$(4\,\% - 3\,\%) \times 3\,000\,000 \times \frac{6}{12} = 15\,000$$

Si le taux garanti de 4 % est inférieur au taux de marché, c'est l'entreprise qui verse à la banque le différentiel d'intérêt. Supposons que le taux de marché est de 4,5 %, l'entreprise devra verser

$$(4{,}5\,\% - 4\,\%) \times 3\,000\,000 \times \frac{6}{12} = 7\,500$$

Les autres produits *forward* ayant comme sous-jacents des actions ou des indices de marché, des obligations, etc. offrent également des stratégies de couverture intéressantes et ont le même mécanisme que les *forward* présentés plus haut. En revanche, la méthode de règlement n'est pas toujours la même pour tous les types de *forward*. Nous distinguons deux méthodes : le règlement physique (*physical settlement*) où la transaction est dénouée par livraison de l'actif, et le règlement en espèces (*cash settlement*) où le dénouement de la transaction se fait par règlement en espèces. Pour les *forward* sur indices par exemple, le règlement ne se fait qu'en cash.

2.2 Les *futures*

Comme le contrat *forward*, un contrat *futures* est un contrat à terme ferme entre deux parties s'engageant à acheter ou à vendre une quantité de l'actif sous-jacent à une date future pour un prix prédéterminé. Comme tout contrat à terme, les *futures* peuvent porter sur une palette d'actifs sous-jacents, comme les matières premières ou tout autre actif financier (indices, actions, devises, obligations, etc.). Les *futures* obtenus couvrent différentes besoins de couverture.

Contrairement aux *forward*, les *futures* sont **négociés sur les marchés organisés** (comme par exemple le Chicago Board of Trade aux États-Unis et l'Eurex en Europe). Les autorités de marché (chambres de compensation, etc. ► chapitre 1) s'interposent entre les deux parties et définissent les contrats entre elles pour assurer la liquidité des transactions. Et elles veillent au bon dénouement des transactions. Ce sont ces particularités qui confèrent aux *futures* leur caractère plus sûr et la quasi-absence de risque de contrepartie relativement aux contrats *forward*. D'ailleurs, dans l'histoire des négociations de *futures*, nous notons très rarement l'occurence d'incidents de défaut sur un contrat. Une deuxième différence importante entre les *futures* et les *forward* est que les *futures* spécifient une **période de livraison** et non une date précise.

Une troisième différence fondamentale est que les futures nécessitent un échange d'une somme appelée **marge à la signature du contrat** alors que les *forward* ne prévoient aucun paiement à cette date-là.

Hormis ces différences, les *futures* présentent le même mécanisme de couverture présenté dans les *forward*.

EN PRATIQUE

L'encadrement des *futures*

Dans les contrats *futures*, chaque contrat a une chambre de compensation qui joue le rôle de contrepartie pour chacune des parties prenantes du contrat, elle joue le rôle du vendeur face à la partie prenant une position longue dans le *futures* et celui de l'acheteur face à la partie prenant une position courte. Dans tout contrat *futures*, on doit spécifier le **mois de livraison**. Les autorités de marché précisent une période autorisée pendant ce mois. En revanche, pour les *futures* portant sur des matières premières, la période spécifiée est le mois entier et on doit spécifier en particulier, la qualité et le lieu.

2.3 Les options

Définition

Un **contrat d'option** donne à son détenteur (ou acheteur) le droit, et non l'obligation, d'acheter ou de vendre, à ou jusqu'à une échéance future (date d'exercice), une quantité prédéterminée de l'actif sous-jacent à cette option, à un prix prédéfini (appelé prix d'exercice ou *strike price*).

La différence fondamentale avec les contrats à termes (*forward* et *futures*) est que l'option donne le droit et non l'obligation de passer une transaction.

La date d'exercice est le dernier jour auquel l'option peut être exercée ; ainsi, passé cette date, l'option perd toute valeur. Le prix d'exercice est le prix auquel l'acheteur d'une option d'achat peut acheter l'actif sous-jacent ou le prix auquel le vendeur d'une option d'achat peut céder son actif durant la période de vie de l'option. Enfin, la **prime** (***premium***) est le prix de l'option, une somme d'argent que l'acheteur verse définitivement au vendeur de l'option.

Selon que l'actif sous-jacent est une action, une obligation, des matières premières ou d'autres *commodities*, etc., on parle respectivement d'options sur action (*stock options*), d'options sur obligation (*bond options*), ou d'options sur *commodity* (*commodity options*).

Les options présentent des formats différents selon le marché sur lequel elles sont contractées et selon la date d'exercice.

Une distinction en fonction du lieu d'échange.

- Les **options négociables** (*exchange-traded options*) : elles sont cotées sur les marchés standardisés. Le marché de ces options est assez liquide. En effet, rappelons que le risque de défaut sur ce marché est presque nul.
- Les **options non négociables** ou **options de gré à gré** (*OTC options*) : elles sont échangées sur les marchés de gré à gré sur mesure. Ce marché présente une faible liquidité et un risque de défaut important.

Une distinction en fonction de la date d'exercice.

- Les **options européennes** (*European Options*) : le droit d'achat ou de vente ne peut être exercé qu'à l'échéance.
- Les **options américaines** (*American Options*) : le droit d'achat ou de vente peut être exercé à n'importe quelle date jusqu'à l'échéance.
- Les **options bermudiennes** (*Bermuda Options*) : le droit d'achat ou de vente peut s'exerce à des dates prédéfinies dans le contrat avant l'échéance ainsi qu'à l'échéance.

Nous nous contentons dans la suite de ce chapitre d'exposer les cas d'options européennes.

En théorie, nous distinguons deux types d'options : les options d'achat (*call*) et les options de vente (*put*). Il faut noter que c'est le détenteur ou acheteur d'une option, que ce soit d'achat ou de vente, qui a le droit d'exercer l'option. Le vendeur de l'option subit le choix de l'acheteur et doit livrer l'actif à l'acheteur d'un *call* ou accepter d'acheter l'actif et donc le payer à l'acheteur d'un *put*.

2.3.1 L'option d'achat

L'option d'achat ou *call* donne à son détenteur **le droit et non l'obligation d'acheter** l'actif sous-jacent, à une date future, à un prix convenu. Elle permet de se prémunir contre une éventuelle hausse du prix du sous-jacent. Soit le prix actuel du sous-jacent représenté par S, le prix d'exercice par K et la prime par p, la valeur du *call* est donnée par l'équation suivante :

$$C = \max[0, S - K]$$

Le résultat du *call* à l'échéance ou *payoff* du *call*. Si à l'échéance, le prix du sous-jacent est supérieur au prix d'exercice, le détenteur du *call* aura intérêt à l'exercer parce qu'il lui permet d'acheter à un prix inférieur à celui du marché. La valeur du *call* est forcément positive, il permet des économies

$$S > K \text{ donc } C > 0$$

Si à l'échéance, le prix du sous-jacent est inférieur au prix d'exercice, le détenteur du *call* n'aura pas intérêt à l'exercer, il s'approvisionnera sur le marché. Le *call* n'étant pas exercé, sa valeur est nulle. Dans ce cas, l'investisseur détenteur du *call* aura payé seulement la prime p pour l'achat du *call*.

$$S < K \text{ donc } C = 0$$

Exemple

Call sur action

Considérons que vous êtes intéressé par les actions de la société Saint-Gobain. Vous souhaitez en acheter une action dans 3 mois. Supposons que le cours de clôture actuel est de 43,50 €. En suivant le cours de cette société, vous remarquez que le prix augmente constamment. Pour vous prémunir contre le risque de la hausse du titre, vous achetez à 2 € une option d'achat ou un *call* d'une action Saint-Gobain, avec une échéance de 3 mois et au prix d'exercice de 42 €. Le prix de 2 € représente la prime de votre *call* (*premium*). Si dans trois mois, le cours de l'action Saint-Gobain passe à 45 €, que ferez-vous ? Et quel sera le *payoff* de votre option d'achat ?

Comme le prix à l'échéance, qui correspond à la date possible d'exercice[1], est supérieur au prix d'exercice convenu dans le contrat d'option, vous aurez intérêt à exercer votre droit d'achat au prix d'exercice de 42 € au lieu d'acheter l'action Saint-Gobain à 45 € sur le marché. Votre gain sur cette option est de

$$C = \max[0, S - K] = \max[0, 45 - 42] = 3 \text{ €}$$

Après avoir déduit le prix ou la prime payée pour cette option (2 €), le gain net réalisé sur l'achat de cette option est de 3 – 2 = 1 €. L'économie totale réalisée sur l'achat d'une action Saint-Gobain dans trois mois est donc de 1 €.

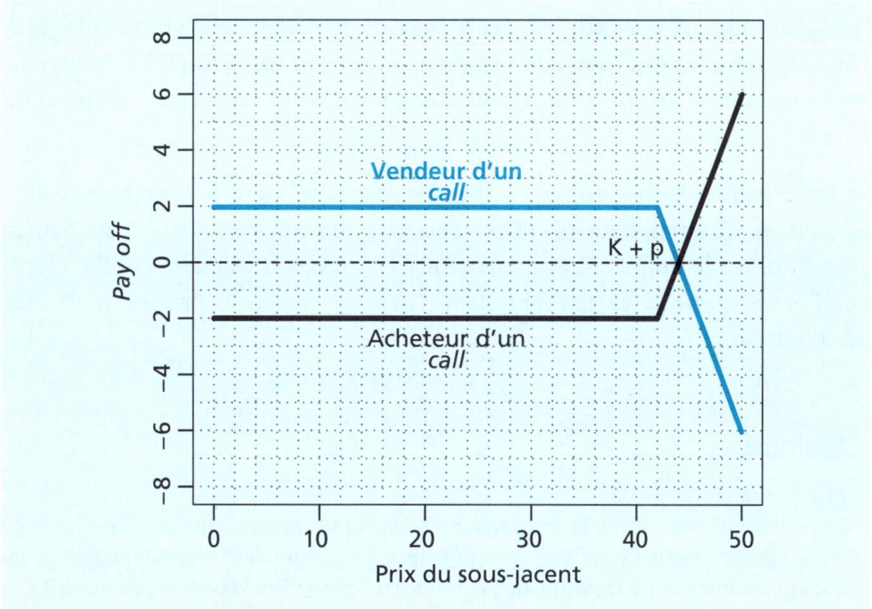

▲ Figure 10.2 *Payoffs* de l'acheteur et du vendeur du *call*

1 Rappelons que la date d'exercice coïncide avec la date d'échéance de 3 mois comme c'est une option européenne.

Le *payoff* de votre position longue ou achat du *call* est représenté dans la figure 10.2. En effet, si le prix à l'échéance avait été inférieur au prix d'exercice, vous n'auriez pas exercé votre droit d'achat et vous auriez perdu seulement la prime de 2 € payée pour acquérir le *call*.
En revanche, le vendeur du *call* doit suivre votre choix. Si vous exercez le *call*, il doit vous céder une action Saint-Gobain au prix de 42 € au lieu de la vendre au prix du marché de 45 €. Si au contraire vous n'exercez pas le *call*, le vendeur ne doit rien vous céder. Dans les deux cas, il gardera la prime que vous lui aurez versée à l'achat du *call*. Son *payoff* est illustré dans la figure 10.2.

2.3.2 L'option de vente

L'option de vente ou *put* donne à son détenteur **le droit et non l'obligation de vendre** l'actif sous-jacent, à une date future, à un prix convenu. Elle permet de se couvrir contre le risque d'une baisse des cours du sous-jacent. Le prix actuel du sous-jacent est toujours représenté par S, le prix d'exercice par K et la prime par p. La valeur du *put* est donnée par l'équation suivante :

$$P = \max[0, K - S]$$

Le résultat du *put* à l'échéance ou *payoff* du *put*. Si, à l'échéance, le prix du sous-jacent est inférieur au prix d'exercice, le détenteur du *put* aura intérêt à l'exercer, ayant la possibilité de vendre à plus cher son sous-jacent. La valeur du *put* est donc positive, le *put* permet de réaliser des gains par rapport au prix du marché

$$S < K \text{ donc } P > 0$$

Si, à l'échéance, le prix du sous-jacent est supérieur au prix d'exercice, le détenteur du *put* n'aura pas intérêt à l'exercer, il vendra son actif sous-jacent à un prix plus élevé sur le marché. Le *put* n'étant pas exercé, sa valeur est nulle. Dans ce cas, l'investisseur détenteur du *put* aura payé seulement la prime p pour l'achat de son option.

$$S > K \text{ donc } P = 0$$

Exemple

***Put* sur action**

Considérons que vous détenez une action Vallourec et que vous souhaitez la vendre dans 3 mois. Comme vous anticipez une baisse du cours de l'action dans 3 mois, pour vous prémunir contre le risque de baisse de l'action Vallourec, vous achetez à 2 € une option de vente ou un *put* d'une action Vallourec, avec une échéance de 3 mois et au prix d'exercice de 42 €. Le prix de 2 € représente la prime de votre *put* (*premium*). Si, dans trois mois, le cours de l'action Vallourec passe à 38 €, que ferez-vous ? Et quel sera le *payoff* de votre option de vente ?

Comme le prix à l'échéance est inférieur au prix d'exercice convenu dans le contrat d'option, vous aurez intérêt à exercer votre droit de vente au prix d'exercice de 42 € au lieu de vendre l'action Vallourec à 38 € sur le marché. Votre gain sur cette option est de

$$P = \max[0, K - S] = \max[0, 42 - 38] = 4 \text{ €}$$

Après avoir déduit le prix ou la prime payée pour cette option (2 €), le gain net réalisé sur l'achat de cette option est de 4 – 2 = 2 €. Le gain net réalisé sur la vente d'une action Vallourec dans trois mois est donc de 2 €.

Le *payoff* de votre position longue ou achat du *put* est représenté dans la figure 10.3. En effet, si le prix à l'échéance avait été supérieur au prix d'exercice, vous n'auriez pas exercé votre droit d'achat et vous auriez payé seulement la prime de 2 € pour acquérir le *put*.

En revanche, le vendeur du *put* subit votre choix. Si vous exercez le *put*, il doit vous acheter et donc régler une action Vallourec au prix de 42 € au lieu de l'acheter au prix du marché de 38 €. Si au contraire vous n'exercez pas le *put*, le vendeur ne doit rien vous acheter. Dans les deux cas, il gardera la prime que vous lui aurez versée à l'achat du *put*. Son *payoff* est également illustré dans la figure 10.3.

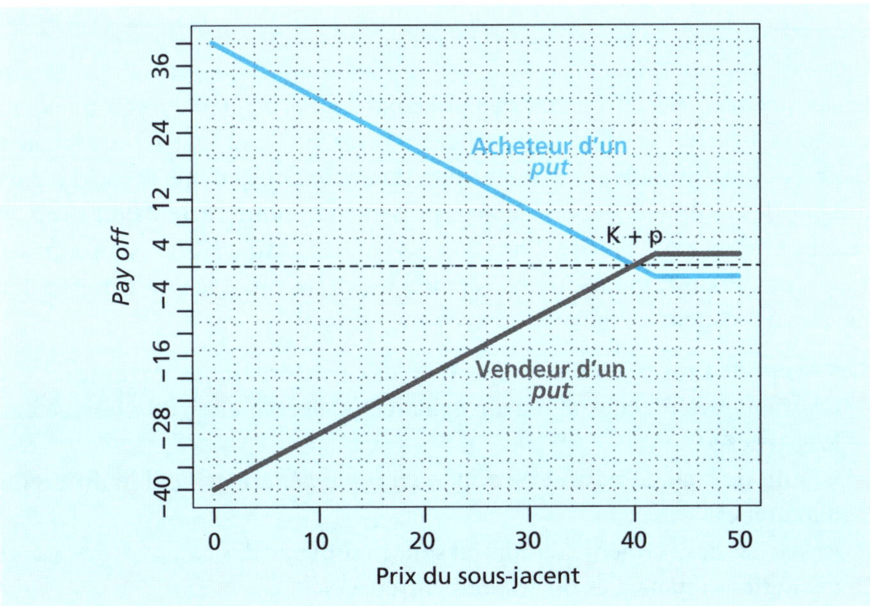

▲ **Figure 10.3** ***Payoffs*** **de l'acheteur et du vendeur du** ***put***

Nous avons traité dans les exemples précédents des options d'achat et de vente sur actions. Le même mécanisme s'applique aux options sur devise, sur matières premières ou sur obligations avec une différence : le niveau du prix d'exercice est déterminé en fonction du type du sous-jacent. Par exemple, il s'agit du niveau du taux actuariel à la maturité pour les options sur obligation (▶ chapitre 8), le niveau de l'indice pour les options sur indice (▶ chapitre 9), le niveau de taux d'interêt interbancaire comme le Libor ou l'Euribor pour les options sur taux d'intérêt.

2.4 Le *swap* de taux

Définition

Un ***swap*** est un contrat de gré à gré entre deux parties pour échanger des flux de trésorerie dans le futur.

Il existe des *swaps* de devises, des *swaps* de taux d'intérêt et des *swaps* d'actions. Nous nous contentons ici de présenter le *swap* le plus courant : le *swap* de taux « vanille » (*plain vanilla swap*).

Définition

Un ***swap* de taux** est un accord entre deux parties leur permettant de transformer une dette à taux fixe à une dette à taux variable pour un montant donné et *vice versa*.

Plus explicitement, une partie s'engage à payer périodiquement des *cash flows* égaux aux intérêts à taux fixe sur un principal donné, pendant un certain nombre d'années. Elle représente la **jambe fixe du *swap***. En contrepartie, elle reçoit des intérêts à taux variable sur le même montant pendant la même durée. La partie qui paie les intérêts à taux variable représente la **jambe variable du *swap***. Cet échange permet aux parties d'inverser les risques auxquels elles sont exposées. La partie échangeant sa dette fixe contre une dette variable sera exposée dorénavant aux risques de taux variable et inversement.

Les *swaps* de taux d'intérêt comportent les caractéristiques suivantes :

- à la signature du contrat, aucun échange ou versement n'est effectué entre les parties ;
- à la fin de chaque période (l'année en règle générale), seul le différentiel d'intérêt est versé ;
- les parties dans ce genre de contrat sont en principe des banques, des grandes institutions financières ou grandes entreprises ;
- la durée d'un *swap* est le plus souvent comprise entre un et dix ans ;
- c'est un dérivé à risque de contrepartie ;
- c'est un jeu à somme nulle : ce que l'une des parties gagne, l'autre le perd.

Le montant net du paiement à taux fixe en fonction du montant du principal, du taux fixe, du taux variable, en l'occurrence l'Euribor, et sur une base de 360 jours/an est donné par l'équation suivante :

$$\text{Paiement au taux fixe}_t = (r - \text{Euribor}_{t-1}) \times \left(\frac{\text{nombre de jours}}{360} \right) \times \text{principal}$$

Si ce montant est positif, la partie payant les intérêts au taux fixe doit un versement à la partie payant le taux variable. C'est l'inverse si le montant de cette équation est négatif.

En pratique, les taux variables retenus pour les contrats de *swaps* en France sont les suivants : TAM (taux annuel monétaire), Euribor 3 mois, T4M (taux moyen mensuel du marché monétaire). Sur les marchés anglo-saxons, le taux variable le plus utilisé est le Libor.

Exemple

Considérons un *swap* vanille à 1 an entre deux entreprises, PSA et Renault par exemple. PSA s'engage à payer un taux fixe de 6 % à Renault sur un principal de 1 million d'euros. En contrepartie, Renault s'engage à payer des intérêts variables au taux Euribor 6 mois. Les flux seront donc échangés semestriellement. Le taux variable est actuellement de 4 %. Le diagramme du *swap* est représenté ainsi (▶ figure 10.4).

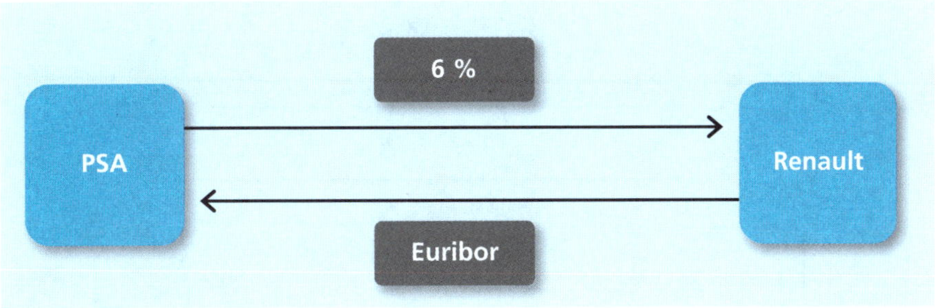

▲ **Figure 10.4** ***Swap*** **de taux entre SA et Renault**

Si la structure de taux de l'Euribor 6 mois est la suivante :
- Euribor 6 mois dans 6 mois : 7 %,
- Euribor 6 mois dans 12 mois : 5 %.

Quels sont les flux échangés dans le cadre de ce *swap* ?

À la signature du contrat, le principal de 1 000 000 € n'est pas échangé.
Seuls les différentiels d'intérêt seront versés à la fin de chaque période, en l'occurrence le semestre :
- Calculons le premier versement ou paiement de la jambe fixe **dans 6 mois** (le taux Euribor appliqué est le taux actuel de 4 %) :

$$\text{Paiement au taux fixe}_{6\text{ mois}} = (6\,\% - 4\,\%) \times \left(\frac{180}{360}\right) \times 1\,000\,000 = 10\,000$$

Le montant étant positif (le taux fixe étant plus élevé que le taux variable), PSA doit verser le différentiel d'intérêt de 10 000 € à Renault payant le taux variable. Dans un an, le paiement à taux fixe sera le suivant (le taux Euribor en vigueur est le taux dans 6 mois de 7 %) :

$$\text{Paiement au taux fixe}_{12\text{ mois}} = (6\,\% - 7\,\%) \times \left(\frac{180}{360}\right) \times 1\,000\,000 = -5\,000$$

La valeur étant négative (le taux variable excédant le taux fixe), Renault doit verser 5 000 € de différentiel d'intérêt à PSA qui paie le taux fixe dans le cadre du *swap*.

L'intérêt d'un tel contrat pour l'entreprise est qu'elle peut inverser son risque de taux. Chacune veut transformer sa dette de taux fixe à taux variable ou inversement. Une des raisons qui motivent de telles transactions est la difficulté d'accès de l'entreprise à l'un des deux marchés de taux (fixe ou variable).

Exemple

En dehors du *swap*, PSA emprunte sur le marché 1 000 000 € au taux variable. Pour payer un taux fixe, il a conclu le *swap* avec Renault qui, lui, souhaite s'endetter au taux variable. Les versements au taux variable qui lui sont versés par Renault viennent compenser les paiements que PSA fait sur le marché, laissant PSA avec des paiements à taux fixe effectués dans le cadre du *swap*.

De son côté, Renault a forcément emprunté sur le marché, 1 000 000 € au taux fixe. Il reçoit de PSA les paiements à taux fixe qui compensent ses dettes sur le marché, le laissant avec des paiements d'intérêts à taux variable dans le cadre du *swap* (▶ figure 10.5).

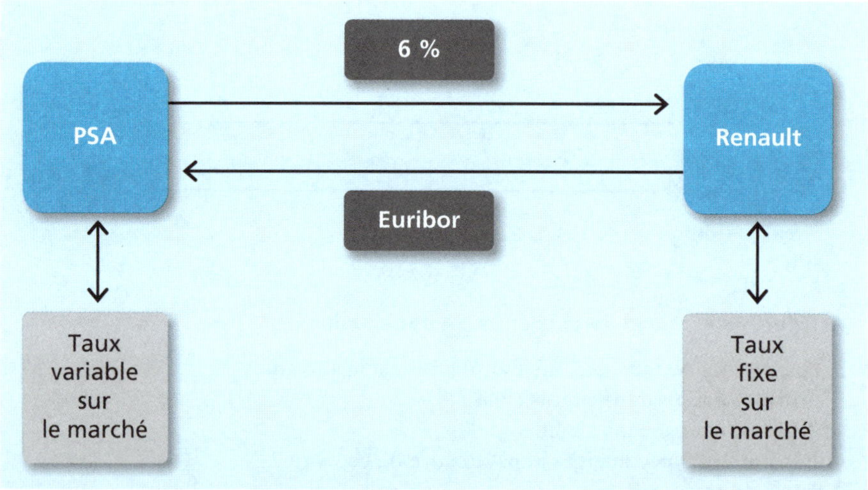

▲ Figure 10.5 Échanges dans le cadre du *swap* et en dehors du *swap*

3 Les risques des transactions sur dérivés

Les produits dérivés, principalement conçus pour la couverture des risques financiers peuvent se transformer eux-mêmes en sources de risques et en facteurs d'instabilité sur les marchés financiers. Ils sont devenus des armes de spéculation excessive, consciemment ou non, par des changements de philosophie des interventions de certains traders arbitragistes. Les résultats de telles opérations peuvent se révéler désastreux sur l'économie réelle. La finance, devenant une fin en soi, a détourné une part très importante des fonds de l'économie alors qu'elle est supposée la financer !

En fait, les dérivés permettent des manipulations diverses des cours de sous-jacents, ils augmentent ainsi la volatilité des marchés concernés. Ces impacts sont amplifiés par les opérations de spéculation à fort effet de levier[1] qu'ils permettent. Ceci démultiplie les risques de comportements mimétiques des opérateurs sur les marchés. En observant les stratégies des traders qui réussissent, les autres traders les imitent, ce qui peut créer une généralisation des pratiques spéculatives et est susceptible de déstabiliser le marché[2].

De plus, les opérateurs sur les marchés dérivés ont cultivé la complexité et par conséquent l'opacité de certains produits dérivés, en particulier les dérivés de crédit (qui ne sont pas traités ici), ce qui complique l'évaluation des risques qu'ils étaient supposés réduire. À ceci s'ajoute la concentration de ces produits car la majorité des transactions est négociée par un nombre relativement faible des fonds d'investissement (*hedge funds*), ce qui peut engendrer une crise systémique. La crise des subprimes en 2007 et la faillite de Lehman Brothers en 2008 sont des preuves récentes des dangers des excès dans la manipulation des dérivés.

D'où l'intérêt de mieux encadrer les produits dérivés surtout ceux des marchés de gré à gré représentant à peu près 80 % du volume global des dérivés. C'est ce que tentent de faire les autorités et organismes internationaux en fixant les règles et en veillant au respect des bonnes pratiques. Ainsi, l'AMF a annoncé l'entrée en vigueur en mars 2014 des premiers standards techniques nécessaires à l'application de la législation européenne sur les produits dérivés. Une mesure parmi d'autres s'avère très importante et s'appelle « impératif de confirmation », il s'agit de contraindre les contreparties sur les marchés dérivés à produire une valorisation quotidienne de leurs dérivés.

1 Pour l'effet de levier ▶ chapitre 7.
2 Mais il ne faut pas, pour autant oublier que la spéculation, si elle est contenue, a l'avantage de rendre plus liquide le marché.

3 questions à

Jean-Louis Bertrand

Directeur R&D chez Meteo Protect

Pourriez-vous nous décrire l'activité de votre société ?

Meteo Protect est le leader européen des solutions de couverture financière climatique. Une équipe pluridisciplinaire composée d'ingénieurs, d'actuaires, de financiers et de climatologues analyse la sensibilité d'une donnée de performance économique (chiffre d'affaires, rendement, consommation, prix de revient, etc.) aux aléas météorologiques pour fournir des outils d'aide à la décision et des produits d'assurance ou dérivés. Ces produits de couverture permettent aux entreprises d'être indemnisées en cas de météo défavorable.

Le marché des dérivés climatiques est-il en développement ?

Le marché des dérivés climatiques existe depuis 1997. Les premiers contrats standardisés basés sur des indices de températures sont apparus aux États-Unis durant l'été 1999. L'utilisation des dérivés climatiques s'est longtemps limitée au secteur de l'énergie car le lien entre météo et chiffre d'affaires est assez direct : la variation de consommation d'énergie s'explique à 90 % par la variation de température. Pour couvrir la baisse de consommation d'énergie, il suffit d'acheter un contrat qui indemnise en cas de température anormalement basse. D'autres secteurs d'activité se sont progressivement intéressés aux produits indiciels, comme l'agriculture, la construction, l'extraction minière ou encore le tourisme. Les marchés organisés ont progressivement coté davantage de contrats sur le nombre de jours de gel ou les précipitations mais l'essentiel des transactions est conclu en gré à gré. Fin 2011, le volume de transactions n'était encore que de 11 milliards d'euros. Avec le changement climatique, il faut s'attendre à un développement rapide du marché des dérivés climatiques.

Comment ces produits sont-ils évalués et de quels facteurs dérivent-ils leur valeur ?

En finance traditionnelle, il est toujours possible de déterminer la valeur d'un produit dérivé à partir de la valeur du sous-jacent sur lequel il est basé. En météo cependant, on ne peut évidemment pas acheter, vendre, emprunter ou stocker de la température, du vent ou de la pluie. Les méthodes de valorisation classiques ne sont pas applicables. La valeur d'un produit dérivé climatique est calculée à partir de la valeur finale de l'indice météo sur lequel il est basé. Il existe plusieurs méthodes statistiques pour évaluer cette valeur finale. Au final, le prix du dérivé climatique est la valeur moyenne de l'indemnité, à laquelle on ajoute la volatilité, le coût du capital et une marge pour couvrir les risques d'erreurs. ■

Les points **clés**

→ Les dérivés sont des produits qui dérivent leur valeur de celle d'un actif sous-jacent. Les trois grandes familles sont les contrats à terme, les options et les *swaps*. Ils sont soit échangés sur des marchés de gré à gré soit négociés sur des marchés organisés.

Les dérivés peuvent avoir comme sous-jacents des matières premières et des actifs financiers tels les actions, les indices d'action, les obligations, les taux de change, les taux d'intérêt, la météo, etc.

→ Les dérivés sont principalement conçus pour la couverture contre les risques financiers tels les risques de change, de taux, de crédit, de fluctuation des prix de sous-jacents, etc. Ils permettent également des opérations d'arbitrage et de spéculation.

→ Les contrats à terme sont des contrats bilatéraux fermes entre deux parties pour acheter ou vendre une quantité d'actif à une date future et à prix convenu. Parmi les principales catégories de contrats à terme, nous distinguons les contrats *forward* et les contrats *futures* : les premiers sont échangés sur les marchés de gré à gré et les seconds négociés sur les marchés organisés. Les principaux contrats à terme sont les *futures* et le *forward rate agreement* (FRA).

→ Les options donnent le droit et non l'obligation d'acheter ou de vendre une quantité de l'actif sous-jacent, à une date future, pour un prix prédéterminé. Nous distinguons les options d'achat (*call*) et les options de vente (*put*). L'option n'est exercée que si le prix d'exercice est plus intéressant pour l'acheteur de l'option.

→ Les *swaps*, plus particulièrement le *swap* de taux, permettent d'échanger des flux futurs tout en inversant le risque de taux fixe ou variable auxquels les entreprises sont exposées.

APPLICATIONS

► Corrigés p. 293

Quiz

Vrai ou faux ?

1 **Les dérivés sont tous des produits négociés en Bourse.**

a. Vrai.
b. Faux.

2 **Les dérivés peuvent porter sur un cours de devise.**

a. Vrai.
b. Faux.

3 **Les dérivés sont principalement conçus pour gérer les risques financiers.**

a. Vrai.
b. Faux.

4 **Les *futures* sont des contrats bilatéraux à terme échangés sur les marchés de gré à gré.**

a. Vrai.
b. Faux.

5 **Le porteur d'un *call* a l'obligation d'acheter l'actif sous-jacent à l'échéance.**

a. Vrai.
b. Faux.

6 **La position longue dans un *forward* représente un engagement à acheter à une date future le sous-jacent.**

a. Vrai.
b. Faux.

7 **Une position courte dans un *put* laisse le choix à l'investisseur de vendre l'actif sous-jacent.**

a. Vrai.
b. Faux.

8 **Les *swaps* de taux sont des contrats bilatéraux permettant d'échanger des flux futurs ou intérêts à taux fixe contre des flux futurs ou intérêts à taux variables ou inversement.**

a. Vrai.
b. Faux.

9 **Les dérivés peuvent devenir source de risques alors qu'ils sont censés les couvrir.**

a. Vrai.
b. Faux.

10 **Les options européennes permettent d'exercer le droit tout le long de la vie de l'option ainsi qu'à l'échéance.**

a. Vrai
b. Faux

11 **Les chambres de compensation jouent un rôle essentiel sur les marchés dérivés de gré à gré.**

a. Vrai
b. Faux

12 **Le vendeur d'un *put* doit acheter l'actif sous-jacent à l'acheteur du *put*.**

a. Vrai
b. Faux

13 **L'acheteur d'un *call* a le droit, et non l'obligation, d'acheter l'actif sous-jacent du *call* à la date de l'échéance mais aussi à n'importe quelle date avant l'échéance.**

a. Vrai
b. Faux

Mises en situation

14 Choix de stratégie de couverture

L'entreprise française Gamma & Co importe constamment des matières premières des États-Unis qu'elle paie en dollars. Elle doit régler, dans 3 mois, une facture d'achat de 300 000 $ mais elle prévoit une hausse du cours du dollar pendant les mois à venir.

■ Quel est le produit dérivé le plus simple qui lui procurerait une protection contre ce risque de change ?

15 Calcul des versements d'un *forward rate agreement* (FRA)

Considérons un FRA de 1 million d'euros empruntés sur 3 mois dans 1 mois. Le taux *forward* est de 3,5 %. Le taux retenu pour ce contrat est l'Euribor 3 mois dans 1 mois. Supposons que le taux d'intérêt Euribor 3 mois à l'échéance est de 4,5 %.

■ Quel est le montant à régler à l'échéance et quelle partie le paiera ?

16 Calcul du *payoff* d'un *call*

Un trader achète un *call* européen sur action pour 3 €. Le prix de l'action est 42 € et le prix d'exercice 37 €.

1. Le trader a-t-il intérêt à exercer son droit ?

2. Calculer le *payoff* du *call* à l'échéance.

17 Calcul du *payoff* d'un *put*

Un trader vend un *put* européen sur action pour 2 €. Le prix de l'action est 45 € et le prix d'exercice 50 €.

1. Dans quelles circonstances le trader fera-t-il un profit ?

2. Calculer le *payoff* du vendeur du *put* à l'échéance.

18 Calcul des versements du *swap*

Considérons un *swap* vanille à 2 ans entre deux grandes banques, BNP Paribas et Société générale. BNP Paribas s'engage à payer un taux fixe de 5 % à Société générale sur un principal de 2 millions d'euros. En contrepartie, Société générale s'engage à payer des intérêts variables au taux Euribor 6 mois. Les flux seront donc échangés semestriellement. Le taux variable est actuellement de 4 %.

Si la structure de taux de l'Euribor 6 mois est la suivante pour les périodes à venir :

Euribor 6 mois dans 6 mois : 7 %
Euribor 6 mois dans 12 mois : 6 %
Euribor 6 mois dans 18 mois : 7 %
Euribor 6 mois dans 24 mois : 5 %

■ Quels sont les deux derniers flux échangés dans le cadre de ce *swap* ?

Chapitre 11

En plaçant son argent dans un actif financier, un investisseur prend plusieurs risques. Il court un risque spécifique dû aux aléas spécifiques à l'entreprise qui a émis cet actif : déficit de recherche et développement (R&D), changement de l'équipe dirigeante, décès d'une personne clé de l'entreprise…

En plus du risque spécifique, l'investisseur supporte également un risque systématique dû aux facteurs macroéconomiques pouvant affecter négativement l'ensemble de l'économie, tels l'inflation, le taux d'intérêt, le taux de change, etc.

Ce chapitre vous apportera des éclaircissements sur la manière dont on peut réduire le risque, voire éliminer le risque de son portefeuille en diversifiant son risque spécifique (seul risque diversifiable) et comment déterminer la rémunération exigée pour le risque systématique qui est non diversifiable.

LES GRANDS AUTEURS

Harry Markowitz (né en 1927)

« Il ne faut pas mettre tous ses œufs dans le même panier », c'est la règle d'or des investisseurs depuis toujours. Mais c'est **Harry Markowitz**, à l'âge de 25 ans, qui a développé le modèle formel de ce principe de diversification dans un article intitulé « Portfolio Selection », paru dans le *Journal of Finance* en mars 1952 et dans sa thèse soutenue en 1954.

Grâce à la théorie de la diversification de portefeuille, le prix Nobel d'économie lui a été décerné en 1990. Cette théorie permet à tout investisseur rationnel d'optimiser son portefeuille en le diversifiant moyennant une combinaison des actifs risqués négociés sur le marché.

Actuellement, Markowitz est professeur de Rady School of Management (University of California, San Diego) et assure des activités de consulting au sein de plusieurs fonds d'investissement. L'application de modèles analytiques pour résoudre des problèmes pratiques, notamment en matière de décision financière dans un environnement incertain, est toujours au cœur de ses thèmes de recherche scientifique. ■

La gestion de portefeuille

Plan

Pré-requis

→ **Connaître** les outils de mathématiques financières (▶ chapitre 5).

→ **Comprendre** le calcul du rendement et du risque d'un titre (▶ chapitre 6).

→ **Appréhender** correctement le concept d'évaluation d'un instrument financier en se basant sur les flux futurs attendus (▶chapitre 5).

Compétences attendues

→ **Maîtriser** l'arbitrage entre risque et rendement pour sélectionner les portefeuilles efficients.

→ **Caractériser** le portefeuille optimal (selon la théorie de Markowitz).

→ **Maîtriser** la diversification du risque spécifique.

→ **Faire la distinction** entre la droite de marché et la droite des titres

→ **Calculer** le rendement exigé d'un actif en appliquant le modèle d'évaluation des actifs financiers (MEDAF).

1 Le rapport risque/rendement des titres financiers

La liaison entre l'incertitude et le risque est assez intuitive. Moins on a d'informations sur un placement, plus il est risqué. En effet, le risque est considéré comme l'« incertitude quantifiée ». Pour mesurer le risque d'un titre, on considère l'écart-type de la série de rendements de ce titre (▶ chapitre 6). Pour cela, nous considérons plusieurs **scénarios de rendement**, ou des rendements correspondant à plusieurs états de la nature, par exemple, le rendement en cas de boom économique, le rendement en situation économique normale et le rendement en cas de récession.

Le rendement espéré est donné par l'espérance de rendement ou la moyenne statistique espérée des rendements.

$$E(R) = \sum_{i=1}^{n} R_i p_i$$

Pour mesurer le risque de ce titre, nous faisons appel à l'écart-type des rendements (qui correspond à la racine carrée de la variance). Cette mesure prend en compte les écarts des valeurs de rendement par rapport à la moyenne espérée.

$$\text{Variance} = \sigma^2(R) = \sum_{i=1}^{n} (R_i - E(R))^2 p_i$$

$$\text{Écart-type} = \sigma(R) = \sqrt{\sigma^2(R)}$$

Exemple

Considérons le titre Vallourec qui en cas de boom économique aura progressé de 10 % à la fin de l'année, la situation de boom économique ayant 20 % de probabilité d'occurrence. En situation économique normale, le titre de Vallourec aura progressé de 6 % avec une probabilité de 50 %. En cas de récession économique, ce titre aura perdu 3 % de sa valeur avec une probabilité de 30 %. Quel sera le risque et le rendement espéré du placement dans le titre Vallourec ?

En appliquant la formule de l'espérance de rendement ou de la moyenne espérée, nous obtenons le rendement espéré suivant pour le titre Vallourec :

$$E(R) = 0{,}2 \times 10\ \% + 0{,}5 \times 6\ \% + 0{,}3 \times (-3\ \%) = 4{,}1\ \%$$

Le risque est mesuré par l'écart-type des rendements du titre Vallourec dans les différents scénarios :

$$\sigma^2(R) = 0{,}2 \times (10\ \% - 4{,}1\ \%)^2 + 0{,}5 \times (6\ \% - 4{,}1\ \%)^2 + 0{,}3 \times (-3\ \% - 4{,}1\ \%)^2 = 23{,}89\ \%$$

$$\sigma(R) = \sqrt{23{,}89} = 4{,}89\ \%$$

Il est typique que les directeurs financiers et les investisseurs raisonnent en termes de scénarios avant d'investir leur argent dans un nouveau projet. Il faut noter qu'il existe également des techniques statistiques plus sophistiquées.

En plus de l'approche présentée ci-dessus, le calcul du rendement espéré et de la variance peut être également réalisé à partir d'**observations historiques**. Si nous considérons une série n+1 de prix historiques pour un titre A : P_1, P_2, ..., P_{n+1}, nous pouvons établir la série de n rendements suivante :

$$R_1 = \frac{P_1 - P_0}{P_0},\ R_2 = \frac{P_2 - P_1}{P_1},\ ...,\ R_n = \frac{P_{n+1} - P_n}{P_n}$$

Étant donné cette série de rendements, le rendement espéré peut être calculé comme la moyenne des rendements historiques :

$$E(R) = \frac{R_1 + R_2 + ... + R_n}{n}$$

Et la variance, elle, sera calculée comme suit :

$$\sigma^2(R) = \frac{(R_1 - E(R))^2 + (R_2 - E(R))^2 + ... + (R_n - E(R))^2}{n-1}$$

Exemple

Calculons la moyenne espérée et la variance de l'action LVMH à partir de ses prix historiques (en %).

Date	Prix	Rendement
01/10/2013	141,80	
01/11/2013	138,75	– 2,25 %
02/12/2014	132,60	– 4,43 %
01/01/2014	132,15	– 0,34 %
03/02/2014	134,85	2,04 %
03/03/2014	126,75	– 6,01 %

$$E(R_{\text{LVMH}}) = \frac{(-2{,}25) + (-4{,}43) + (-0{,}34) + (2{,}04) + (-6{,}01)}{5} = -2{,}19$$

$$\sigma^2(R_{\text{LVMH}})$$

$$= \frac{(-2{,}25 - 2{,}19)^2 + (-4{,}43 - 2{,}19)^2 + (-0{,}34 - 2{,}19)^2 + (2{,}04 - 2{,}19)^2 + (-6{,}01 - 2{,}19)^2}{4}$$

$$= 0{,}35$$

La moyenne des rendements sur les six derniers mois de l'action LVMH est de – 2,19 %, avec un écart-type ou volatilité de 0,35 %.

2 L'arbitrage entre risque et rendement d'un portefeuille

2.1 La mesure du risque d'un portefeuille

Considérons deux actifs financiers A et B avec leurs rendements et leurs écarts-types R_A, R_B, σ_A, σ_B.

Un portefeuille composé de ces deux actifs est caractérisé par le poids de chaque actif dans le portefeuille. Pour 1 € placé dans ces deux titres, nous exprimons la pondération ainsi : x € dans l'actif A et $(1 - x)$ € dans l'actif B.

Ainsi, le rendement du portefeuille est calculé comme suit :

$$R_P = x \times R_A + (1 - x) \times R_B$$

Le rendement d'un portefeuille est la moyenne des rendements de titres individuels qui composent ce portefeuille, pondérée par leurs parts respectives dans le portefeuille. Cette formule peut être généralisée pour un portefeuille de n titres :

$$R_P = x_1 \times R_1 + x_2 \times R_2 + ... + x_n \times R_n$$

où x_i est la part de titre i dans le portefeuille P, est R_i le rendement de titre i.

Comme pour un titre individuel, le risque encouru sur un portefeuille de titres est mesuré par l'écart-type du portefeuille.

Un investisseur cherchera à **maximiser son rendement** pour un niveau donné de risque ou **minimiser son risque** pour un niveau donné de rendement.

Par contre, le risque du portefeuille dépend non seulement du risque de chaque titre le constituant mais aussi de la manière dont les différents titres covarient entre eux. Le risque du portefeuille tient donc compte du risque individuel des titres et de la **covariance** entre ces titres. La combinaison de plusieurs titres dans un portefeuille a l'avantage de faire disparaître une partie du risque surtout quand les titres ont tendance à évoluer de manière conjointe mais dans un sens opposé.

Définition

La **covariance** entre deux variables aléatoires X et Y (ou deux rendements) notée cov_{XY} ou σ_{XY} l'espérance du produit des écarts à la moyenne de ces dernières. Elle est donc exprimée ainsi :

$$\text{cov}_{XY} = \sigma_{XY} = E[X - E(X)][Y - E(Y)] = \frac{\Sigma(X_i - E(x))\,(Y_i - E(Y))}{n-1}$$

En regardant cette équation, nous pouvons constater que si les titres évoluent dans le même sens, leurs rentabilités seront au-dessus ou en dessous de leurs moyennes au même moment, engendrant une covariance positive. Si les titres évoluent conjointement mais dans le sens opposé, la rentabilité de l'un sera supérieure à sa moyenne lorsque la rentabilité de l'autre sera inférieure à sa moyenne, occasionnant une covariance négative. Nous pouvons donc interpréter facilement le signe de la covariance. En revanche, la valeur de la covariance ne nous informe pas clairement sur la relation entre les titres car elle mélange deux informations : l'ampleur de la volatilité des titres (traduite par l'écart des rentabilités à leurs moyennes) et leur évolution. Une covariance est d'autant plus élevée que la volatilité des titres est élevée et qu'ils évoluent dans la même direction.

Nous faisons donc appel à un autre outil statistique : la **corrélation** des rentabilités qui neutralise l'effet « volatilité ou risque individuel des titres », en divisant la covariance entre les titres par leurs écarts-types respectifs.

Définition

La **corrélation** se calcule en divisant la covariance des rentabilités par le produit de leurs écarts-types :

$$\rho_{XY} = \frac{\text{cov}_{XY}}{\sigma_X \sigma_Y}$$

où cov_{XY} est la covariance entres les titres X et Y et σ_X, σ_Y sont leurs écarts-types respectifs.

Ainsi, la corrélation, comme la covariance (exprimée d'ailleurs en fonction de la covariance) décrit la relation entre les rendements des titres mais elle a l'avantage d'être plus informative parce qu'elle neutralise l'**effet de la volatilité**.

La valeur de la corrélation se trouve dans l'intervalle [–1 ; +1]. Son signe sera toujours le même que celui de la covariance (car les écarts-types sont toujours positifs) et il s'interprète exactement comme le signe de la covariance. Toutefois, sa valeur s'interprète plus facilement que celle de la covariance. Si la corrélation est égale à +1, les rendements des deux titres en question évolueront conjointement de la même manière et ils seront dits **parfaitement positivement corrélés**. Cela veut dire que si le cours du premier titre augmente, le second le suivra et augmentera de la même ampleur. Si la corrélation entre les rendements de deux titres est de –1, ils évolueront de manière inverse et seront dits **parfaitement négativement corrélés**. Cela veut dire que si le prix d'un titre progresse, il y a de fortes chances que le prix de l'autre baissera de la même ampleur. Si la corrélation de deux titres est nulle, l'évolution du prix d'un titre n'influencera pas celle de l'autre.

Exemple

Considérons un titre négativement parfaitement corrélé avec un autre titre *j*, cela veut dire que le sens de leurs variations est opposé mais de valeur (en %) identique. Plus explicitement, si le titre *i* baisse de 10 %, par exemple, il y a une forte probabilité que le cours de *j* augmente de 10 %. Le titre *j* équilibre donc les pertes liées à la baisse du rendement du titre *i*. En les combinant dans un même portefeuille, autrement dit, en diversifiant son portefeuille, l'investisseur diminue son risque.

2.2 La diversification de portefeuilles de titres

Pour quelles raisons un investisseur voudrait détenir un fonds diversifié ?

Supposons que l'on investit dans deux titres *i* et *j* négativement corrélés donc $\rho_{ij} < 0$. Si le rendement du premier titre baisse, le rendement du deuxième aura une tendance à la hausse. Cela nous permet de diminuer le risque total du portefeuille.

Supposons que les titres ont le même rendement ($R_i = R_j$) et le même écart-type ($\sigma_i = \sigma_j$). En plus, si le rendement du premier titre augmente de 1 %, le rendement du deuxième titre baisse de 1 % ($\rho_{ij} = -1$). Si on détient les mêmes parts de la richesse dans ces titres ($x_i = x_j = \frac{1}{2}$), on élimine entièrement le risque.

Même si la corrélation entre les titres est positive ou zéro (excepté +1), **la combinaison de ces titres permettra toujours de bénéficier de l'effet de diversification**.

2.2.1 Portefeuille à deux titres

Considérons un scénario simple : un portefeuille composé de deux titres A et B. Sa rentabilité ou rendement est donné par :

$$R_P = x \times R_A + (1-x) \times R_B$$

Sa volatilité est donnée par l'équation suivante :

$$\begin{aligned}\sigma_P^2 &= x^2\sigma_A^2 + (1-x)^2\sigma_B^2 + 2cov_{AB}x(1-x) \\ &= x^2\sigma_A^2 + (1-x)^2\sigma_B^2 + 2\rho_{AB}\sigma_A\sigma_B x(1-x) \leq (x\sigma_A + (1-x)\sigma_B)^2\end{aligned}$$

Exemple

Un investisseur arrive sur le marché avec une somme totale de 100 000 €. Il achète 1 000 titres d'Air France au prix de 40 €, et 600 titres de Total au prix de 100 €. Le rendement d'Air France est de 14 %, le rendement de Total est de 8 %. Les écarts-types d'Air France et de Total sont respectivement de 18 % et de 10 %. Les rendements de ces deux titres sont négativement corrélés avec une corrélation de –0,4. Quels sont le rendement espéré et la volatilité de ce portefeuille ?

Calculons le poids de chaque titre dans le portefeuille. L'investisseur achète les titres d'Air France pour une somme de 40 000 € (1 000 titres au prix de 40 €).

Le reste de l'argent (60 000 €) sera investi en actions Total (600 titres au prix de 100 €). La part d'Air France dans le portefeuille est $x_A = \frac{40\,000}{100\,000} = 0{,}4$ soit 40 %.

Et la part de Total dans le portefeuille est $x_T = \frac{60\,000}{100\,000} = 0{,}6$ soit 60 %.

Ayant à présent les pondérations ou poids de chaque titre dans le portefeuille, nous pouvons calculer le rendement du portefeuille :

$$R_P = x_A \times R_A + x_T \times R_T = 0{,}4 \times 14 + 0{,}6 \times 8 = 10{,}4.$$

La volatilité ou l'écart-type du portefeuille composé à 40 % d'actions Air France et à 60 % d'actions Total est :

$$\begin{aligned}\sigma_P &= (x_A^2\sigma_A^2 + x_T^2\sigma_T^2 + 2\rho_{AT}\sigma_A\sigma_T x_A x_T)^{\frac{1}{2}}\\ &= (0{,}4^2 \times 18^2 + 0{,}6^2 \times 10^2 + 2 \times (-0{,}4) \times 14 \times 8 \times 0{,}4 \times 0{,}6)^{\frac{1}{2}}\\ &= 8{,}1\end{aligned}$$

2.2.2 La diversification du risque spécifique

En faisant varier ***x***, on obtient l'ensemble des portefeuilles qui représentent toutes les combinaisons possibles entre le titre A et le titre B. L'ensemble de ces titres possibles est représenté par la courbe AB (figure 11.1). La branche Z-A s'appelle la **frontière efficiente** de Markowitz (1952). Les portefeuilles sur la partie Z-B n'ont pas d'intérêt pour un investisseur rationnel, parce que sur cette tranche de la courbe, pour le même risque (axe des abscisses), on peut avoir une autre combinaison de titres offrant une rentabilité plus élevée et existant sur la courbe bleue. Tout individu rationnel investira dans l'un des portefeuilles se situant sur la branche Z-A qui n'est autre que la frontière efficiente.

Définition

La **frontière efficiente** est l'ensemble des portefeuilles efficients qui, pour un rendement exigé, garantissent un risque minimum ou un rendement maximum pour un niveau de risque donné.

Le point B représente le portefeuille de 100 % d'investissement dans le titre B et 0 % dans le titre A, soit (1 ; 0). Plus on s'approche vers le point A, plus la part du titre A augmente.

Le point Z représente le portefeuille de risque minimum. Si on considère deux titres A et B pour investir, la composition du portefeuille de risque minimum ou les pondérations des titres le composant sont obtenues en annulant la dérivée première de l'équation du risque d'un portefeuille de deux titres vue plus haut dans la section 2. Après réarrangement des termes, ces pondérations sont les suivantes :

$$x_A = \frac{\sigma_B^2 - \rho_{AB}\sigma_A\sigma_B}{\sigma_A^2 + \sigma_B^2 - 2\rho_{AB}\sigma_A\sigma_B}$$

et

$$x_B = \frac{\sigma_A^2 - \rho_{AB}\sigma_A\sigma_B}{\sigma_A^2 + \sigma_B^2 - 2\rho_{AB}\sigma_A\sigma_B}$$

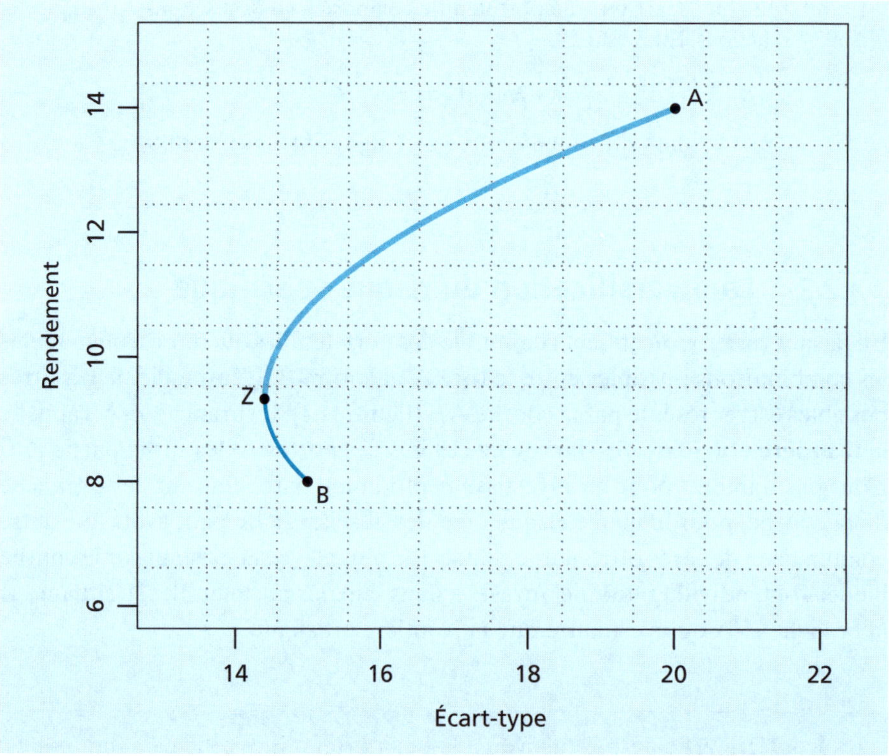

Figure 11.1 ▶ Frontière efficiente de portefeuilles risqués

Exemple

Le rendement de BNP a un écart-type de 20 % et le rendement de Total a un écart-type de 25 %. La corrélation entre ces deux titres est de 1/5. Quelle est la composition du portefeuille de risque minimum si on peut investir uniquement dans ces deux titres ?

$$x_{\text{BNP}} = \frac{25^2 - \frac{1}{5}\times 25\times 20}{20^2 + 25^2 - 2\times\frac{1}{5}\times 25\times 20} = \frac{7}{11}$$

$$x_{\text{Total}} = 1 - \frac{7}{11} = \frac{4}{11}$$

Si on investit 7/11 de notre richesse initiale dans les actions de BNP et 4/11 dans les actions de Total, on diminue au maximum le risque spécifique de ces deux titres. Dans ce cas, la volatilité atteint un niveau de 17 %.

$$\sigma_P = \left(\left(\frac{7}{11}\right)^2 20^2 + \left(\frac{4}{11}\right)^2 25^2 + 2\times\frac{1}{5}\times 20\times 25\times\frac{7}{11}\times\frac{4}{11}\right)^{\frac{1}{2}} \approx 17$$

À présent, il sera intéressant d'étudier l'impact du coefficient de corrélation sur la frontière efficiente (les différents cas sont illustrés sur la figure 11.2).

- **Cas 1 : Corrélation positive parfaite** ($\rho = +1$) : si les titres A et B qui composent le portefeuille sont parfaitement positivement corrélés, le risque spécifique ne peut pas être diversifié. La frontière efficiente est une simple droite, qui représente la combinaison linéaire des risques des titres individuels.
- **Cas 2 : Corrélation négative parfaite** ($\rho = -1$) : quand les titres sont parfaitement négativement corrélés, il est possible d'éliminer totalement le risque du portefeuille, l'effet de la diversification est total. On parle de diversification parfaite. Les aléas sur les titres se neutralisent parfaitement si on investit

  $x_A = \dfrac{\sigma_B}{\sigma_A + \sigma_B}$ dans le premier titre et $x_B = \dfrac{\sigma_A}{\sigma_A + \sigma_B}$ dans l'autre

  (pondérations obtenues en remplaçant r = –1 dans l'équation du risque ou de l'écart-type du portefeuille).

  Les portefeuilles possibles seront situés sur deux demi-droites, la première reliant l'actif sans risque (écart-type nul) au titre A et l'autre reliant l'actif sans risque au titre B. Les portefeuilles efficients qui offrent plus de rendement pour le même niveau de risque seront situés sur la demi-droite supérieure. La frontière efficiente est donc cette demi-droite qui relie l'actif sans risque au titre le plus rentable A. Quelle que soit la position du portefeuille sur cette droite, il garantira un rendement maximum pour un niveau donné de risque. Cela nous permet d'établir un rapport linéaire entre le risque et le rendement : si l'investisseur accepte plus de risque, il exigera un rendement plus élevé. Le rendement progresse donc linéairement avec le risque.
- **Cas 3** : Cas intermédiaire $\rho \in (-1 ; 1)$: la frontière efficiente est toujours représentée par une courbe. Plus le coefficient de corrélation diminue, plus l'effet de la diversification est significatif. En effet, plus le coefficient de corrélation diminue, plus la courbe s'incurve vers la gauche offrant des combinaisons de titres avec un rendement plus élevé pour le même niveau de risque. Le portefeuille de risque minimum se déplace vers la gauche, donc le risque diminue de plus en plus. Si la corrélation entre les deux titres est égale à zéro, cela ne veut pas dire qu'il n'existe aucun rapport entre les titres. Le coefficient de corrélation mesure uniquement le rapport linéaire.

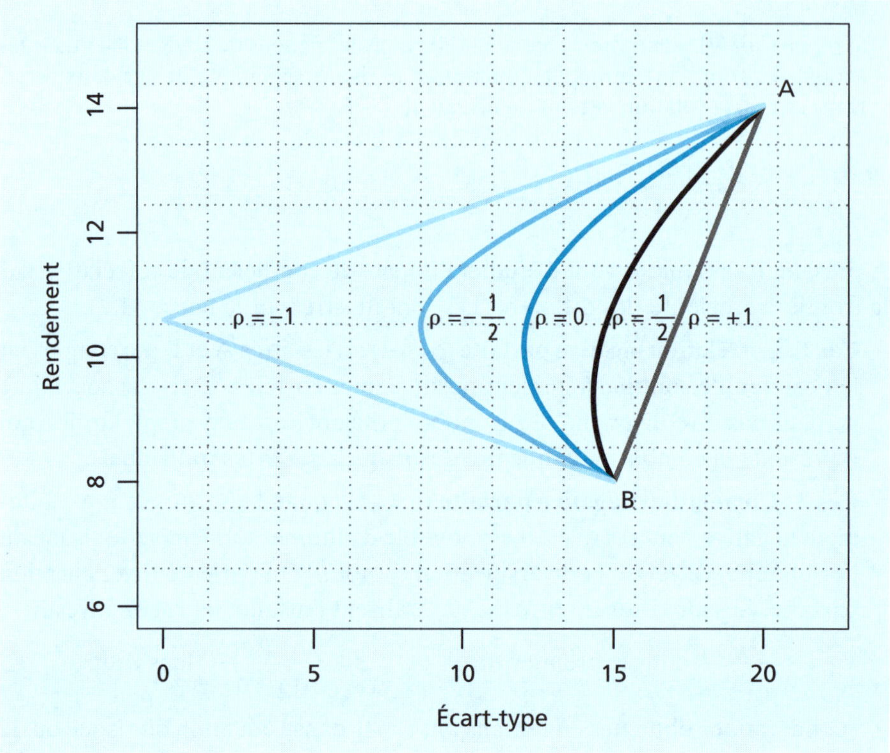

Figure 11.2 ▶ La frontière efficiente en fonction du coefficient de corrélation

2.2.3 Portefeuille à *n* titres

Dans le cas général où l'investisseur constitue un portefeuille de *n* titres (n > 2), la variance du portefeuille s'écrit comme suit :

$$\sigma_P^2 = \sum\sum x_i x_j \sigma_{ij} = x_1^2 + x_2^2 + ... + x_n^2 + 2x_1 x_2 \sigma_{12} + ... + 2x_1 x_n \sigma_{1n} + ... + 2x_{n-1} x_n \sigma_{n-1,n}$$

Exemple

Considérons un portefeuille de trois titres. Les pondérations sont les suivantes ½, ¼, ¼. Les rendements anticipés sont de 4, 6, 6. Les écarts-types sont de 4, 4, 2. Les corrélations entre les rendements des actifs sont les suivantes :

- entre l'actif 1 et l'actif 2 : ½
- entre 1 et 3 : ½
- entre 2 et 3 : ¾

La variance de ce portefeuille est de :

$$\sigma_P^2 = \left(\frac{1}{2}\right)^2 4^2 + \left(\frac{1}{4}\right)^2 4^2 + \left(\frac{1}{4}\right)^2 2^2 + 2 \times \frac{1}{2} \times \frac{1}{4} \times \frac{1}{2} \times 4 \times 4$$
$$+ 2 \times \frac{1}{2} \times \frac{1}{4} \times \frac{1}{2} \times 4 \times 2 + 2 \times \frac{1}{4} \times \frac{1}{4} \times \frac{1}{4} \times 4 \times 2 = 9$$

Et le rendement de ce portefeuille est de :

$$R_P = \frac{1}{2} \times 4 + \frac{1}{4} \times 6 + \frac{1}{4} \times 6 = 5$$

2.2.4 L'introduction d'un actif sans risque

Considérons maintenant qu'il est possible d'investir dans un titre sans risque r_f (par exemple une obligation d'État) aussi appelé le **taux sans risque**. Dans ce cas, on combine le portefeuille de titres risqués (efficient selon le critère de l'espérance-variance MV, ou l'arbitrage risque/rendement) avec un produit financier sans risque (r_f).

Si on investit la part x dans le portefeuille risqué (parce que composé de titres risqués) et le complément $(1 - x)$ dans le taux sans risque, le rendement de ce portefeuille est de :

$$R_P = xR_{MV} + (1-x)\ r_f = r_f + x(R_{MV} - r_f)$$

Le risque de ce portefeuille est égal $\sigma_P = x\sigma_{MV}$ parce que l'écart-type du taux sans risque est égal à 0, ce titre n'étant pas corrélé au marché.

En remplaçant dans l'équation du rendement R_P la valeur de x selon l'équation du risque du portefeuille $\frac{\sigma_P}{\sigma_{MV}}$, on obtiendra l'équation de la nouvelle frontière efficiente.

$$R_P = r_f + \frac{R_{MV} - r_f}{\sigma_{MV}} \sigma_P$$

En présence du taux sans risque la frontière efficiente est toujours une droite. C'est la droite partant de l'actif sans risque (écart-type nul) et tangente à la courbe des titres risqués.

En observant la figure 11.3, nous sommes tentés d'abord par la possibilité de combiner le portefeuille de risque minimum Z avec le taux sans risque r_f (droite en pointillés). En revanche, les portefeuilles tout au long de cette droite ne sont pas efficients. Au fur et à mesure, on peut augmenter la pente de cette droite pour trouver une pente plus pointue qui domine toutes les autres. Cette dernière sera la frontière efficiente. Sur la figure, cette frontière efficiente est la droite ($r_f T$), qui est la tangente issue du taux sans risque à la courbe des titres risqués. Pour chaque niveau de risque, cette droite offre le portefeuille avec le rendement maximum. Par conséquent, tous les portefeuilles efficients sont obtenus par des combinaisons du taux sans risque avec un portefeuille tangent T. Le portefeuille T n'est pas un portefeuille de risque minimum ou de rendement maximum, c'est un portefeuille qui permet de maximiser la pente de la droite qui est donnée par

$$\frac{R_T - r_f}{\sigma_T}$$

Ce ratio s'appelle le **ratio de Sharpe**. Il mesure le rapport entre le rendement excédentaire (la différence entre le rendement du portefeuille et le taux sans risque) et le risque pris.

La partie de la droite $(r_f T)$ représente une combinaison du portefeuille tangent T avec une proportion de x et du taux sans risque avec une proportion de $1 - x$ et, où $0 < x < 1$, ce qui peut représenter un prêt au taux sans risque. La partie de la droite au-delà du point T est caractérisée par des parts dans le portefeuille tangent T supérieures à 1 ($x > 1$ et $(1 - x) < 0$) c'est-à-dire une combinaison de plus que 100 % investis en T et d'une part négative dans l'actif sans risque. Cette situation correspond à une vente à découvert de l'actif risqué en contractant un emprunt au taux sans risque.

Définition

Les **ventes à découvert** (*short sellings*) consistent à vendre un titre que l'on ne possède pas et à le racheter ultérieurement.

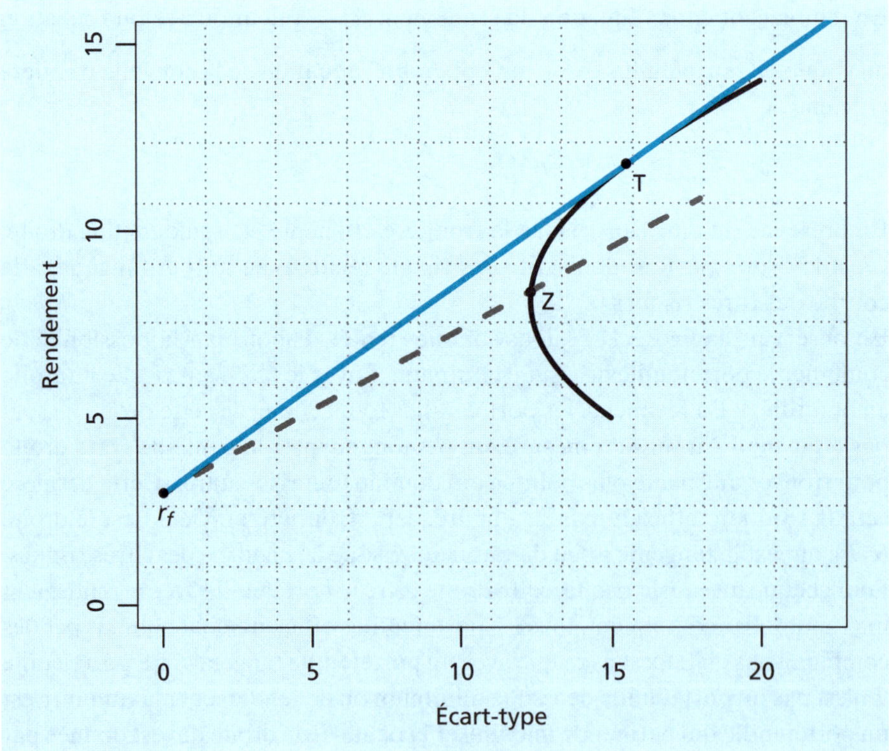

Figure 11.3 ▶ **La frontière efficiente en présence de taux sans risque**

Les ventes à découvert sont caractérisées par un poids supérieur à 100 % dans le portefeuille.

Exemple

M. Borrer dispose 100 000 € et décide d'emprunter 20 000 € au taux d'intérêt de 2 %. Il place la totalité de 120 000 € dans un fonds d'investissement Theta. Le gérant de ce fonds lui promet un rendement de 17 % à la fin de l'année, avec un écart-type de 5 %. La part du fonds Theta dans le portefeuille est :

$$\frac{120\,000}{100\,000} = 1{,}2 \text{ soit } 120\ \%$$

et la part de taux sans risque est de $-\dfrac{20\,000}{100\,000}$ soit –20% (le niveau d'endettement).

La rentabilité espérée du portefeuille détenu par M. Borrer est de

$$R_P = r_f + x(R_{MV} - r_f) = 2 + 1{,}2\ (17 - 2) = 20\ \%$$

et la volatilité est de $\sigma_P = x\sigma_{MV} = 1{,}2 \times 5 = 6\ \%$

Considérons, à présent, deux scénarios d'évolution du fonds :

– *premier scénario* : en fin d'année le fonds Theta progresse de 10 %. Initialement M. Borrer a placé 120 000 € dans ce fonds qui représente 120 000 × 1,1 = 132 000 à la fin de l'année. L'investisseur doit rembourser son emprunt avec les intérêts, soit 20 000 × 1,02 = 20 400 €.

Donc pour un investissement de 100 000 €, M. Borrer réalise le rendement suivant :

$$\frac{132\,000 - 20\,400 - 100\,000}{100\,000} = 11{,}6\ \%$$

– *deuxième scénario* : à la fin de l'année le fonds Theta perd de 10 %. Initialement M. Borrer a placé 120 000 € dans ce fonds qui représente 120 000 × 0,9 = 108 000 en fin d'année. L'investisseur doit rembourser son emprunt avec les intérêts, soit 20 000 × 1,02 = 20 400 €.

Donc pour un investissement de 100 000 €, M. Borrer réalise un rendement de :

$$\frac{108\,000 - 20\,400 - 100\,000}{100\,000} = -12{,}4\ \%$$

Avec les ventes à découvert et la pratique d'achat à effet de levier (un achat de titres financé par un emprunt, ici au taux sans risque), les rentabilités effectives du portefeuille composé de la combinaison d'actifs sans risque et du portefeuille d'actifs risqués sont plus extrêmes suite à la variation du rendement du portefeuille risqué. Ceci permet donc de réaliser un rendement plus élevé que la simple progression de la rentabilité du portefeuille risqué. En revanche, en cas de perte sur le portefeuille risqué, les ventes à découvert aggravent la situation en amplifiant les pertes du portefeuille constitué de la combinaison de l'actif sans risque avec le portefeuille risqué.

3 Le modèle d'évaluation des actifs financiers

Si tous les investisseurs partagent les mêmes croyances quant aux espérances, aux variances, et à la covariance des rentabilités des titres, le portefeuille tangent *T* est unique pour tous les agents. Par conséquent, ils investissent dans le portefeuille risqué et l'actif sans risque, mais dans différentes proportions. Un individu avec une forte aversion au risque aura un poids investi dans l'actif sans risque très important. Un investisseur qui est avide de risque, et donc accepte de prendre un risque plus important afin d'obtenir un rendement plus élevé, optera pour un poids supérieur à 100 % dans le portefeuille *T* et un poids négatif dans le taux sans risque (position courte ou emprunt au taux sans risque).

Après avoir traité la diversification du risque spécifique, attachons-nous maintenant à la gestion du risque systématique.

3.1 La droite de marché

La théorie de Markowitz a inspiré le modèle d'évaluation des actifs financiers (MEDAF ou *capital asset pricing theory*, CAPM) développé par Sharpe (1964), Lintner (1965) et Mossin (1966). Le MEDAF fait l'hypothèse que le portefeuille tangent est le portefeuille qui contient tous les actifs risqués. Ce portefeuille s'appelle le **portefeuille de marché**. Tous les investisseurs forment des anticipations homogènes concernant l'évolution future des titres. Par conséquent, ils investissent tous dans le même portefeuille tangent en présence d'un taux sans risque unique. Toutes les autres stratégies ne sont pas optimales.

« Le marché est en équilibre » signifie que la demande est égale à l'offre et que tous les investisseurs trouvent toujours une contrepartie pour acheter et vendre les titres afin d'atteindre la position qui leur paraît optimale. Ces portefeuilles se situent le long de la droite, qui rejoint le taux sans risque et le portefeuille de marché M. Cette droite est appelée **droite de marché** ou ***capital market line*** (CML) (▶ figure 11.4).

En pratique, un indice boursier (▶ chapitre 9) représente le portefeuille de marché ou peut être considéré comme une approximation du vrai portefeuille de marché.

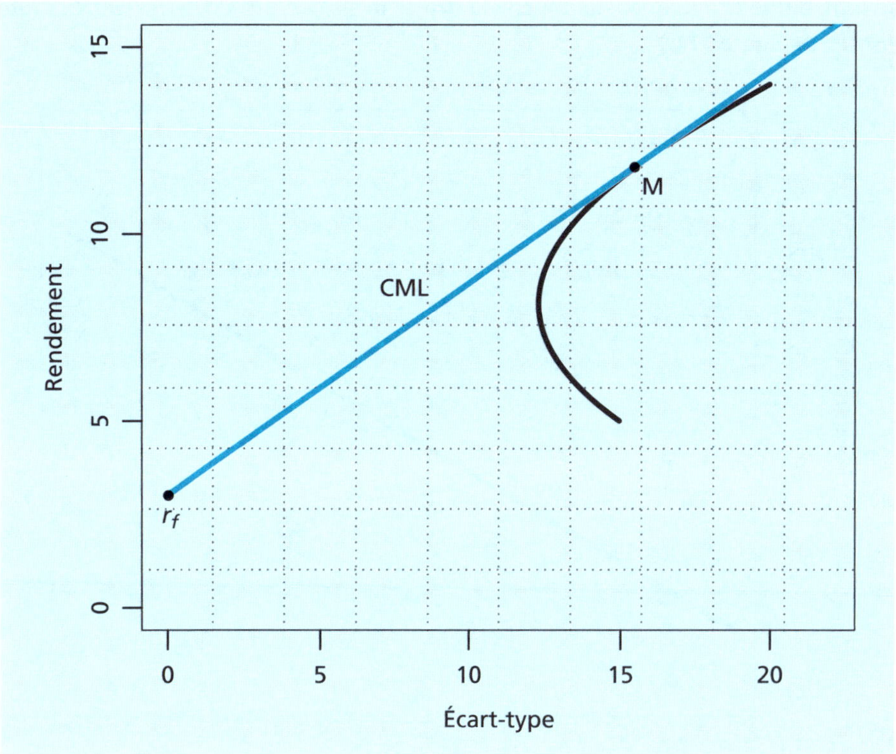

Figure 11.4
La droite de marché (*capital market line*, CML)

3.2 La droite des titres ou droite du MEDAF

En outre, la théorie du MEDAF fournit un modèle analytique qui permet de déterminer le rendement exigé de tout actif financier en fonction de son risque systématique, représenté par β_i la sensibilité de son rendement aux fluctuations du marché. Autrement dit, il permet de déterminer le rendement exigé par un investisseur pour couvrir le risque systématique porté par ce titre.

Notons la rentabilité du portefeuille de marché par R_M. Le rendement du titre est égal à

$$R_i = r_f + \beta_i\,(R_M - r_f)$$

$\beta_i = \dfrac{\sigma_{i,M}}{\sigma_M^2}$ étant la sensibilité du rendement R_i aux fluctuations du marché R_M.

β_i est une mesure de risque systématique qui affecte l'ensemble de l'économie et, par conséquent, l'ensemble des titres, alors il s'agit d'un risque non diversifiable.

Le rendemente R_i estimé à partir de l'équation du MEDAF représente le rendement exigé pour couvrir le risque systématique encouru. À l'équilibre du marché, l'ensemble des titres se trouvent dans l'espace bêta-rendement tout le long d'une droite que l'on appelle la **droite des titres** ou ***securities market line*** (SML) (▶ figure 11.5).

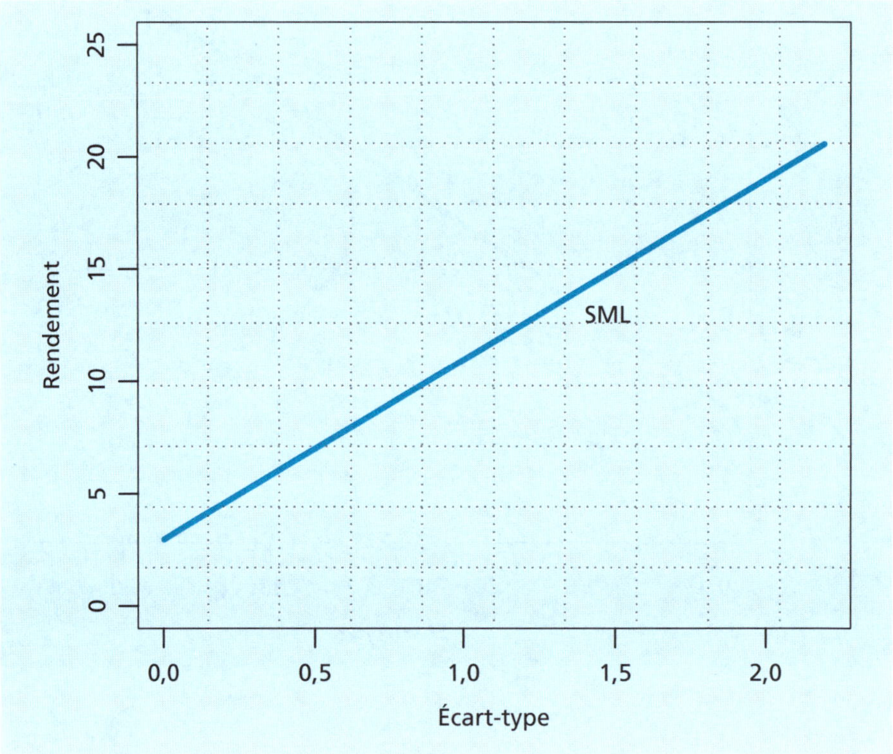

▲ Figure 11.5 **La droite des titres (*securities market line*, SML)**

Exemple

La volatilité de l'action de la société Sigma est de 15 %, et celle du portefeuille du marché est de 10 %. La corrélation entre le titre Sigma et le portefeuille de marché est de 0,8. Les investisseurs estiment que la valeur de ce titre sera de 58 €. La société Sigma promet de distribuer 1 € de dividende pour chaque action. Le taux sans risque est de 3 %. Le rendement du portefeuille du marché est de 14 %. Quel prix devront payer les investisseurs pour une action de Sigma aujourd'hui ?

Nous calculons d'abord le bêta de l'action Sigma, qui mesure le risque systématique du titre.

$$\beta_{\mathrm{SIGMA}} = \frac{\sigma_{\mathrm{SIGMA,M}}}{\sigma_{\mathrm{M}}^2} = \frac{\rho_{\mathrm{SIGMA,M}}\sigma_{\mathrm{SIGMA}}\sigma_{\mathrm{M}}}{\sigma_{\mathrm{M}}^2} = \frac{\rho_{\mathrm{SIGMA,M}}\sigma_{\mathrm{SIGMA}}}{\sigma_M}$$

$$\beta_{\mathrm{SIGMA}} = \frac{0{,}8 \times 15}{10} = 1{,}2$$

Le bêta de 1,2 représente la sensibilité de cours de Sigma par rapport aux variations du marché, autrement dit si le marché progresse d'un pour-cent, le cours de Sigma progressera de 1,2 %. Si le marché perd 2 %, l'action de Sigma perd 2,4 %.

Le bêta nous permet de calculer le rendement exigé en fonction du risque systématique du titre à partir du MEDAF.

$$\mathrm{R}_{\mathrm{SIGMA}} = r_f + \beta_{\mathrm{SIGMA}}(R_{\mathrm{M}} - r_f) = 3 + 1{,}2(14 - 3) = 16{,}2$$

Les investisseurs déterminent le prix actuel en fonction du rendement exigé (▶ chapitre 9).

$$P_0 = \frac{P_1 + D_1}{1 + R_{\mathrm{SIGMA}}} = \frac{58 + 1}{1 + 0{,}162} \approx 51$$

Aujourd'hui les investisseurs seront prêts à payer 51 € une action de la société Sigma, afin de couvrir le risque systématique mesuré par le bêta.

La théorie de portefeuilles efficients et le MEDAF sont des modèles très populaires et leur validité a été prouvée dans plusieurs articles académiques d'auteurs comme Fischer Black, Myron Scholes et Michael Jensen. Toutefois, certains auteurs, comme Richard Roll, leur reprochent d'être limités à cause de leurs hypothèses restrictives notamment.

POUR ALLER PLUS LOIN
▶ Voir p. 277

4 questions à

Julie **Martos**

Responsable du service conseil en gestion de portefeuilles dans une banque privée suisse

Pourriez-vous nous décrire votre métier et les compétences qu'il requiert ?

Mon métier consiste à construire puis suivre des portefeuilles qui répondent aux exigences et aux attentes de nos clients tout en étant en adéquation avec les recommandations de la maison mère.

Dans le domaine de la banque privée différentes compétences sont exigées. Il est nécessaire d'avoir une bonne connaissance des différents véhicules d'investissements, des mécanismes financiers, mais également des aptitudes psychologiques pour comprendre les attentes des clients et savoir les rassurer en période de baisse des marchés. Enfin des compétences linguistiques sont requises afin de pouvoir communiquer facilement avec le maximum de clients.

Quel est l'horizon temporel de vos placements ?

Cela dépend du client, de sa tolérance au risque, de ses attentes et de ses besoins. Il est généralement déterminé lors d'un entretien préalable à la constitution du portefeuille. Le plus souvent nous travaillons sur du moyen terme (entre 2 et 4 ans).

Quelles sont les mesures de performance que vous utilisez pour évaluer la performance de vos portefeuilles ?

Nous avons des outils qui sont développés par notre maison mère et qui nous permettent de calculer la performance de nos portefeuilles, mais aussi de faire des *back testings* pour les portefeuilles proposés. Nous utilisons également Bloomberg qui propose de nombreuses fonctions pour nous aider dans la gestion de portefeuille.

Que pensez-vous du MEDAF (ou CAPM) et des critiques apportées à ce modèle ?

Le MEDAF est un modèle populaire car il est construit sur des fondements rationnels et il a l'avantage de fournir une grille d'aide à la décision à la fois dans une logique de court terme et de long terme. Toutefois, ce modèle est trop exigeant en hypothèses et ces dernières sont trop éloignées de la réalité des investisseurs privés. ■

Les points **clés**

- Le rendement espéré d'un portefeuille est la moyenne de l'espérance des rendements des titres qui le composent pondérés par les poids respectifs de chaque titre

$$R_P = \sum_{i=1}^{n} x_i R_i$$

- Le risque d'un portefeuille composé de n titres est calculé de la manière suivante :

$$\sigma_p^2 = \sum_{i=1}^{n} \sum_{j=1}^{n} x_i x_j \sigma_{ij}$$

Le risque d'un portefeuille dépend non seulement des risques individuels des titres le composant mais surtout de l'évolution conjointe de ces titres. Celle-ci est mesurée par la covariance et la corrélation.

- Les portefeuilles sont constitués de combinaisons d'actifs négociés sur le marché. La diversification implique la combinaison de titres peu corrélés. La combinaison des titres parfaitement négativement corrélés permet d'éliminer le risque du portefeuille.
Les portefeuilles efficients sont ceux qui procurent un niveau de rendement maximum pour un niveau de risque donné. Ces portefeuilles se situent sur une courbe appelée la frontière efficiente.
Le portefeuille optimal ou portefeuille tangent se situe au point de tangence de la droite partant de l'actif sans risque avec la courbe de la frontière efficiente des portefeuilles d'actifs risqués. La nouvelle frontière efficiente sera la droite qui relie l'actif sans risque au portefeuille tangent.

- Le risque total d'un titre peut être décomposé en risque spécifique (dû aux aléas spécifiques de l'entreprise) et en risque systématique (dû aux facteurs macroéconomiques). Le risque systématique est mesuré par bêta, qui représente la sensibilité des rendements d'un titre par rapport aux fluctuations des rendements du portefeuille de marché.
Le MEDAF fournit un modèle analytique qui permet de déterminer le rendement exigé de tout actif financier en fonction de son risque systématique, représenté parla sensibilité de son rendement aux fluctuations du marché

$$R_i = r_f + \beta_i (R_M - r_f)$$

R_M étant la rentabilité du portefeuille de marché et r_f le taux sans risque.

- La droite de marché (*capital market line*), qui relie l'actif sans risque et le portefeuille de marché, représente l'ensemble des portefeuilles efficients.

APPLICATIONS

► Corrigés p. 294

QCM

Quelles sont les affirmations correctes ? Une seule bonne réponse par question est possible.

1 La théorie de portefeuille de Markowitz explique :

a. comment éliminer le risque systématique.
b. l'effet de diversification sur le risque total.
c. comment identifier le risque spécifique.

2 Quelle mesure de risque est associée à la droite de marché (CML) ?

a. le beta.
b. le risque spécifique.
c. le risque total.

3 Un portefeuille qui se retrouve à la droite du portefeuille de marché sur la droite de marché (CML) est le portefeuille :

a. de prêt.
b. d'emprunt.
c. inefficient.

4 Si le nombre de titres augmente au sein du portefeuille, son risque systématique :

a. peut augmenter ou diminuer.
b. diminue avec un taux décroissant.
c. diminue avec un taux croissant.

5 Quelle affirmation est fausse ?

a. un titre au-dessus de la SML est sous-évalué.
b. les investisseurs exigent d'être récompensés pour le risque systématique.
c. les titres sur la SML n'ont pas d'intérêt pour les investisseurs ayant une aversion au risque.

Mises en situation

6 L'exposition au risque de portefeuille avec une variation de prix

Emma investit 200 000 € dans les titres d'Alstom (au prix actuel de 16 €) et Danone (au prix de 50 €). Le rendement de Danone est de 6 %, et le rendement d'Alstom est 3 %. Les écarts types d'Alstom et Danone sont respectivement 8 % et 5 %. La corrélation entre ces titres est de 0,2. Emma a une forte aversion au risque et décide de composer le portefeuille de risque minimum.

1. Combien de titres d'Alstom et de Danone détient Emma ?
2. Si le prix d'Alstom augmente de 2 € et le prix de Danone baisse de 2 €, que devient l'exposition au risque du portefeuille d'Emma ?
3. Que devra-t-elle faire pour revenir vers le portefeuille de risque minimum si les risques des titres n'ont pas changé ?

7 Le risque d'un portefeuille composé de deux titres

Considérez deux titres risqués dont les caractéristiques sont les suivantes :

$\rho_{AB} = 1/2$	R	σ
A	14	20
B	8	15

1. Calculez la covariance des titres.
2. Calculez le risque du portefeuille composé de ces deux titres pour un rendement égal à 10.
3. Quelles sont les proportions de votre richesse qu'il faut investir dans A et B en vue d'obtenir un portefeuille de risque minimum ?

8 Effet de levier

Monsieur Durand dispose de 20 000 € et décide d'emprunter 10 000 € au taux de 4 %. Il place la totalité dans le fonds de gestion collective ATOM, dont la rentabilité espérée est de 10 % et l'écart-type de 20 %.

1. Quelle est l'espérance de rentabilité et la volatilité de son portefeuille ?

2. Quelle est la rentabilité effective de son investissement si ATOM augmente de 10 % ? Si ATOM diminue de 10 % ?

9 Le rendement espéré et le rendement exigé

Le taux sans risque est de 6 %, et le rendement espéré de marché est de 15 %. Une action avec un bêta de 1,2 est vendue au prix de 25 €, elle garantit les dividendes de 1 € en fin d'année.

Si vous estimez que le prix de cette obligation sera de 30 € en fin d'année, selon CAPM sera-t-elle correctement évaluée ? Sinon comment profiter de la situation ?

10 Identifying mispriced securities

Assume a risk-free rate of 6 % and a market return of 12 %.

1. Compute the expected and required return on each stock.

2. Determine whether each stock is undervalued, overvalued, or properly valued, and outline the appropriate trading strategy.

Stock	Price Today	E(Price) in 1 Year	E(Dividend) in 1 Year	Beta
A	$24	$26	$1	1.1
B	$41	$46	$2	0.9
C	$16	$18	$0.4	1.5

POUR ALLER PLUS LOIN

Les critiques adressées au MEDAF

Plusieurs critiques ont été adressées aux deux théories de portefeuille abordées ici. Ces critiques remettent en question, en particulier, les hypothèses restrictives et irréalistes de ces théories. Des spécialistes se sont interrogés sur différents points : que se passe-t-il si tous les agents n'ont pas la même rationalité ou les mêmes anticipations rationnelles ? Le vrai portefeuille de marché est-il observable ? Ou est-il possible d'en trouver une bonne approximation ? Existe-il vraiment un actif sans risque ?

En effet, en examinant les travaux de recherche lancés dans ce domaine (exemple : les critiques de Roll, 1977), nous relevons les pistes suivantes :

- On peut être amenés à penser que les investisseurs peuvent avoir différentes anticipations subjectives sur l'évolution des cours des titres. Dans ce cas, chaque investisseur aura sa propre « frontière efficiente subjective ».
- Le véritable indice de marché applicable au modèle MEDAF ne doit pas être n'importe quel indice mais un indice de tous les actifs risqués négociés sur le marché et il doit inclure les valeurs immobilières, le bien immobilier, le capital humain et tous les autres actifs corporels et incorporels. On parle récemment d'indice mondial tel le MSCI Word Index (Morgan Stanley Capital International).

CORRIGÉS

Chapitre 1

1 b. 2 a. 3 b. 4 b. 5 a. 6 b. 7 b. 8 a. 9 a. 10 a. 11 b. 12 a. 13 a. 14 b. 15 a.

Chapitre 2

1 b. 2 b. 3 b. 4 a. 5 b. 6 a. 7 a. 8 b. 9 b. 10 b.

11 SA Metalor

Analyse des SIG

Nous pouvons relever une forte progression du chiffre d'affaires : + 7,3 % ainsi qu'une progression encore plus élevée du résultat de l'exercice qui augmente de 28 %.

En effet, l'entreprise augmente légèrement sa valeur ajoutée grâce à une bonne maîtrise des consommations de matières premières (VA = 44,2 % de la production en N contre 43,3 % en N – 1).

L'EBE augmente grâce au bon niveau de la valeur ajoutée. Cependant les charges de personnel progressent plus rapidement que le CA (+ 11,3 %) si bien que l'EBE ne représente plus que 14,9 % de la production (contre 15,5 % en N – 1).

Le résultat d'exploitation se dégrade en raison du poids des dotations aux amortissements et des charges de personnel. On peut émettre ici l'hypothèse que l'entreprise a investi en machines et en personnel (ce qui explique l'augmentation des dotations aux amortissements et des charges de personnel) et que la productivité attendue des hommes et des machines n'est pas encore optimale.

L'entreprise Metalor a une bonne maîtrise de ses charges financières et renoue avec un résultat exceptionnel positif (et qui était fortement négatif en N – 1). La perte exceptionnelle de N – 1 se répercutait dans le résultat de l'exercice. C'est pourquoi, cette perte n'existant plus en N, le résultat de l'entreprise Metalor progresse de 28 %.

En résumé, la rentabilité de l'entreprise semble se détériorer quelque peu. Ceci est essentiellement dû au poids des charges de personnel et à l'augmentation des dotations aux amortissements. L'entreprise conserve cependant une bonne maîtrise de ses consommations de matières premières et de ses charges financières. Son résultat net reste donc largement positif et représente 3,5 % de la production de l'exercice.

	N	%	N–1	%	Évolution
Vente de marchandises					
– Coût d'achat des marchandises vendues					
Achats de marchandises					
+/– Variation de stocks de marchandises					
= Marge commerciale	**0**				
Production vendue	182 870		170 350		7,3 %
+ Production stockée	(1 650)		500		
+ Production immobilisée					
= Production de l'exercice	**181 220**	**100,0 %**	**170 850**	**100,0%**	**6,1%**
– Consommation de matières premières	52 860	29,2 %	52 786	30,9 %	0,1 %
Achats de matières premières	56 960		52 145		
+/– Variation de stocks de marchandises	(4 100)		641		
– Autres achats et charges externes	48 200	26,6 %	44 108	25,8 %	9,3 %
= Valeur ajoutée	**80 160**	**44,2 %**	**73 956**	**43,3 %**	**8,4 %**

+ Subventions d'exploitation	200		0		
– Impôts et taxes	7 062		5 914		19,4 %
– Charges de personnel	46 228	25,5 %	41 525	24,3 %	11,3 %
= Excédent brut d'exploitation	**27 070**	**14,9 %**	**26 517**	**15,5 %**	**2,1 %**
– Dotations aux amortissements et provisions d'exploitation	15 749		13 037		
+ Reprises sur amortissements et provisions, transferts de charges	1 150		4 100		
+ Autres produits d'exploitation	100		0		
– Autres charges d'exploitation	0		0		
= Résultat d'exploitation	**12 571**	**6,9 %**	**17 580**	**10,3 %**	**– 28,5 %**
+ Produits financiers	1 923		1 389		
– Charges financières	6 306	3,5 %	7 430	4,3 %	– 15,1 %
= Résultat courant avant impôts	**8 188**	**4,5 %**	**11 539**	**6,8 %**	**– 29,0 %**
+ Produits exceptionnels	2 822		825		
– Charges exceptionnelles	1 630		4 556		
= Résultat exceptionnel	**1 192**	**0,7 %**	**(3 731)**	**– 2,2 %**	
– Participation des salariés	425		370		
– Impôts sur les bénéfices	2 620		2 490		
= Résultat de l'exercice	**6 335**	**3,5 %**	**4 948**	**2,9 %**	**28,0 %**
Produits de cession d'éléments d'actif immobilisés	2 120		610		
– Valeur nette comptable des immobilisations cédées	1 115		4 232		
= Plus ou moins-values de cession d'actif	**1 005**		**(3 622)**		

Étude de quelques ratios

Répartition de la valeur ajoutée

	N	N – 1
Charges personnel / Valeur ajoutée	(32 126 + 14 102) / 80 160 = 57,6 %	(28 585 + 12 940) / 73 956 = 56,1 %
Charges financières / Valeur ajoutée	6 306 / 80 160 = 7,9 %	7 430 / 73 956 = 10,0 %

Le poids des charges de personnel s'élève alors que la rétribution des prêteurs diminue.

Poids des charges financières

Charges financières / EBE

année N : 6 306 / 27 070 = 23,3%

année N – 1 : 7 430 / 26 517 = 28,0%

Nous notons une diminution du poids des charges financières, l'entreprise Metalor se trouvant toujours sous le seuil de 33 %.

12 SA Faster

Soldes intermédiaires de gestion

	N	N – 1	Var.
Ventes de marchandises	0	0	
Coût d'achat marchandises vendues	0	0	
Marge commerciale	**0**	**0**	
Production vendue	30 350	23 434	
Production stockée	0	0	
Production immobilisée	0	0	
Production de l'exercice	**30 350**	**23 434**	**29,5 %**

	N	N – 1	Var.
Achats de mat. prem. et autres approv.	2 977	2 335	
Variation des stocks de mat. prem. et autres approv.	57	70	
Autres achats et charges externes	9 771	6 293	55,3 %
Consommations en provenance de tiers	12 805	8 698	**47,2 %**
Valeur ajoutée	**17 545**	**14 736**	**19,1 %**
Subventions d'exploitation	0	0	
Impôts et taxes	1 207	895	34,9 %
Charges de personnel (7 758 + 3 358)	11 116	8 416	32,1 %
Excédent brut d'exploitation	**5 222**	**5 425**	**–3,7 %**
Reprises sur am. et prov. et transferts de charges	1 730	76	
Autres produits	303	194	
Dotations amortissements et provisions (2 988 + 41 + 446 + 254)	3 729	2 709	
Autres charges	5	31	
Résultat d'exploitation	**3 521**	**2 955**	**19,2 %**
Quote-part des opérations faites en commun	6	5	
Produits financiers	49	17	
Charges financières	896	730	22,7
Résultat courant avant impôts	**2 680**	**2 247**	**19,3 %**
Produits exceptionnels	223	20	
Charges exceptionnelles	400	71	
Résultat exceptionnel	**(177)**	**(51)**	
Participation des salariés aux bénéfices	0	0	
Impôts sur les bénéfices	1 288	1 180	
Résultat de l'exercice	**1 215**	**1 016**	**19,6 %**

Résultat sur cession des éléments d'actifs immobilisés

	N	N – 1
Produits des cessions d'éléments d'actif	131	6
– Valeurs nettes comptables des éléments d'actif cédés	0	16
= Plus ou moins-value sur cession	131	(10)

L'entreprise Faster connaît une forte croissance de son chiffre d'affaires (+ 29,51 %). La valeur ajoutée ne suit cependant pas le même rythme à cause d'un dérapage des charges externes (+ 55 %).
Le poids élevé des charges de personnel (+ 32 %) conduit ensuite à une dégradation de l'EBE.
Les charges financières sont importantes mais l'EBE semble suffisant pour les couvrir (charges financières / EBE = 17 % en N). Leur progression, due aux nouveaux emprunts contractés par la SA Faster, est inquiétante (on passe de 6 à 791).
L'entreprise Faster connaît une forte augmentation de son résultat net (+ 19,6 %) mais doit veiller à bien maîtriser sa croissance (dérapage des frais généraux et des charges de personnel, poids accru des charges financières).

La CAF de l'année N

– **Calcul à partir de l'EBE (méthode soustractive)**

	N	N – 1
Excédent brut d'exploitation	**5 222**	**5 425**
+ transferts de charges	1 102	16
+ autres produits d'exploitation	303	194
– autres charges d'exploitation	5	31
± quote-part résultats en commun	6	5
+ produits financiers (sauf ▶ chapitre 2, 3.2.1)	49	17
– charges financières (sauf ▶ chapitre 2, 3.2.1)	791	6
+ produits exceptionnels (sauf ▶ chapitre 2, 3.2.1)	88	14
– charges exceptionnelles (sauf ▶ chapitre 2, 3.2.1)	137	55
– participation des salariés	0	0
– impôts sur les bénéfices	1 288	1 180
= Capacité d'autofinancement	**4 549**	**4 399**

– **Calcul à partir du résultat net (méthode additive)**

	N	N – 1
Résultat net de l'exercice	1 215	1 016
+ dotations aux amortissements	2 988	2 317
+ dotations aux provisions	1 109	1 116
– reprises sur amortissements et provisions	628	60
+ valeur nette comptable des éléments d'actif cédés		16
– produits de cessions d'éléments d'actif	131	6
– quote-part des subventions d'investissement virée au résultat	4	
= Capacité d'autofinancement	4 549	4 399

La CAF suit l'évolution de l'EBE, l'importance des transferts de charges ayant compensé l'augmentation des charges financières.

13 Groupe Auchan

Pour effectuer une analyse détaillée, il est possible de se reporter à l'avis financier du 1er semestre 2013 sur le site http://www.groupe-auchan.com.

1. Le chiffre d'affaires HT représente les quantités vendues multipliées par les prix de vente. Il s'agit d'un chiffre d'affaires consolidé, c'est-à-dire qui correspond à l'addition des chiffres d'affaires de l'ensemble des filiales. Il a augmenté de + 3,4 %. On peut alors se demander si Auchan Carrefour a gagné des parts de marché (ou vendu davantage) ou a augmenté ses prix.

2. L'EBITDA mesure le résultat réalisé sur l'exploitation indépendamment de la fiscalité, des opérations financières et exceptionnelles. En d'autres termes, Auchan réalise des bénéfices sur l'exploitation de sa propre activité ; son EBITDA est non seulement positif mais en hausse de 4,4 %. Cette hausse s'explique par une progression de la marge commerciale (23 % du chiffre d'affaires au 1er semestre 2013 contre 22,7 % au 1er semestre 2012) et par la maîtrise de la progression des charges d'exploitation.

3. Le niveau d'EBITDA positif et en progression contribue à la réalisation d'un résultat courant avant impôt et d'un résultat net bénéficiaires (cf. figure 2.1. Les soldes intermédiaires de gestion). Un résultat positif est un bon indicateur de performance mais il faut le comparer avec les résultats des exercices antérieurs pour savoir s'il est significatif. Compte tenu des chiffres (une augmentation de plus de 30 %), l'amélioration du résultat net traduit le renforcement de la situation financière du Groupe. On peut décider de le mettre en réserves (ce qui augmentera les capitaux propres) ou de le distribuer sous forme de dividendes.

En revanche, la différence entre l'augmentation du résultat net (plus que 30 %) et celle de l'EBITDA (4,4 %) peut nous interpeller. En effet, le résultat net est biaisé par le résultat financier et par le résultat des opérations exceptionnelles (cessions d'actifs immobilisés, etc.). C'est l'EBITDA qui traduit la performance opérationnelle du groupe, indépendamment de sa politique de financement (résultat financier), d'investissement (dotations aux amortissements, etc.) et de l'impôt sur les sociétés. Par conséquent, c'est cet indicateur qu'il faudra surveiller de plus près pour les années à venir.

4. La capacité d'autofinancement positive est en hausse et s'explique en partie par l'augmentation du résultat net (cf. calcul à partir du résultat, méthode additive). Une CAF positive et en progression peut réduire ou stabiliser le recours aux emprunts. Elle peut servir à alimenter le fonds de roulement de la société, à investir, à épargner, à rembourser des dettes ou encore à verser des dividendes aux actionnaires.

Chapitre 3

1 b. 2 b. 3 a. 4 a. 5 a. 6 b. 7 b. 8 a. 9 a. 10 a.

11 Société CSM

1. Déterminer le résultat et le montant des capitaux propres.
Reprenons l'équation suivante :
Capitaux propres + Provision pour risques et charges + Dettes = Total passif
Capitaux propres + 0 + 4 100 = 15 600
On sait que :
Capitaux propres = Capital social + Réserves + Report à nouveau + Résultat
15 600 = 20 000 + 200 + résultat
Le résultat est de – 8 700. L'entreprise CSM dégage une perte.

2. Comment peut être financée une acquisition d'immobilisations ?
Les acquisitions d'immobilisations peuvent être financées par autofinancement, augmentation de capitaux propres, emprunt bancaire ou cession d'immobilisation.

3. Établir le bilan fonctionnel.
Le bilan fonctionnel se présente en grandes masses.

Emplois stables		Ressources stables	
Immobilisations incorporelles	500	Capital social	20 000
Immobilisations corporelles	9 500	Réserves	200
Immobilisations financières	0	Résultat	(8 700)
		Emprunt et dettes hors concours bancaires	500
		Amortissements	4 100
Total	**10 000**	**Total**	**16 100**
Emplois circulants		**Ressources circulantes**	
Stocks	1 700	Fournisseurs	1 600
Créances clients	2 000	Dettes fiscales et sociales	
Total	**3 700**	**Total**	**1 600**
Trésorerie active	**6 000**	**Trésorerie passive**	**2 000**
Total	**6 000**	**Total**	**2 000**
Emplois stables	**10 000**	**Ressources stables**	**16 100**
Emplois circulants	**3 700**	**Ressources circulantes**	**1 600**
Trésorerie active	**6 000**	**Trésorerie passive**	**2 000**

4. Calculer le fonds de roulement, la trésorerie et en déduire le BFR.
FR = *RS* – *ES* = 161 000 – 10 000 = +61 000
TN = Actif de trésorerie – Passif de trésorerie
= 6 000 – 2 000 = 4 000

On sait que : *TN* = *FR* – *BFR*
d'où 4 000 = 6 100 – *BFR*
Donc BFR = 2 100.

Commentaires

En haut de bilan, les ressources stables sont supérieures aux emplois stables. Le FR est positif, l'entreprise dégage un surplus monétaire.
En bas de bilan, les emplois circulants sont supérieurs aux ressources circulantes, le BFR est positif, elle a des besoins de trésorerie qui sont financés par le FR. L'actif de trésorerie est supérieur à la trésorerie passive, ce qui indique que l'entreprise a de la trésorerie.

5. Citer trois éléments pour améliorer le BFR.
– Réduire les stocks.
– Inciter les clients à régler plus tôt.
– Rallonger les délais de paiement fournisseurs.

12 L'Oréal

1. Quelles sont les ressources stables de L'Oréal ?
Les ressources stables chez L'Oréal sont les capitaux propres (20 936 000) et les dettes financières non courantes (201 000).

2. Quels sont les éléments du bilan qui ont entraîné la constatation d'amortissements ?
Les éléments qui ont entraîné la constatation d'amortissements sont les immobilisations corporelles et incorporelles.

3. Calculer le BFR.
BFR = EC – RC = (2 034 000 + 3 209 000) – (3 318 000)
= +19 250 000
Il est positif, l'entreprise a un besoin de trésorerie.

13 Le tableau de financement

1. Déterminer le montant des acquisitions d'immobilisations.
Valeur des immobilsations de début d'exercice
+ acquisitions d'immobilisations
+ cessions d'immobilisations
= valeur des immobilsations de fin d'exercice acquisition d'immobilisations = 9 000 – 10 000 + 4 500 = 3 500
Les acquisitions d'immobilisations sont de 3 500.

2. Déterminer le prix de cession de l'immobilisation cédée.
La différence entre le prix de cession et la valeur nette comptable des éléments cédés fait apparaître soit une plus-value soit une moins-value.

PCEA – VCEA = plus ou moins values

Avec VCEA = valeur d'origine des immobilisations – sommes des amortissements cumulés = 4 500 – 3 500 = 1 000.
On en déduit :

PCEA = VCEA + plus ou moins values
PCEA = 1 000 + 400 = 1 400

Le prix de cession est de 1 400.

4. Présenter la première partie du tableau de financement.
Calcul préalable : montant des nouveaux emprunts.
À la lecture du bilan et des renseignements complémentaires on sait que :

Début d'exercice	Remboursement d'emprunt	Nouveaux emprunts contractés	Fin d'exercice
30 000 (35 000 – 5 000)	15 000	par déduction : 35 000	50 000 (55 000 – 5 000)

Emplois	N – 1	N	Ressources	N – 1	N
Distributions mises en paiement au cours de l'exercice		200	Capacité d'autofinancement de l'exercice	1 500	
Acquisitions d'éléments de l'actif immobilisé :			Cessions ou réductions d'éléments de l'actif immobilisé :		
Immobilisations incorporelles			Cessions d'immobilisations :		
Immobilisations corporelles		3 500	Incorporelles	1 400	
Immobilisations financières			Corporelles		
			Cessions ou réductions d'immobilisations financières		
Charges à répartir sur plusieurs exercices (a)					
Réduction des capitaux propres (réduction de capital, retraits)			Augmentation des capitaux propres :		
			Augmentation de capital ou apports	20 000	
			Augmentation des autres capitaux propres		

Emplois	N – 1	N	Ressources	N – 1	N
Remboursements des dettes financières (b)		15 000	Augmentation des dettes financières (b) (c)	35 000	
Total des emplois	**0**	**18 700**	**Total des ressources**	**57 900**	**0**
Variation du fonds de roulement (ou FRNG) (ressource nette)		39 200			

(a) Montant brut transféré au cours de l'exercice

(b) Sauf concours bancaires courants et soldes créditeurs de banques

(c) Hors primes de remboursement des obligations

La variation du FR est une ressource nette de 39 200.

Chapitre 4

1 b. 2 b. 3 a. 4 a. 5 b. 6 b. 7 b. 8 b. 9 b. 10 a.

11 Activi

1. Calculez le montant des investissements réalisés par Activi dans l'exercice N.

Actif immobilisé net N. Faire la somme des immobilisations : 5 261 + 2 700 = 7 961.

Actif immobilisé net N–1 (idem) : 5 205 + 2 617 = 7 822.

Dotation aux amortissements N (*cf.* compte de résultat N) : 503.

Valeur comptable des actifs cédés (*cf.* compte de résultat : 390.

Montant des investissements de l'exercice N :

Actif immobilisé net N + dotation aux amortissements N + Valeur comptable des actifs cédés – Actif immobilisé N – 1 = investissements de l'exercice N.

Investissements réalisés en N :

7 961 + 503 + 390 – 7 822 = 1 032.

2. Calculez le montant des emprunts souscrits au cours de l'exercice.

Montant des emprunts (passif du bilan) = « emprunts et dettes auprès des établissements de crédit » – « dont concours bancaires », soit :

Montant des emprunts à fin N : 5 900 – 0 = 5 900.

Montant des emprunts à fin N – 1 = 6 746 – 245 = 6 501.

Montant des remboursements d'emprunts au cours de l'exercice N (transmis par les services comptables) : 1 083.

Montant des emprunts à fin N – montant des emprunts à fin N – 1 + montants remboursés dans l'exercice = emprunts souscrits au cours de l'exercice N.

Emprunts souscrits au cours de l'exercice N :

5 900 + 1 083 – 6 501 = **482.**

3. Calculez le montant des dividendes versés au cours de l'exercice N.

La part du résultat de l'exercice N – 1 qui n'a été mis ni en réserves ni en report à nouveau a été distribué :

Dividendes distribués = résultat N – 1 – (variation des réserves + variation du report à nouveau)

Dividendes versé en N : 2 630 – (432 + 40) = 2 158

4. Établissez le tableau des flux de trésorerie de la société Activi pour l'exercice.

Calcul des flux de trésorerie liés à l'exploitation :

Pour calculer la capacité d'autofinancement: reportez les montants issus des rubriques correspondantes du compte de résultat N.

Pour calculer la variation du besoin en fonds de roulement, vous prenez la variation des montants correspondants aux rubriques des bilans N et N – 1. Attention aux signes.

Calcul des flux de trésorerie liés à l'investissement :

Le montant des cessions est issu de la rubrique « produits des cessions d'actifs » du compte de résultat N. Les acquisitions d'immobilisations représentent le montant des investissements que vous avez calculé à la question 1.

Calcul des flux liés au financement :

L'augmentation de capital correspond à la variation du capital social. Le montant des remboursements d'emprunts et des dividendes ont été calculés à la question 1 et la question 2. Le montant des remboursements d'emprunt vous a été communiqué par les services comptables.

Résultat net	2 425
Dotation aux amortissements et provisions	928
Reprise sur amortissements et provisions	(500)
Produits des cessions d'actif	(510)
Valeur comptable des actifs cédés	390
Capacité d'autofinancement	2 733
Variation des stocks de matières premières	210
Variation des stocks de produits finis	(1 787)
Variation des créances clients	(1 910)
Variation des autres créances	828
Variation des dettes fournisseurs	(1 416)
Variation des dettes fiscales et sociales	726

Variation des autres dettes	401
Variation du besoin en fonds de roulement	(2 948)
Flux nets de trésorerie d'exploitation	(215)
Cessions d'immobilisations	510
Acquisition d'immobilisations	(1 032)
Flux nets de trésorerie d'investissement	(522)
Augmentation de capital	1 012
Emprunts souscrits dans l'exercice	482
Remboursement d'emprunts	(1 083)
Dividendes versés	(2 158)
Flux nets de trésorerie de financement	(1 747)
Variation de trésorerie exercice N	(2 484)
Trésorerie début	4 074
Trésorerie fin	1 590

▲ Tableau des flux de trésorerie ACTIVI – Exercice N

12 Lerom

1. Quel est l'intérêt de la notion de flux net de trésorerie d'exploitation ?

Le flux net de trésorerie d'exploitation constitue la ressource de trésorerie engendrée par les opérations d'exploitation. Il renseigne sur la capacité de l'entreprise à sécréter des liquidités dans le cadre de son exploitation courante. Il permet de détecter de manière précoce les difficultés des entreprises et d'engager rapidement les mesures correctives qui s'imposent. Il apporte à l'entreprise les moyens financiers de rembourser ses emprunts, de participer au financement des investissements, de distribuer des dividendes aux actionnaires.

2. Commentez l'évolution de la situation financière de l'entreprise.

La situation nette de trésorerie reste tendue. Elle est malgré tout redevenue positive sur les deux derniers exercices.

On peut également constater une très nette amélioration de la capacité d'autofinancement qui montre une très forte amélioration de la profitabilité, bien que le chiffre d'affaires ait baissé.

On peut noter le poids très important des charges financières, qui, heureusement s'atténue dans le temps mais qui semble révéler un endettement important.

On note aussi une grande variabilité du besoin en fonds de roulement attestant de la difficulté de l'entreprise à en maîtriser les composantes. Les stocks ont fortement augmenté en N, ainsi que les créances clients malgré la baisse du chiffre d'affaires. Dans le même temps les fournisseurs sont réglés plus vite. La ressource financière que constitue la capacité d'autofinancement est très largement ponctionnée par l'augmentation du besoin en fonds de roulement.

L'entreprise investit très peu, ce qui est inquiétant pour l'avenir. Elle a consacré l'essentiel de la trésorerie générée par l'exploitation pour se désendetter, sauf sur l'exercice N où elle a fait appel à l'emprunt pour refinancer des emprunts en cours. Elle a eu la sagesse de ne pas distribuer de dividendes à ses actionnaires.

En conclusion, sans un certain nombre d'actions stratégiques, l'entreprise présente un avenir très incertain.

3. Que proposeriez-vous pour renforcer la situation financière de l'entreprise ?

– Mettre d'urgence en place des mesures pour maîtriser son besoin en fonds de roulement.

– Consolider l'amélioration de sa profitabilité et établir un plan stratégique pour se développer sur des marchés où elle pourrait exploiter ses avantages concurrentiels.

– Anticiper le financement de ses programmes d'investissements qui paraissent inéluctables en consolidant sa structure financière par une augmentation de capital. Celle-ci permettra d'obtenir la participation des banquiers qui apporteront les compléments de financement.

Chapitre 5

1 b.

2 a.

3 d. $\left(\frac{2}{1}\right)^{\frac{1}{10}} - 1 = 7{,}18$

4 c. $1 \times (1 + r_m)^{m \times n}$ où n est le nombre de périodes, m est le nombre de sous-périodes, r_m est le taux d'intérêt des sous-périodes.

5 c.

6 L'effet de la fréquence de capitalisation

Avec une capitalisation mensuelle pendant 10 ans, on a 120 mensualités de 500 €.

$$VF = \frac{M}{r}[(1+r)^n - 1] = \frac{500}{0{,}02/12}[(1+0{,}02/12)^{120} - 1] \approx 66\,350$$

En plaçant 500 € sur un compte pendant 120 mois au taux annuel de 2 % avec une capitalisation mensuelle, on disposera de 66 350 € à la fin de notre horizon de placement.

7 La durée d'épargne

Vous souhaitez disposer de 2 000 000 €, en investissant aujourd'hui la somme de 1 800 000 € au taux de 8 %.

$$VP = \frac{VF}{(1+r)^n} \quad n = \frac{ln\left(\frac{VF}{VP}\right)}{ln(1+r)} = \frac{ln\left(\frac{2\,000\,000}{1\,800\,000}\right)}{ln(1+0{,}08)} \approx 1{,}4$$

Vous devrez patienter 1,4 an, soit 1 an et 5 mois.

8 Le projet de prêt immobilier

1. Le montant d'achat est égal à l'apport personnel du jeune couple plus leur emprunt banquier. L'apport personnel est de 50 000 €. Le couple s'endette pendant 23 ans soit 276 mois, avec des mensualités de 1 200 €.

La valeur présente de ces paiements est de :

$$VP = \frac{1\,200}{0{,}042/12}\left(1 - \frac{1}{(1+0{,}42/12)^{276}}\right) = 212\,145$$

Le montant d'un éventuel achat peut s'élever à 262 145 € (50 000 € + 212 145 €)

2. Le montant des intérêts est la différence entre la somme de remboursement et la somme empruntée. Le couple paiera 1 200 € pendant 276 mois, soit 331 200 €, pour disposer aujourd'hui de 212 145 €.

Par conséquent, le montant total des intérêts est de 119 055 € (331 200 € – 212 145 €).

9 La valeur présente d'une séquence de flux trésorerie

Pour faire le choix entre ces deux projets, on doit trouver la valeur actuelle nette de la séquence de flux généré par chaque projet.

$$VAN_A = -2\,855 + \frac{700}{(1+0{,}08)^1} + \frac{700}{(1+0{,}08)^2} + \frac{700}{(1+0{,}08)^3} + \frac{700}{(1+0{,}08)^4} + \frac{700}{(1+0{,}08)^5} \approx -60\text{ €}$$

$$VAN_B = -2\,800 + \frac{300}{(1+0{,}08)^1} + \frac{400}{(1+0{,}08)^2} + \frac{500}{(1+0{,}08)^3} + \frac{1\,200}{(1+0{,}08)^4} + \frac{1\,300}{(1+0{,}08)^5} \approx -16\text{ €}$$

L'investisseur perdra quel que soit le projet choisi. La valeur présente de flux de trésorerie généré par les projets est inférieure à la mise initiale investie dans le projet.

10 Constant annuities

We should apply the formula of constant annuities:

$$FV = M \times \frac{(r+1)^n - 1}{r} = 10.000 \times \frac{1.03^{23} - 1}{0.03} = 324{,}528.83$$

Chapitre 6

1 c. 2 b. 3 b. 4 a. 5 d. 6 d. 7 c. 8 b.

9 Calcul des différentes techniques et interprétation des résultats

Calcul de la VAN

$$Inv_A = 80\,000 \quad Inv_B = 80\,000$$

$$VAN_A = \frac{20\,000}{(1+0{,}1)} + \frac{20\,000}{(1+0{,}1)^2} + \frac{30\,000}{(1+0{,}1)^3} + \frac{40\,000}{(1+0{,}1)^4} + \frac{10\,000}{(1+0{,}1)^5} - 80\,000 = 10\,780$$

$$VAN_B = \frac{40\,000}{(1+0{,}1)} + \frac{20\,000}{(1+0{,}1)^2} + \frac{20\,000}{(1+0{,}1)^3} + \frac{20\,000}{(1+0{,}1)^4} + \frac{20\,000}{(1+0{,}1)^5} - 80\,000 = 13\,998$$

Le projet B accroît donc la richesse de l'investisseur plus que le projet A.

Calcul du TRI

– Pour le projet A

$$r_{positif} = 13\ \%$$

$$VAN_{positive} = \frac{20\,000}{(1+0{,}13)} + \frac{20\,000}{(1+0{,}13)^2} + \frac{30\,000}{(1+0{,}13)^3} + \frac{40\,000}{(1+0{,}13)^4} + \frac{10\,000}{(1+0{,}13)^5} - 80\,000 = 4\,114$$

$$r_{négatif} = 16\ \%$$

$$VAN_{négative} = \frac{20\,000}{(1+0{,}16)} + \frac{20\,000}{(1+0{,}16)^2} + \frac{30\,000}{(1+0{,}16)^3} + \frac{40\,000}{(1+0{,}16)^4} + \frac{10\,000}{(1+0{,}16)^5} - 80\,000 = -1\,823$$

$$TRI^* = r_{positif} + (r_{négatif} - r_{positif})\frac{VAN_{positive}}{VAN_{positive} - VAN_{négative}}$$

$$TRI^* = 13\,\% + (16\,\% - 13\,\%)\frac{4\,114}{4\,114 - (-1\,823)} = 15{,}08\,\%$$

– Pour le projet B

$$r_{positif} = 15\ \%$$

$$VAN_{positive} = \frac{40\,000}{(1+0{,}15)} + \frac{20\,000}{(1+0{,}15)^2} + \frac{20\,000}{(1+0{,}15)^3} + \frac{20\,000}{(1+0{,}15)^4} + \frac{20\,000}{(1+0{,}15)^5} - 80\,000 = 4\,434$$

$$r_{positif} = 18\ \%$$

$$VAN_{positive} = \frac{40\,000}{(1+0{,}18)} + \frac{20\,000}{(1+0{,}18)^2} + \frac{20\,000}{(1+0{,}18)^3} + \frac{20\,000}{(1+0{,}18)^4} + \frac{20\,000}{(1+0{,}18)^5} - 80\,000 = -507$$

$$TRI^* = 15\,\% + (18\,\% - 15\,\%)\frac{4\,434}{4\,434 - (-507)} = 17{,}69\,\%$$

Étant donné les TRI trouvés pour chacun des deux projets, nous constatons que le projet B est le plus rentable.

Calcul du TRIM

$$VF_A = 20\ 000 \times 1{,}05^4 + 20\ 000 \times 1{,}05^3 + 30\ 000 \times 1{,}05^2 + 40\ 000 \times 1{,}05^1 + 10\ 000 \times 1{,}05^0 = 132\ 537$$

$$TRIM_A = \left(\frac{132\ 537}{80\ 000}\right)^{\frac{1}{5}} - 1 = 10{,}62\ \%$$

$$VF_B = 40\ 000 \times 1{,}05^4 + 20\ 000 \times 1{,}05^3 + 20\ 000 \times 1{,}05^2 + 20\ 000 \times 1{,}05^1 + 20\ 000 \times 1{,}05^0 = 134\ 823$$

$$TRIM_B = \left(\frac{VF_B}{Inv_B}\right)^{\frac{1}{n}} - 1 = \left(\frac{134\ 823}{80\ 000}\right)^{\frac{1}{5}} - 1 = 11\ \%$$

$$TRIM_B > TRIM_A$$

Confirmé par le calcul du TRIM, le projet B est bien le plus rentable.

Calcul du délai de récupération (DR)

Années	Projet A	Flux de trésorerie cumulés	Projet B	Flux de trésorerie cumulés
0	(80 000)	(80 000)	(80 000)	(80 000)
1	20 000	(60 000)	40 000	(40 000)
2	20 000	(40 000)	20 000	(20 000)
3	30 000	(10 000)	20 000	0
4	40 000	30 000	20 000	20 000
5	10 000	40 000	20 000	40 000

Pour le projet A, le délai de récupération est de 3 ans et 3 mois $\left(\frac{10\ 000}{40\ 000} \times 12 = 3 \text{ mois}\right)$.
Pour le projet B, le délai de récupération est de 3 ans.
Alors le projet B est préférable parce qu'il permet de récupérer l'investissement initial le plus tôt.

Calcul du délai de récupération actualisé (DRA)

Années	Projet A	Flux de trésorerie actualisés	Flux de trésorerie actualisés cumulés	Projet B	Flux de trésorerie actualisés	Flux de trésorerie actualisés cumulés
0	(80 000)	(80000)	(80 000)	(80 000)	(80 000)	(80 000)
1	20 000	18 182	(61 818)	40 000	36 364	(43 636)
2	20 000	16 529	(45 289)	20 000	16 529	(27 107)
3	30 000	22 539	(22 750)	20 000	15 026	(12 081)
4	40 000	27 321	4 571	20 000	13 660	1 579
5	10 000	6 209	10 780	20 000	12 418	13 997

Pour le projet A, le délai de récupération est de 3 ans et 10 mois $\left(\frac{22\ 750}{27\ 321} \times 12 = 10 \text{ mois}\right)$.

Pour le projet B, le délai de récupération est de 3 ans et 11 mois $\left(\frac{12\ 081}{13\ 660} \times 12 = 11 \text{ mois}\right)$.

En prenant en considération le DRA, nous préférerons le projet A qui nous permettra de récupérer l'investissement initial le plus tôt.

Calcul de l'indice de profitabilité (IP)

$$IP_A = 1 + \frac{VAN_A}{Inv_A} = 1 + \frac{10\ 780}{80\ 000} = 1{,}13$$

$$IP_B = 1 + \frac{VAN_B}{Inv_B} = 1 + \frac{13\ 998}{80\ 000} = 1{,}17$$

Selon la technique de l'indice de profitabilité, le projet B est plus intéressant pour l'investisseur.

10 Controverse entre le TRI et la VAN

Question 1

$$VAN = \frac{55\,000}{1{,}1^1} + \frac{75\,000}{1{,}1^2} + \frac{100\,000}{1{,}1^3} - 180\,000 = 7\,115$$

$$r_{positif} = 12\ \%$$

$$VAN_{positive} = \frac{55\,000}{1{,}12^1} + \frac{75\,000}{1{,}12^2} + \frac{100\,000}{1{,}12^3} - 180\,000 = 75$$

$$r_{négatif} = 12{,}1\ \%$$

$$VAN_{négative} = \frac{55\,000}{1{,}121^1} + \frac{75\,000}{1{,}121^2} + \frac{100\,000}{1{,}121^3} - 180\,000 = -266$$

$$TRI = 12 + (12{,}1 - 12) \times \left(\frac{75}{75 - (-266)}\right) = 12{,}02\ \%$$

Question 2 a

$$VF = 55\,000 \times 1{,}1^2 + 75\,000 \times 1{,}1^1 + 100\,000 \times 1{,}1^0 = 249\,050$$

$$TRIM = \left(\frac{249\,050}{180\,000}\right)^{\frac{1}{3}} - 1 = 11{,}43\ \%$$

Question 2 b

$$VF = 55\,000 \times 1{,}1202^2 + 75\,000 \times 1{,}1202^1 + 100\,000 \times 1{,}1202^0 = 253\,034$$

$$TRIM = \left(\frac{253\,034}{180\,000}\right)^{\frac{1}{3}} - 1 = 12{,}02\ \% = TRI$$

La technique du TRI fait l'hypothèse que les flux de trésorerie générés par le projet sont réinvestis à un taux égal au TRI soit dans le projet lui-même, alors que dans la réalité, pour réduire le risque, un investisseur préférera réinvestir les flux dans un autre projet même si le taux de réinvestissement est plus faible que le TRI.

11 Identification of projects generated cash flows and investment decision-making using the NPV

Buy scenario

Year	0	1	2	3	4	5
Investment	(40,000)					
Income		15,000	20,000	20,000	15,000	5,000
Depreciation		(8,000)	(8,000)	(8,000)	(8,000)	(8,000)
Cash flow	(40,000)	7,000	12,000	12,000	7,000	(3,000)

$$NPV = \frac{7{,}000}{1.12^1} + \frac{12{,}000}{1.12^2} + \frac{12{,}000}{1.12^3} + \frac{7{,}000}{1.12^4} - \frac{3{,}000}{1.12^5} - 40{,}000 = -12{,}896$$

Hire scenario

Year	0	1	2	3	4	5
Income		15,000	20,000	20,000	15,000	10,000
Annuities	(10,000)	(10,000)	(10,000)	(10,000)	(10,000)	
Cash flow	(10,000)	5,000	10,000	10,000	5,000	10,000

$$NPV = -\frac{10{,}000}{1.12^0} + \frac{5{,}000}{1.12^1} + \frac{10{,}000}{1.12^2} + \frac{10{,}000}{1.12^3} + \frac{5{,}000}{1.12^4} + \frac{10{,}000}{1.12^5} = 7{,}057$$

It is clear that it is more profitable to hire the printer instead of buying it, since the "buy scenario" has a negative NPV.

12 Projets de tailles différentes

Projet 1

Année	0	1	2	3	4	5
Flux	(10 000)	1 500	3 500	3 500	3 000	2 000
Flux cumulé	(10 000)	(8 500)	(5 000)	(1 500)	1 500	3 500

Le DR est de 3 ans et 6 mois.

$$VAN = \frac{1\,500}{1{,}1^1} + \frac{3\,500}{1{,}1^2} + \frac{3\,500}{1{,}1^3} + \frac{3\,000}{1{,}1^4} + \frac{2\,000}{1{,}1^5} - 10\,000 = 176{,}683 \text{ K€}$$

Projet 2

Année	0	1	2	3	4	5
Flux	(500)	100	250	200	200	175
Flux cumulé	(500)	(400)	(150)	50	250	425

Le DR est de 2 ans et 9 mois $\left(\frac{150}{200} \times 12 \approx 9 \text{ mois}\right)$.

$$VAN = \frac{100}{1{,}1^1} + \frac{250}{1{,}1^2} + \frac{200}{1{,}1^3} + \frac{200}{1{,}1^4} + \frac{175}{1{,}1^5} - 500 = 147{,}969 \text{ K€}$$

1. D'après la technique du DR, nous préférerons le projet 2 parce que l'investissement initial y est récupéré plus tôt.
2. Selon la technique de la VAN, le projet 2 est plus intéressant. Mais la VAN ne prend pas en considération la taille des projets : le premier projet augmente la richesse de l'investisseur de 176 683 € pour une mise initiale de 10 000 000 € alors que le projet 2 procure une augmentation de la richesse de 147 969 € pour un investissement initial de 500 000 €.

13 Techniques d'aide à la décision et projets sans investissement initial

Scénario de paiement de fret

	Année 1	Année 2	Année 3
CA	35	40	38
CAMV	29,05	33,2	31,54
Coût des intermédiaires	2,45	2,8	2,66
Flux de trésorerie	3,5	4	3,8

$$\text{Valeur actualisée} = \frac{3{,}5}{1{,}13^1} + \frac{4}{1{,}13^2} + \frac{3{,}8}{1{,}13^3} = 8{,}86 \text{ millions}$$

Comme il s'agit d'un projet sans investissement initial, nous calculons la valeur actualisée des flux générés.

Scénario de l'achat du bateau

	Année 1	Année 2	Année 3
CA	35	40	38
CAMV	29,05 – 3 % × 35 = 28	33,2 – 3 % × 40 = 32	31,54 – 3 % × 38 = 30,4
Coût des intermédiaires	2,45	2,8	2,66
Charges liées au bateau	0,245	0,28	0,266
Remboursement du prêt	0,5	0,5	0,5
Flux de trésorerie	**3,805**	**4,42**	**4,174**

$$\text{Valeur actualisée} = \frac{3{,}805}{1{,}13^1} + \frac{4{,}42}{1{,}13^2} + \frac{4{,}174}{1{,}13^3} = 9{,}72 \text{ millions}$$

L'achat du bateau sera donc préféré par les dirigeants de l'entreprise.

Chapitre 7

1 a. 2 a. 3 b. 4 b. 5 a. 6 b. 7 b. 8 b. 9 a. 10 b.

11 Le cas ASFI

1. Établissement du plan de financement

	N	N + 1	N + 2
Capacité d'autofinancement (hors charges et produits financiers)	200 000	400 000	600 000
Variation des stocks	(150 000)	(150 000)	(50 000)
Variation des créances clients	(170 000)	(170 000)	(170 000)
Variation des dettes fournisseurs	70 000	70 000	70 000
Variation du besoin en fonds de roulement	**(250 000)**	**(250 000)**	**(150 000)**
Flux nets de trésorerie d'exploitation	**(50 000)**	**150 000**	**450 000**
Cessions d'immobilisations		300 000	
Acquisition d'immobilisations	(2 250 000)		(850 000)
Flux nets de trésorerie d'investissement	**(2 250 000)**	**300 000**	**(850 000)**
Augmentation de capital	1 250 000		187 500
Emprunts souscrits dans l'exercice	1 250 000		500 000
Produits financiers			
Charges financières		(62 500)	(50 000)
Remboursement d'emprunts		(250 000)	(250 000)
Dividendes versés	0	(62 500)	(62 500)
Flux nets de trésorerie de financement	**2 500 000**	**(375 000)**	**325 000**
Variation de trésorerie exercice N	**200 000**	**75 000**	**(75 000)**
Trésorerie début		**200 000**	**275 000**
Trésorerie fin	**200 000**	**275 000**	**200 000**

Commentaire

Le besoin initial de financement est de 2 500 000 soit 2 250 000 d'investissements (300 000 + 900 000 + 350 000 + 700 000), 50 000 de besoins en fond de roulement et 200 000 d'excédent de trésorerie.

En N+2, le plan de financement présente un déficit de 487 500.

1. En N+2, le premier emprunt a été remboursé à hauteur de 500 000, l'entreprise retrouve une capacité d'emprunt de 500 000 minimum. Par déduction, elle doit apporter en capital 187 500 pour obtenir une trésorerie disponible de 200 000.

2. Les remarques sont les suivantes

Points positifs :

L'emprunt ne dépasse pas le montant des capitaux propres.

La CAF moyenne est de 400 000, le ratio : emprunt/CAF moyenne = 1 250/400 est égal à environ 3 ans. Durée qui est dans la norme.

Points négatifs :

Forte progression de la CAF : est-elle crédible ?

L'estimation de la cession est-elle crédible ?

12 Effet de levier

1. L'entreprise apporte 500 × 25 % = 125 K€ et emprunte 375 K€.

Revenu pour l'actionnaire :

((125 × 18 % + 375 × (18% – 6 %)) × 2/3 = 45 K€.

Le retour sur capitaux propres est de : 45/125 = 36 %.

Roe = 500 ((25 % · 18 % + (1 – 25 %)) × (18 % – 6 %) × (1 – 33,33 %))

2. Investissement financé à 100 % sur capitaux propres : perte 10 K€.

Retour sur capitaux propres – 2 %.

Investissement financé à 75 % par emprunt : Perte 10 K€ + Charges financières 375 × 6 % = 22,50 K€, soit au total : 32,5 K€. Retour sur capitaux propres soit 32,5/125 = –26 %.

Chapitre 8

1 d. 2 c. 3 b. 4 d. 5 c. 6 a. 7 b.

8 Calcul de prix d'obligation avec changement de taux sur le marché

1. Pour calculer le prix d'émission ou la valeur à l'émission, nous cherchons à calculer la somme actualisée des flux futurs attendus. Comme il s'agit de flux constants, nous pouvons utiliser la formule de l'annuité constante

$$V_0 = \sum_{t=1}^{T} \frac{C}{(1+r)^t} + \frac{VN}{(1+r)^T} = \frac{C}{r} \times \left(1 - \frac{1}{(1+r)^T}\right) + \frac{VN}{(1+r)^T}$$

$$V_0 = \frac{13{,}29}{0{,}11} \times \left(1 - \frac{1}{1{,}11^5}\right) + \frac{100}{1{,}1^5} = 108{,}5\ €$$

2. Pour calculer le rendement sur cet investissement obligataire, nous considérons toutes les sources de rendement, à savoir les coupons, le réinvestissement des coupons et la valeur de revente de l'obligation.

Le prix de revente tient compte des flux restant, à savoir deux coupons et la valeur nominale, donc il est égal à

$$P_4 = \frac{13{,}29}{1{,}1} + \frac{113{,}29}{1{,}1^2} = 105{,}71$$

Coupons + Réinvestissement = $13{,}29 \times (1{,}1^3 + 1{,}1^2 + 1{,}1^1 + 1)$ = 61,68

Par conséquent, la somme attendue au bout de 4 ans est égale à :

V_4 = Prix de revente + Coupons + Réinvestissement
= 61,68 + 105,71
= 167,39

La valeur initiale investie est calculée dans la question 1.

$$V_0 = 108{,}5\ €$$

Le taux de rendement final est donc :

$$TRIM = \left(\frac{V_4}{V_0}\right)^{1/4} - 1 = \left(\frac{167{,}39}{108{,}5}\right)^{1/4} - 1 \approx 11{,}45$$

Le taux de rendement global sur la détention de l'obligation pendant 4 ans, tenant compte du réinvestissement des coupons au taux du marché de 10 %, est de 11,45 %.

3. Suivant le raisonnement ci-dessus (réponse à la question 2), la somme attendue au bout de 4 ans est égale à :

$$V_4 = 13{,}29 \times (1{,}12^3 + 1{,}12^2 + 1{,}12 + 1) + \frac{13{,}29}{1{,}12} + \frac{113{,}29}{1{,}12^2}$$

$$= 165{,}70\ €$$

$$V_0 = 108{,}5\ €$$

$$TRIM = \left(\frac{V_4}{V_0}\right)^{\frac{1}{4}} - 1 = \left(\frac{165{,}70}{108{,}5}\right)^{\frac{1}{4}} - 1 \approx 11{,}12\ \%$$

Le taux de rendement global sur la détention de l'obligation pendant 4 ans, tenant compte du réinvestissement des coupons au taux du marché de 12 %, est de 11,12 %.

4. La somme attendue au bout de 4 ans :

$$V_4 = 13{,}29 \times (1{,}10^3 + 1{,}09^2 + 1{,}08 + 1) + \frac{13{,}29}{1{,}07} + \frac{113{,}29}{1{,}07^2}$$

$$= 172{,}40\ €$$

$$V_0 = 108{,}5\ €$$

$$TRIM = \left(\frac{V_4}{V_0}\right)^{\frac{1}{4}} - 1 = \left(\frac{172{,}40}{108{,}5}\right)^{\frac{1}{4}} - 1 \approx 12{,}27\ \%$$

Le taux de rendement global sur la détention de l'obligation pendant 4 ans, tenant compte du réinvestissement des coupons à des taux de marché multiples, est de 12,27 %.

9 Calcul du prix d'obligation avant et après détachement de coupon

On se place dans le cas d'une obligation au pair et dans une situation où le taux nominal est égal au taux de marché. Le prix au pied du coupon est donc forcément égal à la valeur nominale.

On se place juste avant le détachement du coupon qui vaut donc 20 (500 × 4 %) à ce moment-là. Le prix plein coupon de cette obligation, quelques secondes avant le détachement du coupon, est obtenu ainsi :

Prix de l'obligation = Prix au pied du coupon + Coupon couru

$$P = 500 + 20 = 520\ €$$

Une autre technique de calcul du prix consiste à additionner les flux futurs actualisés :

$$P = 20 + \frac{20}{1{,}04} + \frac{20}{1{,}04^2} + \frac{520}{1{,}043} = 520\ €$$

10 The trading price of a bond at a discount, at par or at premium

The yield-to-maturity (6.75 %) is lower than the coupon rate (9 %), so the bond is trading at a premium.

First of all we should calculate the semi-annual interest rate based on the yield to maturity which is equal to 7 %, so the semi-annual interest rate is 3.5 % $\left(\frac{7}{2}\right)$. Then, we count the number of payments. Since the interest is paid semiannually over 7 years we will have 14 payments in total.

$$P_2 = \frac{40}{1.035} + \frac{40}{1.035^2} + \ldots + \frac{1{,}000 + 40}{1.035^{14}} = 1{,}054.60\ \$$$

Chapitre 9

1 **b.** **2** **c.** **3** **c.** **4** **a.** **5** **b.**

6 Action et obligation

	Action	Obligation
Type du titre	Titre de propriété	Titre de créance
Droits conférés par le titre	Droit de vote et un droit à une part des bénéfices (dividende) et à une part du produit de liquidation en cas de dissolution	Paiements d'intérêts et remboursement du montant principal de l'obligation
Cours	Cours par action	Cours en % de la valeur nominale de l'obligation
Maturité	Illimitée (ou jusqu'à la liquidation de l'entreprise)	Limitée (fixée par obligation)
Sources de revenu	Dividende et potentiel gain en capital sur le prix de revente de l'action	Les coupons, le réinvestissement des coupons et un potentiel gain en capital sur la valeur de revente de l'obligation.
Risque supporté par l'investisseur	Fortes fluctuations des cours et risque de perte probable en cas de liquidation	Plusieurs risques (▶ chap. 8) dont en particulier le risque de défaut de l'émetteur et le risque de taux qui peut baisser la valeur de l'obligation

7 Calcul du rendement d'une action

1. Le gain en capital (ou le rendement du capital ou encore la plus-value d'une action) est calculé selon la formule suivante :

$$R_{Ct} = \frac{P_t - P_{t-1}}{P_{t-1}}$$

Donc le gain en capital de l'action Cap Gemini est de 6,6 %

$$R_{C_{\text{Cap Gemini}}} = \frac{47{,}50 - 44{,}56}{44{,}56} = 6{,}6\ \%$$

2. La rentabilité espérée d'une action tient compte du rendement de dividende et du gain en capital.
Le rendement de dividende de Cap Gemini est donné par :

$$R_{D_{\text{Cap Gemini}}} = \frac{D_1}{P_0} = \frac{0{,}75}{44{,}56} = 1{,}68\ \%$$

Le rendement du capital étant 6,6 % (voir question 1), le rendement total sur une action Cap Gemini est de
$\text{Rentabilité}_{\text{Cap Gemini}} = R_D + R_C = 1{,}68\ \% + 6{,}6\ \% = 8{,}28\ \%$
Le rendement du portefeuille de 10 actions Cap Gemini est le rendement d'une action multiplié par 10.

8 Calcul du prix et de la rentabilité d'une action

1. Le prix de l'action LVMH est obtenu par la formule suivante :

$$P_0 = \frac{P_1 + D_1}{1 + r} = \frac{48{,}60 + 0{,}80}{1 + 5{,}5\ \%} = 46{,}82\ €$$

2. Ayant calculé le prix P_0, le rendement de dividende est égal à $\frac{D_1}{P_0} = \frac{0{,}80}{46{,}82} = 1{,}71\ \%$.

Le gain en capital est égal à $\frac{48{,}60 - 46{,}82}{46{,}82} = 3{,}8\ \%$. La rentabilité espérée est donc égale à la somme des deux rendements : 1,71 % + 3,8 % = 5,51 %. La rentabilité espérée reflète le coût des capitaux propres.

9 Évaluation du prix d'une action par le modèle d'actualisation des dividendes avec un taux de croissance constant

Comme les dividendes augmentent à un taux constant de 1,5 % à l'infini, nous pouvons obtenir le prix actuel de l'action en utilisant la formule suivante :

$$P_0 = \frac{D_1}{r - g} = \frac{2{,}60}{6\ \% - 1{,}5\ \%} = 57{,}78\ €$$

10 Estimation du prix d'une action par le modèle d'actualisation des dividendes avec un taux de croissance variable des dividendes

Nous commençons par identifier les flux futurs attendus pour cette action (en €).

D_1	0,6
D_2	0,6 × (1 + 0,08) = 0,648
D_3	0,648 × (1 + 0,08) = 0,7
D_4	0,7 × (1 + 0,08) = 0,756
D_5	0,756 × (1 + 0,08) = 0,816

Le prix de l'action CapVert au bout de 4 ans, en tenant compte des dividendes croissant à 3 % à l'infini, est de :

$$P_4 = \frac{0{,}816}{0{,}07 - 0{,}03} = 20{,}4$$

La valeur de cette action dans 4 ans et de 20,4 €. Le prix de l'action CapVert aujourd'hui est la somme actualisée de tous les flux de trésorerie liés à cette action, à savoir les dividendes et la valeur future de l'action :

$$P_0 = \frac{0,648}{(1+0,08)} + \frac{0,7}{(1+0,08)^2} + \frac{0,756}{(1+0,08)^3} + \frac{0,816}{(1+0,08)^4} + \frac{20,4}{(1+0,08)^4} = 17,39$$

Les investisseurs seront prêts à payer 17,39 € pour acquérir une action avec un taux de croissance variable des dividendes.

11 Computation of the required rate of return of a stock

The dividend yield is $\frac{D_1}{P_0} = \frac{0.70}{25} = 2.8\ \%$.

To calculate the required rate of return, we should compute the capital yield as well:

$$\text{Capital Yield} = \frac{P_1 - P_0}{P_1} = \frac{27-25}{25} = 8\ \%$$

Then, the expected rate of return on Harrington & Co share is 8 + 2.8 = 10.8 %.

Chapitre 10

1 b. 2 a. 3 a. 4 b. 5 b. 6 a. 7 b. 8 a. 9 a. 10 a. 11 b. 12 a. 13 a.

14 Choix de stratégie de couverture

Pour se prémunir contre le risque de taux de change, l'entreprise Gamma & Co aura intérêt à acheter un contrat à terme : *forward* ou *futures* portant sur le cours du dollar. Le marché de gré à gré étant plus accessible avec des contrats sur mesure, l'entreprise peut conclure un *forward* dans lequel, elle pourra acheter dans 3 mois les 300 000 $ à un taux de change déterminé. Ce contrat lui permettra d'éviter les pertes occasionnées par une éventuelle appréciation du dollar. De plus, le coût de son achat sera calculé de façon certaine.

15 Calcul des versements d'un *forward rate agreement* (FRA)

À la date $t = 0$, le contrat est signé avec un taux garanti de 3,5 %.

À la date $t = 1$, date d'emprunt, on compare le taux garanti au taux Euribor 3 mois.

Comme le taux de marché de 4,5 % est supérieur au taux au moment de la signature du contrat, le règlement en espèces sera fait par la partie prenant la position courte dans le *forward*. Le montant versé s'élève à 2 500 € :

$$(4,5\ \% - 3,5\ \%) \times 1\ 000\ 000 \times \frac{3}{12} = 2\ 500$$

Ces économies d'intérêts ne sont réalisées qu'à la clôture de l'emprunt, soit dans 3 mois après la date d'emprunt ou l'échéance du contrat. La valeur à l'échéance du FRA est la valeur actualisée de ce flux (▶ chapitres 5 et 6) :

$$\frac{2\ 500}{1+\left(0,045 \times \frac{3}{12}\right)} = 2\ 472,19$$

La somme payée par la position courte à la position longue du FRA à l'échéance est de 2 472,19 €.

16 Calcul du *payoff* d'un *call*

Dans le cadre de ce *call*, l'acheteur a intérêt à exercer son droit si le prix d'exercice est inférieur à celui du marché, ce qui est le cas pour ce *call*. Le trader exerce donc le *call* et il gagne :

$$C = \max[0, S - K] = \max[0, 42 - 37] = 5\ €$$

Après avoir déduit la prime ou le prix que le trader a payée pour acheter cette protection, son gain net réalisé est de :

$$5 - 3 = 2\ €$$

17 Calcul du *payoff* d'un *put*

Le trader qui vend le *put* n'a pas le droit d'exercer, il subit la décision de l'acheteur. Comme le prix d'exercice est supérieur au prix de l'action à l'échéance, l'acheteur du *put* en profitera sans doute en exerçant son droit. Il vend l'action à 50 € au vendeur du *put* qui doit lui payer 50 € le prix d'une action au lieu de 45 € sur le marché. Le vendeur du *put* perdra ce que l'acheteur du *put* gagnera sur cette opération

$$P = \max[0, K - S] = \max[0, 50 - 45] = 5\ €$$

Mais, étant donné la prime de 2 € qui lui a été versée pour l'achat du *put*, sa perte nette est égale à :

$$5 - 2 = 3\ €$$

18 Calcul des versements du *swap*

Les deux derniers flux échangés auront lieu **dans 18 mois** et dans 24 mois. Seuls les différentiels d'intérêt seront versés à la fin de chaque période :

– Calculons le montant du troisième versement qui aura lieu **dans 18 mois** (le taux Euribor appliqué est le taux Euribor 6 mois dans 12 mois qui est égal à 6 %) :

Paiement au taux $\text{fixe}_{18\ \text{mois}}$

$$= (6\ \% - 4\ \%) \times \left(\frac{6}{12}\right) \times 2\ 000\ 000 = 20\ 000$$

Le montant étant positif (le taux fixe étant plus élevé que le taux variable), BNP Paribas doit verser le différentiel d'intérêt de 20 000 euros à Société générale.

– Dans 2 ans, le paiement à taux fixe sera le suivant (le taux Euribor en vigueur est le taux de 6 mois dans 18 mois de 7 %) :

Paiement au taux $\text{fixe}_{24\ \text{mois}}$

$$= (6\ \% - 7\ \%) \times \left(\frac{6}{12}\right) \times 2\ 000\ 000 = -10\ 000$$

La valeur étant négative (le taux variable excédant le taux fixe), Société générale doit verser 10 000 euros de différentiel d'intérêt à BNP Paribas qui paie le taux fixe dans le cadre du *swap*.

Chapitre 11

1 **b.** **2** **c.** **3** **b.** **4** **a.** **5** **c.**

6 L'exposition au risque de portefeuille avec une variation de prix

1. Combien de titres Alstom et Danone détient Emma ? Notons x_A la part investie dans les titres Alstom. Pour atteindre le niveau de risque minimum la part investie dans Alstom doit être égale à :

$$x_A = \frac{\sigma_D^2 - \rho_{AD}\sigma_A\sigma_D}{\sigma_A^2 + \sigma_D^2 - 2\rho_{AD}\sigma_A\sigma_D} = \frac{5^2 - 0,2\times 8\times 5}{5^2 + 10^2 - 2\times 0,2\times 8\times 5} \approx 0,16,$$

soit 16 %,
donc la part de Danone dans le portefeuille est de 84 %.
Ensuite on peut trouver le nombre de titres Alstom (200 000 × 0,16)/16 = 2 000 et le nombre de titres Danone est (200 000 × 0,84)/50 = 3 360.

2. Si le prix d'Alstom augmente de 2 € et le prix de Danone baisse de 2 €, pour déterminer l'exposition au risque du portefeuille d'Emma, nous commençons par calculer la nouvelle valeur du portefeuille :

$$2\,000 \times 18 + 3\,360 \times 48 = 197\,280$$

Ensuite, il faut calculer les nouveaux poids des titres dans le portefeuille.

$x_A = (2\,000 \times 18)/197\,280 \approx 0{,}18 x_D$
$= (3\,360 \times 48)/197\,280 \approx 0{,}82$

Nous appliquons ces poids pour calculer le nouveau risque du portefeuille :

$\sigma_P = (8^2 \times 0{,}18^2 + 5^2 \times 0{,}82^2 + 2 \times 0{,}2 \times 8 \times 5 \times 0{,}18 \times 0{,}82)^{1/2}$
$\approx 4{,}61$

3. Pour garder un portefeuille de risque minimum l'investisseur doit avoir 16 % dans le titre d'Alstom et 84 % en actions de Danone.
(197 280 × 0,02)/18 = 219.
Donc Emma doit revendre 219 actions Alstom au prix de 18 euros et avec la somme dégagée acheter des actions Danone.

7 Le risque d'un portefeuille composé de deux titres

1. La covariance des titres est donnée par :

$$\text{cov}_{AB} = \rho_{AB} \times \sigma_A \times \sigma_B = \frac{1}{2} \times 20 \times 15 = 150$$

2. Pour calculer le risque du portefeuille composé de ces deux titres étant donné un rendement de 10,
nous devons trouver le poids de chaque titre dans le portefeuille. Supposons que x est la part de la richesse investie en titre A, et $(1 - x)$ la part investie dans B.

$$10 = x \times 14 + (1 - x) \times 8 = 14 \times x + 8 - 8 \times x$$

$$2 = 6xx = \frac{1}{3}$$

$$\sigma_P = \left(\left(\frac{20\times 1}{3}\right)^2 + \left(\frac{15\times 2}{3}\right)^2 + 2\times\frac{1}{2}\times 20\times 15\times\frac{1}{3}\times\frac{2}{3}\right)^{(1/2)}$$
$$= 14{,}5$$

3. Les proportions de richesse à investir dans A et B afin d'obtenir un portefeuille de risque minimum sont les suivantes :

$$x_A = \frac{\sigma_B^2 - \rho_{AD}\sigma_A\sigma_B}{\sigma_A^2 + \sigma_B^2 - 2\rho_{AB}\sigma_A\sigma_B} = \frac{15^2 - 0{,}5\times 20\times 15}{15^2 + 20^2 - 2\times 0{,}5\times 15\times 20}$$
$$\approx 0{,}23$$

Donc $x_B = 0{,}77$

8 Effet de levier

1. L'espérance de rentabilité et la volatilité du portefeuille sont :

$$R_p = r_f + w \times (R_{\text{ATOM}} - r_f) = 4 + \frac{3}{2} \times (10 - 4) = 13$$

$$\sigma_p = \frac{3}{2} \times 20 = 30$$

2. – Si ATOM augmente de 10 % la richesse finale est de 33 000 €. Il faudra rembourser le prêt
10 000 × 1,04 = 10 400 €.
La somme qui reste est de
33000 – 10 400 = 22 600.
Avec un investissement initial de 20 000 €, la rentabilité effective est de $\frac{22\,600 - 20\,000}{20\,000} = 13.$

– Si ATOM diminue de 10 % la richesse finale est de 27 000 €. Il faudra rembourser le prêt
10 000 × 1,04 = 10 400 €.
La somme qui reste est de
27 000 – 10 400 = 16 600.
Avec un investissement de 20 000 €, la rentabilité effective est de $\frac{16\,600 - 20\,000}{20\,000} = -17.$

9 Le rendement espéré et le rendement exigé

La rentabilité exigée par le MEDAF est de $r = 6 + 1{,}2 \times (15 - 6) = 16{,}8$
La rentabilité espérée $\frac{30 - 25 + 1}{25} = 24.$
Le titre est sous-évalué (au-dessus de la SML) donc il faut l'acheter.

10 Identifying mispriced securities

1. et **2.**

Stock	Forecast Return	Required return	Beta
A	(26 – 24 + 1)/24 = 12.5 %	6 + 1.1(12 – 6) = 12.6 %	Overvalued
B	(46 – 41 + 2)/41 = 17.07 %	6 + 0.9(12 – 6) = 11.4 %	Undervalued
C	(18 – 16 + 0.4)/16 = 15 %	6 + 1.5(12 – 6) = 15 %	Properly valued

The forecast return for each stock is calculated based on the discounted dividend model (▶ chapter 9), where the return is the sum of the dividend yield and the capital yield

$$\text{Return} = \frac{D_1}{P_0} + \frac{P_1 - P_0}{P_0}$$

The required return is the return calculated with the CAPM model

$$R_i = r_f + \beta_i (R_M - r_f)$$

Since A is overvalued, one should sell it. B is undervalued so the appropriate trading strategy would be to buy it. Finally, one should be indifferent to buy, to sell or to keep the asset C since it is properly valued.

Bibliographie

Ouvrages

Allaz B., « L'apport de la théorie des options à l'évaluation de projets d'investissement », *La Revue du Financier*, n° 74, mars-avril, p. 28-32, 1990.

Berk J., De Marzo P, *Corporate Finance*, Pearson, 2007, 2e édition, 2011.

Bodie Z., Merton R., Thibierge Ch., *Finance*, Pearson, 3e édition, 2011.

Brault D., Sion, M. *Objectif cash*, Dunod, 2008.

Brennan M.J., "An Approach to the Valuation of Uncertain Income Streams", *Journal of Finance*, 28 juin, p. 661-674, 1973.

Delahaye J., Delahaye F., *Finance d'entreprise, DCG 6, manuel et applications*, Dunod, 2013.

Djerbi Z., Durand X., Kuszla C., *Contrôle de gestion*, Dunod, 2014.

Fabozzi F.J., *Finance: Capital Markets, Financial Management and Investment Management*, Wiley, 2009.

Fabozzi F.J., Peterson P.P., *Financial Management and Analysis*, Wiley, 2011.

Garnier O., Thesmar D., « Épargner à long terme et maîtriser les risques financiers », *Rapport du Conseil d'Analyse économique,* La Documentation Française.

Graham J., Harvey C., "The Theory and Practice of Corporate Finance: Evidence from the Field", *Journal of Financial Economics*, n° 60, p. 187-243, 2001.

Guillochon B., Kawecki A., Venet B., *Economie internationale, commerce et macro-économie*, Dunod, 2012.

Hull J., *Options, Futures and Other Derivatives*, Pearson, 9e édition, 2014.

Jacquillat B., Solnik B., Perignon C. *Marchés financiers : Gestion de portefeuille et des risques*, Dunod, 6e édition, 2014.

Kritzman M., *Puzzles of Finance: Six Practical Problems and Their Remarkable Solutions*, Wiley, 2000.

Lintner J., "The Valuation of Risk Assets and the Selection of Risky Investments in Stock Portfolios and Capital Budgets", *Review of Economics and Statistics*, vol. 47, n° 1, p. 13-37, 1965.

Markowitz H., "Portfolio Selection", *Journal of Finance*, vol. 7, n° 1, p. 77-91, 1952.

Mossin J., "Equilibrium in a Capital Asset Market", *Econometrica*, n° 35, p. 768-783, 1966.

Roll R., "A Critique of the Asset Pricing Theory's Tests. Part I: On Past and Potential Testability of the Theory", *Journal of Financial Economics*, vol. 4, n° 2, p. 129-176, 1977.

Schier G., « Apports et limites des options réelles a l'évaluation de projets d'investissement », *Vie & sciences de l'entreprise*, n° 3/2005 (n° 168-169), p. 95-107, 2005 (www.cairn.info/revue-vie-et-sciences-de-l-entreprise-2005-3-page-95.htm).

Sharpe W., "Capital Asset Prices: A Theory of Market Equilibrium", *Journal of Finance*, vol. 19, n° 3, p. 425-442, 1964.

Simon E., Durand X., *Réussir son business plan en 48 heures*, Eyrolles, 2011.

Sion M., *Réussir son business plan*, Dunod, 3e édition, 2013.

Topsacalian P., Teulié J., *Finance*, Vuibert, 2011.

Vernimmen P, *Finance d'entreprise*, Dalloz, 2013

Zarka F., Ferré F., Poulard B., *Comptabilité*, Dunod, 2014.

Sites Internet

Autorité des marchés financiers, *www.amf-france.org* : à visiter régulièrement pour être informé notamment des dernières recommandations de l'AMF à destination des entreprises.

Bank for International Settlements, *www.bis.org/bcbs* : en particulier la rubrique "Monetary and financial stability" pour approfondir ses connaissances sur le Comité de Bâle et la réglementation bancaire internationale.

Conseil supérieur de l'Ordre des experts-comptables, *www.experts-comptables.fr* : le site donne notamment bon nombre d'informations susceptibles d'intéresser les financiers comme, par exemple, le financement des PME ou la prévention des entreprises en difficulté.

Les Échos, *www.lesechos.fr* : quotidien économique dont une partie du contenu est accessible en ligne.

Organisation internationale des commissions de valeurs, *www.iosco.org* : pour en savoir un peu plus sur l'OICV-IOSCO et ses finalités.

Plan comptable général, *http://www.plancomptable.com* : le site propose un plan comptable électronique.

Société française des analystes financiers (SFAF), *www.sfaf.com* : association œuvrant à l'amélioration des techniques d'analyse financière et au développement d'une information économique et financière de qualité.

Lexique français-anglais

Achats > *Purchases*
Actif circulant > *Current assets*
Actif incorporel > *Intangible asset*
Actif sous-jacent > *Underlying*
Actifs > *Assets*
Actifs de trésorerie > *Positive cash position*
Action > *Stock or share*
Actionnaire > *Stockholder or shareholder*
Actualisation > *Discounting*
Agence de notation > *Credit rating agency*
Annuités constantes > *Constant annuities*
Arbitragistes > *Arbitrageur*
Augmentation de capital > *Share capital increase*
Autofinancement > *Self-financing*
Bénéfice net par action > *Earning per share*
Besoin en fonds de roulement > *Need for working capital*
Besoins financiers > *Financial needs*
Bilan > *Balance sheet*
Bilan fonctionnel > *Functional balance sheet*
Bourse > *Stock exchange*
Capacité d'autofinancement > *Self financing capacity*
Capitalisation > *Capitalisation or Compounding*
Capitaux propres > *Shareholder's equity*
Chambre de compensation > *Clearing house*
Charge exceptionnelle > *Non-recurring expense*
Charge financière > *Financial expense*
Charges constatées d'avance > *Prepaid expenses*
Clause de la limitation des sûretés attribuées aux prêteurs > *Negative pledge*
Clause du défaut croisé > *Cross default*
Commodité > *Commodity*
Compte de résultat > *Net income statement*
Concours bancaires > *Bank current accounts*
Convention du calcul des intérêts > *Day count convention*
Coupon couru > *Accrued interest*
Coût du capital > *Cost of capital*
Créances clients > *Accounts receivable*
Crédit-bail > *Lease purchase or leasing*
Cycle d'exploitation > *Exploitation cycle*
Cycle d'investissement > *Investment cycle*
Cycle de financement > *Financing cycle*
Date de jouissance > *Interest accrued date*
Date de souscription > *Announcement date*
Délai de récupération > *Payback period*
Délai de récupération actualisé > *Discounted payback period*
Dérivé de gré à gré > *OTC derivative*
Dérivé négocié en Bourse > *Exchange-traded derivative*
Dettes > *Debts*
Dettes financières > *Financial debt*
Dettes fournisseurs > *Accounts payable*
Devise > *Currency*
Directeur financier > *Financial manager*
Dividende > *Dividend*
Droite de marché > *Capital market line*
Droite des titres ou droite du MEDAF > *Securities market line*
Droit de vote > *Voting right*
Écart-type > *Standard Deviation*
Effet de levier > *Leverage*
Efficience des marchés > *Market efficiency*
Émission > *Issue*
Emplois stables > *Tangible and intangible assets*
Emprunt bancaire > *Loan*
Emprunt obligataire > *Bonds*
Excédent brut d'exploitation > *Gross operating income*
Flux de trésorerie > *Cash flow*
Flux net de trésorerie lié à l'exploitation > *Net Cash flow from operating activities*
Flux net de trésorerie lié à l'investissement > *Cash flow from investing activities*
Flux net de trésorerie lié au financement > *Cash flow from financing activities*
Fonds d'investissement > *Investment funds, hedge funds*
Fonds de roulement > *Working capital*

Fréquence du coupon > *Coupon frequency*
Indice de profitabilité > *Profitability index*
Intermédiaire financier > *Financial intermediary*
Investisseur providentiel > *Business angel*
Leviers > *Levers*
Maintien de l'emprunt à son rang > *Pari passu*
Marché à terme > *Forward market*
Marché de gré à gré > *Over-the-counter*
Marché de l'émission > *Market of issue*
Marché d'options > *Option market*
Marché financier > *Financial market*
Marché primaire > *Primary market*
Marché secondaire > *Secondary market*
Marge commerciale > *Business margin*
Maturité > *Maturity*
Modalités de remboursement > *Redemption terms*
Monnaie de l'émission > *Currency of issue*
Moyenne > *Mean*
Obligation, emprunt obligataire > *Bond*
Opérateur en couverture > *Hedger*
Option > *Option*
Option américaine > *American option*
Option bermudienne > *Bermuda option*
Option européenne > *European option*
Option négociable > *Exchange-traded option*
Option non négociable > *OTC option*
Pair > *Par value*
Passif > *Liabilities and shareholders' equity*
Passif de trésorerie > *Negative cash position*
Pays de l'émission > *Country of issue*
Portefeuille efficient > *Efficient portfolio*
Position courte > *Short position*
Position longue > *Long position*
Prime > *Premium*
Prime de risque > *Risk premium*
Prix au pied du coupon ou prix propre > *Clean price*
Prix d'émission > *Issue price*
Prix d'exercice > *Strike price*
Prix de remboursement > *Redemption amount or price*
Prix demandé > *Bid*
Prix offert > *Ask*
Prix plein coupon ou prix sale > *Dirty price*
Production de l'exercice > *Current period production*
Produit dérivé > *Derivative*
Produit exceptionnel > *Non-recurring income*
Produit financier > *Financial income*
Produits constatés d'avance > *Income collected in advance*
Ratio financier > *Financial ratio*
Ratio d'autonomie financière > *Debt-to-equity ratio*
Règlement en espèces > *Cash settlement*
Règlement physique > *Physical settlement*
Régulateur > *Regulator*
Rendement > *Return*
Rendement de dividende > *Dividend yield*
Rendement du capital > *Capital yield*
Rentabilité des capitaux propres > *Return on equity*
Ressources stables > *Stable ressources*
Résultat courant avant impôts > *Operating net income before taxes*
Résultat d'exploitation > *Operating income*
Résultat d'une option à l'échéance > *Option payoff*
Résultat de l'exercice > *Net income*
Résultat exceptionnel > *Unusual income*
Résultat sur cession d'actifs immobilisés > *Net income on disposal of fixed assets*
Risque spécifique > *Specific risk*
Risque systématique > *Systematic risk*
Semestriel > *Quarterly*
Seuil de rentabilité > *Break-even point*
Situation financière > *Financial soundness*
Sous-estimé > *Undervalued*
Spéculateur > *Speculator*
Stockage ou stocks > *Inventory*
Subvention d'investissement > *Investment grant*
Surestimé > *Overvalued*
Système financier > *Financial system*
Tableau de financement > *Cash flow statement*
Tableau des flux de trésorerie > *Cash flow statement*
Tableau des soldes intermédiaires de gestion > *Statement of intermediate balances*
Taux actuariel > *Yield-to-maturity*
Taux annuel effectif > *Effective annual rate*
Taux d'actualisation > *Discount rate*

Taux d'endettement > *Gearing*

Taux d'actualisation > *Discount rate*

Taux de rentabilité espérée > *Required rate of return*

Taux de rentabilité interne > *Internal rate of return*

Taux de rentabilité interne modifié > *Modified internal rate of return*

Taux d'intérêt composé > *Compound interest rate*

Taux d'intérêt simple > *Simple interest rate*

Taux du coupon > *Coupon rate*

Taux équivalent > *Equivalent rate*

Taux sans risque > *Risk-free rate*

Teneur de marché > *Market maker*

Titre de créance > *Debt instrument*

Titre hybride > *Hybrid instrument*

Titre de propriété > *Equity instrument*

Trésorerie à l'ouverture > *Cash and cash equivalent at beginning of period*

Trésorerie à la clôture > *Cash and cash equivalent at end of period*

Trésorerie nette > *Cash and cash equivalent*

Type de l'obligation > *Obligation type*

Valeur actuelle > *Present value*

Valeur actuelle nette > *Net present value*

Valeur ajoutée > *Value-added*

Valeur faciale ou valeur nominale > *Face value*

Valeur future > *Future value*

Valeur future de l'action > *Terminal value*

Valeur temps de l'argent > *Time value of money*

Valeurs mobilières de placement > *Marketable securities or short-term investment*

Variation de la trésorerie > *Net increase in cash and cash equivalent*

Ventes > *Sales*

Ventes à découvert > *Short sellings*

Lexique anglais-français

Accounts payable > **Dettes fournisseurs**

Accounts receivable > **Créances clients**

Accrued interest > **Coupon couru**

American option > **Option américaine**

Announcement date > **Date de souscription**

Arbitrageur > **Arbitragistes**

Ask > **Prix offert**

Assets > **Actifs**

Balance sheet > **Bilan**

Balance sheet > **Bilan comptable**

Bank current accounts > **Concours bancaires**

Bermuda option > **Option bermudienne**

Bid > **Prix demandé**

Bond > **Obligation, emprunt obligataire**

Bonds > **Emprunt obligataire**

Break-even point > **Seuil de rentabilité**

Business angel > **Investisseur providentiel**

Business margin > **Marge commerciale**

Capital market line > **Droite de marché**

Capital yield > **Rendement du capital**

Capitalisation or Compounding > **Capitalisation**

Cash and cash equivalent > **Trésorerie nette**

Cash and cash equivalent at beginning of period > **Trésorerie à l'ouverture**

Cash and cash equivalent at end of period > **Trésorerie à la clôture**

Cash flow > **Flux de trésorerie**

Cash flow statement > **Tableau de financement**

Cash flow statement > **Tableau des flux de trésorerie**

Cash flow from financing activities > **Flux net de trésorerie lié au financement**

Cash flow from investing activities > **Flux net de trésorerie lié à l'investissement**

Cash flow from operating activities > **Flux de trésorerie lié à l'exploitation**

Cash settlement > **Règlement en espèces**

Clean price > **Prix au pied du coupon ou prix propre**

Clearing house > **Chambre de compensation**

Commodity > **Commodité**

Compound interest rate > **Taux d'intérêt composé**

Constant annuities > **Annuités constantes**

Cost of capital > **Coût du capital**

Country of issue > **Pays de l'émission**

Coupon frequency > **Fréquence du coupon**

Coupon rate > **Taux du coupon**

Credit rating agency > **Agence de notation**

Cross default > **Clause du défaut croisé**

Currency > **Devise**

Currency of issue > **Monnaie de l'émission**

Current assets > **Actif circulant**

Current period production > **Production de l'exercice**

Day count convention > **Convention du calcul des intérêts**

Debt instrument > **Titre de créance**

Debts > **Dettes**

Debt-to-equity ratio > **Ratio d'autonomie financière**

Derivative > **Produit dérivé**

Dirty price > **Prix plein coupon ou prix sale**

Discount rate > **Taux d'actualisation**

Discounted payback period > **Délai de récupération actualisé**

Discounting > **Actualisation**

Dividend > **Dividende**

Dividend yield > **Rendement de dividende**

Earning per share > **Bénéfice net par action**

Effective annual rate > **Taux annuel effectif**

Efficient portfolio > **Portefeuille efficient**

Equity instrument > **Titre de propriété**

Equivalent rate > **Taux équivalent**

European option > **Option européenne**

Exceptional expense > **Charge exceptionnelle**

Exceptional income > **Produit exceptionnel**

Exchange-traded derivative > **Dérivé négocié en Bourse**

Exchange-traded option > **Option négociable**

Exploitation cycle > **Cycle d'exploitation**

Face value > Valeur faciale ou valeur nominale
Financial debt > Dettes financières
Financial expense > Charge financière
Financial income > Produit financier
Financial intermediary > Intermédiaire financier
Financial manager > Directeur financier
Financial market > Marché financier
Financial needs > Besoins financiers
Financial ratio > Ratio financier
Financial soundness > Situation financière
Financial system > Système financier
Financing cycle > Cycle de financement
Forward market > Marché à terme
Functional balance sheet > Bilan fonctionnel
Future value > Valeur future
Gearing > Taux d'endettement
Gross operating income > Excédent brut d'exploitation
Hedge fund > Fonds d'investissement
Hedger > Opérateur en couverture
Hybrid instrument > Titre hybride
Income collected in advance > Produits constatés d'avance
Intangible asset > Actif incorporel
Interest accrued date > Date de jouissance
Internal rate of return > Taux de rentabilité Interne
Inventory > Stockage ou stocks
Investment cycle > Cycle d'investissement
Investment funds > Fonds d'investissement
Investment grant > Subvention d'investissement
Issue > Émission
Issue Price > Prix d'émission
Lease purchase or leasing > Crédit-bail
Leverage > Effet de levier
Levers > Leviers
Liabilities and shareholders' equity > Passif
Loan > Emprunt bancaire
Long position > Position longue
Market efficiency > Efficience des marchés
Market maker > Teneur de marché
Market of Issue > Marché de l'émission
Marketable securities or short-term investment > Valeurs mobilières de placement
Maturity > Maturité
Mean > Moyenne
Modified internal rate of return > Taux de rentabilité interne modifié
Need for working capital > Besoin en fonds de roulement
Negative cash position > Passif de trésorerie
Negative pledge > Clause de la limitation des sûretés attribuées aux prêteurs
Net cash flows from operating activities > Flux net de trésorerie lié à l'exploitation
Net income > Résultat de l'exercice
Net income on disposal of fixed assets > Résultat sur cession d'actifs immobilisés
Net income statement > Compte de résultat
Net increase in cash and cash equivalent > Variation de la trésorerie
Net present value > Valeur actuelle nette
Non-recurring expense > Charge exceptionnelle
Non-recurring income > Produit exceptionnel
Obligation type > Type de l'obligation
Operating income > Résultat d'exploitation
Operating net income before taxes > Résultat courant avant impôts
Operational cash flow > Cash flow opérationnel
Option > Option
Option market > Marché d'options
Option payoff > Résultat d'une option à l'échéance
OTC derivative > Dérivé de gré à gré
OTC option > Option non négociable
Over-the-counter > Marché de gré à gré
Overvalued > Surestimé
Par value > Pair
Pari passu > Maintien de l'emprunt à son rang
Payback period > Délai de récupération
Physical settlement > Règlement physique
Positive cash position > Actifs de trésorerie
Premium > Prime
Prepaid expenses > Charges constatées d'avance
Present value > Valeur actuelle
Primary market > Marché primaire
Profitability index > Indice de profitabilité
Purchases > Achats
Quarterly > Semestriel
Redemption amount or price > Prix de remboursement

Redemption terms > **Modalités de remboursement**
Regulator > **Régulateur**
Required rate of return > **Taux de rentabilité espérée**
Return > **Rendement**
Return on equity > **Rentabilité des capitaux propres**
Risk premium > **Prime de risque**
Risk-free rate > **Taux sans risque**
Sales > **Ventes**
Secondary market > **Marché secondaire**
Securities market line > **Droite des titres ou droite du MEDAF**
Self-financing > **Autofinancement**
Self-financing capacity > **Capacité d'autofinancement**
Share capital increase > **Augmentation de capital**
Shareholder's equity > **Capitaux propres**
Short position > **Position courte**
Short sellings > **Ventes à découvert**
Simple interest rate > **Taux d'intérêt simple**
Specific risk > **Risque spécifique**
Speculator > **Spéculateur**
Stable ressources > **Ressources stables**
Standard deviation > **Écart-type**
Statement of intermediate balances > **Tableau des soldes intermédiaires de gestion**
Stock exchange > **Bourse**
Stock or share > **Action**
Stockholder or shareholder > **Actionnaire**
Strike price > **Prix d'exercice**
Systematic risk > **Risque systématique**
Tangible and intangible assets > **Emplois stables**
Terminal value > **Valeur future de l'action**
Time value of money > **Valeur temps de l'argent**
Underlying > **Actif sous-jacent**
Undervalued > **Sous-estimé**
Unusual income > **Résultat exceptionnel**
Value-added > **Valeur ajoutée**
Voting right > **Droits de vote**
Working capital > **Fonds de roulement**
Yield-to-maturity > **Taux actuariel**

Index

S

T

V

71003 - (I) - (2,5) - OSB 80° - 3135 - SG - MLN
Dépôt légal : juin 2014
Imprimé en France par I.M.E. - 25110 Baume-les-Dames